KB141602

기본을 지키는 미디어 글쓰기

이 도서의 국립중앙도서관 출판시도서목록(CIP)은 서지정보유통지원시스템 홈페이지(http://seoji.nl.go.kr)와
국가자료공동목록시스템(http://www.nl.go.kr/kolisnet)에서 이용하실 수 있습니다.
CIP제어번호: CIP2013016349

기본을 지키는 미디어 글쓰기

초판 1쇄 인쇄 | 2013년 9월 1일
초판 2쇄 발행 | 2014년 7월 22일

지은이 | 이기동
펴낸이 | 이기동
편집주간 | 권기숙
마케팅 | 유민호 이동호
주소 | 서울특별시 성동구 아차산로 7길 15-1 효정빌딩 4층
이메일 | previewbooks2@daum.net
블로그 | http://blog.naver.com/previewbooks

전화 | 02)3409-4210
팩스 | 02)3409-4201
등록번호 | 제206-93-29887호

교열 | 이민정
디자인 | design86박성진
인쇄 | 상지사 P&B

ⓒ 이기동
ISBN 978-89-97201-12-9 03070

이 책은 관훈클럽 신영연구기금의 지원을 받아 출간되었습니다.

잘못된 책은 구입하신 서점에서 바꿔드립니다.
책값은 뒤표지에 있습니다.

기본을 지키는 미디어 글쓰기

기 자 들 의 글 쓰 기 훈 련 따 라 하 기

Media Writing

이기동 지음 전 서울신문 논설위원

도서
출판 프리뷰

시작하는 글

누구든 기자 역할을 할 수 있다는 SNS 세상이 되었다. 마음만 먹으면 아무나 다수의 독자를 상대로 글을 써서 페이스북, 블로그에 올리고, 남의 글을 마음대로 퍼 나르는 시대가 된 것이다. 하지만 써서 올린다고 모두 글이 되는 것은 아니다. 글쓰기의 기본을 지키지 않고, 옳고 그름을 가리지 않은 채, 아무런 비판의식 없이 글을 쓰고, 남의 글을 옮기고, 댓글을 다는 행위는 사회의 해악일 뿐이다.

반면에 기자들은 일반인들보다 확실히 글을 잘 쓴다. 독자들이 이해하기 쉽고 정확하게, 그리고 재미있게 쓴다. 물론 기자라고 다 글을 잘 쓰는 것은 아니다. 진부하지 않은 표현, 정곡을 찌르면서도 신선한 어휘를 선택하고, 때로 신조어를 만들어내는 감각과 능력은 쉽게 되는 게 아니다. 나는 글재주라는 것이 따로 있다고 생각하는 사람이다. 읽는 사람의 마음을 흔들어 놓고, 스크랩해 두고 싶은 멋진 문장으로 많은 독자를 끌고 다니는 문재(文才)는 타고난다고 생각한다. 그러면 문재를 타고나지 못한 사람은 아예 글 잘 쓰기가 글렀단 말인가. 그것도 물론 아니다.

 대부분의 기자들이 평균적인 사람들보다 글을 잘 쓰는 것은 초년 기자 때부터 시작된 그들의 혹독한 훈련과정을 들여다 보면 이해가 된다. 그들은 남보다 더 힘든 글쓰기 훈련을 체계적으로 받았기 때문에 그렇지 않은 사람들보다는 글을 더 잘 쓰게 된 것이다. 신문사 입사시험을 치르고 기자가 되어서 수습을 거치고 신참 기자시절을 거치면서 받는 혹독한 취재 훈련, 글쓰기 훈련을 통해 대부분의 기자는 일정 수준 이상의 글을 쓴다. 언론문장에서 중요한 것은 글 쓰는 요령보다 글에 담긴 사실(fact)이다. 사실의 힘, 더 거창하게 말하면 진실의 힘이다. 국내 정치지형을 바꾸고 나아가 역사의 흐름을 바꾸어놓을 사실을 담은 리드(lead) 한 문장은 그것 자체로 고귀한 힘을 갖는다. 따라서 글의 힘은 그 글에 담긴 내용의 힘이라고 할 수 있다. 그래서 취재력이 뒷받침되지 않고는 좋은 기사를 쓸 수 없다. 그런데 이 취재력은 글쓰는 능력과 상관관계를 갖고 있다. 취재를 잘하는 사람은 대체로 글도 잘 쓴다. 특히 기획 탐사보도나 해설, 분석 기사를 쓰는 경우, 머릿속에 글의 구조에 대한 설계가 잘 세워진 상태에서 취재에 들어가는 사람은 그렇지 못한 사람보다 더 짜임새 있게 취재를 하며 결과물인 글 또한 훌륭하다.

 따라서 언론문장의 성패는 날카로운 취재력, 끈기 있는 준비작업, 그리고 신랄한 문장의 삼박자에 달려 있다고 나는 생각한다. 취재력은 앞에서 소개한대로 기자로서의 훈련과정을 통해 어느 정도 갖출 수 있다. 끈기 있는 준비 작업은 굳이 기자가 아니라 다른 모든 직업 종사자들한테도 공통적으로 요구되는 삶의 성실성 같은 것이다. 그리고 신랄한 문장이라는 것은 글의 기교를 가리키는 게 아니라 글 쓰는 사람의 비판정신, 권력과 금력에 굴하거나 아첨하지 않는 깨어 있는 정신을 가리킨다. 글 쓰는 이의 인격 같은 것이다. 단어 한두 개, 어휘 선택 한번 까딱 잘못하면 전혀 다른 뉘앙스의 글이 된다. 출세나 경제적 이득을 위해 자신이 쓰는 글을 왜곡, 취사선택, 침소봉대한다면 그것은 이미 언론문장이 아니라 사회에, 그리고 자기 자신에게 독(毒)이다.

취재력, 성실성, 그리고 인격의 삼박자가 갖추어지면 기자로서 평균 이상의 글은 쓸 수 있게 된다. 거듭 말하지만 그 이상은 타고난 글재주 소관이다. 그것은 책을 통해서나 교실에서 가르칠 수가 없다. 이 책을 읽는 독자나 나와 함께 공부하는 학생, 언론인을 꿈꾸는 사람들 중에서 앞으로 필명을 날릴 문사가 얼마든지 나올 수 있을 것이다. 하지만 이 책의 독자나 강의실의 학생들이 지금 당장 그 정도 수준의 교육이나 훈련을 기대하는 것은 아닐 것이다. 평균 이상의 글을 쓰는 사람은 어떻게 길러지며, 글쓸 때 어떤 원칙을 지키는가를 알아보고, 또한 우리 스스로 글쓰기 훈련을 하는 데 있어서 조금이나마 길잡이 역할을 했으면 하는 게 이 책의 소박한 목표다.

많은 이들이 이 책에서 소개하는 정도의 글쓰기 기본원칙만 지켜도 SNS 미디어 세상이 한결 덜 혼탁할 것이라는 생각을 한다. 막연하게 머릿속에 들어 있는 생각들을 활자화하기로 결심하는 데는 대학에서 한 언론문장 강의가 큰 계기가 됐다. 그렇지 않았으면 그저 이런저런 자리에서 두서없이 떠들다가 흔적 없이 흘려보냈을 생각들이다. 내 강의를 들어 준 학생들에게 고마움을 전한다. 강의 준비를 하는 동안 관련 서적을 찾아보며 적지 않은 아쉬움을 느꼈다. 훌륭한 글쓰기 이론을 담고 있지만 언론 현장과는 거리가 있는 책들이 있는가 하면, 지나치게 현장 이야기에만 치중해서 경험 위주로 흐른 책들도 있었다. 나 혼자만의 느낌은 아닐 것이다. 그래서 두 가지 스타일을 서로 보완해서 만든 책이 있다면 언론학도는 물론, 글쓰기에 관심을 가진 일반인들에게 좀 더 도움이 되지 않을까 하는 생각이 떠나지를 않았다.

　가급적 내가 직접 경험하고 고민한 내용을 많이 담으려고 노력했다. 외국 서적을 참고로 하는 경우에는 독자들이 이해하기 쉽도록 필요한 경우 사례 등을 우리 사정에 맞게 고쳐서 썼다. 오랜 세월 언론계에서 함께 일한 동료들의 이야기도 곳곳에 들어갔다. 이름을 밝히지 않고 누구인지 짐작되지 않도록 상황을 바꾸어 소개했다. 굳이 언론인이나 언론학도가 아니더라도 이 책을 통해 글 쓰는 두려움이 재미로 바뀌었다는 사람이 많이 나와 준다면 더 이상 바랄 것이 없겠다.

　책이 나올 수 있도록 재정적인 지원을 해 준 관훈클럽 신영연구기금과 제작과정에 애써 주신 모든 분들께 고마움을 전한다.

2013년 9월 이기동

1강
글은
인격이다

1 무엇이 언론문장인가

**사실과
창작의 차이**

　기사는 사실(fact)로 말한다. 언론문장이 일반 문장과 가장 크게 다른 점은 일반 독자를 상대로 사실에 기반을 둔 뉴스성 있는 정보를 전달한다는 것이다. 창작은 일반 독자를 상대로 하지만 글의 주요 특성이 뉴스성에 있지 않다. 사실에 기반을 두고 쓰는 창작물도 있지만 대부분의 창작은 허구에 바탕을 둔 것이다. 학술지의 경우는 새로운 학문적 발견이나 학설 등 사실에 기초를 둔 뉴스성 있는 글이 실릴 수 있으나 일반인이 아니라 한정된 전문가 집단을 대상으로 한다는 점에서 이 역시 일반 언론문장과는 구분된다.

영어의 저널리즘(journalism)은 '매일'(daily)을 뜻하는 라틴어 'diurnalis'에서 온 말이라고 한다. 현재 진행 중인 사건을 제때 보도하는 것이 바로 저널리즘의 특성이다. 뉴스(news)의 속성도 새로운 것, 독자들을 놀라게 만드는 예상치 못한 정보, 흥미를 주는 정보들을 가리킨다. 언론에는 신문, 방송, 잡지, 저널 등 다양한 장르가 포함된다. 이런 다양한 언론 매체 중 가장 기본적인 것이 바로 신문이라고 할 수 있다. 방송, 잡지, 저널의 문장도 기본적으로는 신문기사 작성의 토대 위에서 분화된 것이라고 할 수 있다. 그래서 신문기자를 하다가 방송기자로 바꾸는 경우는 있어도, 특별히 글재주가 있는 사람인 경우를 제외하고 방송기자 하던 사람이 신문기자가 되는 경우는 흔치 않다.

**글쓰기 훈련과
문재(文才)**
기자는 5W 1H등 언론문장의 기본 요건에 입각해 글쓰기 훈련을 꾸준히 받은 사람들이다. 언론사에 입사하면 먼저 6개월에서 1년 사이에 수습을 거친 다음 각 부에 배치돼 몇 년간 혹독한 글쓰기 훈련을 받는다. 수습기간 중에는 선배 기자들 따라 경찰서로 사건 현장으로 뛰어다니며 취재요령 등을 익힌다. 운 좋으면 자신이 쓴 기사가 지면에 반영되는 경우도 있지만, 대부분은 이리저리 뛰어다니면서 열심히 보고듣고 하는 게 전부인 기간이다. 저녁시간도 대부분은 선배들 따라다니며 그들의 '무용담'을 듣는 의무를 다한다. 수습을 마치고 각부에 배치되면 그야말로 고난의 세월이 시작된다. 아무리 6하 원칙을 꼬박꼬박 지켜서 기사를 써 봐야 데스크 손에 넘어가면 새까맣게 고쳐져서 자기가 쓴 기사가 맞는지 몰라 볼 지경이 되고 만다. 원고지로 기사를 쓰던 시절 어느 일간신문에 '악명 높은'

차장 데스크가 있었는데, 그는 신참 기자들이 기사를 써오면 그 기자의 얼굴은 쳐다보지도 않고 "두고 가" 한마디만 했다. 그리고는 원고를 곧바로 휴지통으로 집어던져 버렸다고 한다.

　대부분의 경우 이런 인고의 세월을 거치면서 서서히 글을 제법 쓰는 기자로 성장해 간다. 이렇듯 훈련을 제대로 받으면 뉴스문장을 평균 이상의 수준으로 쓰는 것이 가능해진다. 하지만 독자에게 큰 감동을 안겨 줄 수 있는 훌륭한 문장은 문재라고 하는 글쓰는 재주와 감수성이 뒷받침돼야 한다. 그 무서운 차장 데스크도 어쩌다 본인이 기사를 쓰면 그 위의 부장 데스크가 붉은 펜으로 새까맣게 고쳐 버렸다고 하니 답도 없고 끝도 없는 것이 글쓰기가 아닌가.

2 언론문장의 삼박자와 역사의식

**취재력이
곧 문장력이다**　　언론문장의 힘은 바로 그것이 전달하는 정보에서 나온다는 점을 항상 명심해야 한다. 정확한 정보를 알기 쉽게 전달할 때 그 문장은 힘을 갖는다. 아무리 화려한 수사도 전달하는 정보의 질이 빈약할 때는 허사다. 예를 들어 1980년대 말 박종철군 고문치사사건 정보를 단독입수했다면 이는 글쓰기 훈련을 받은 보통 수준의 기자라면 누가 써도 독자의 시선을 사로잡는 훌륭한 언론문장이 된다. 글에 담기는 내용물이 소중한 것일 때 그 문장은 빛을 발한다. 그래서 기자는 항상 사냥감을 찾아 눈을 번뜩이는 소위 '킬러 본능'을 길러야 한다. 취재력이 중요하다는 말이다.

글은
인격이다

언론문장은 독자들에게 정보를 전달하기 위해 쓴다. 글 쓰는 이 자신의 사사로운 이득을 위해서 쓰는 것이 아니다. 기자가 만약 자신의 출세를 위해 발행인이나 권력의 눈치를 보고, 그들에게 유리하도록 정보를 왜곡, 침소봉대 하거나 경제적 이득을 취하기 위해 기사를 가공하는 경우 그 글은 아무리 아름답게 포장된다 해도 자신은 물론 사회에 해독이 되고 만다. 정치, 경제, 문화 등 다양한 권력이 언론을 장악하고 또한 이용하려고 시도한다. 흔히 기자정신이라고 표현하는데, 사회 각 분야에 쳐진 다양한 유혹의 그물망에 걸려들지 않고 언론의 정도를 지키는 인격이 그 사람이 쓰는 글의 품격을 지켜 준다.

기자의 안목은
뉴스가치 news value 판단 능력

주제와 관련해서 글 쓰는 이가 가지고 있는 정보 중에서 가장 중요한 정보들을 선별해 처리하는 것이 관건이다. 그러기 위해서는 정보의 가치판단 능력을 갖추어야 한다. 예를 들어 한정된 지면에 5개의 정보만 담을 수 있는데, 내가 취재해 알게 된 정보가 10개라면 그중에서 5개를 골라서 쓰고, 나머지 5개는 버릴 안목이 있어야 하는 것이다. 초년 기자나 일반인들에게는 눈에 보이는 모든 것이 뉴스가 될 것같이 보인다. "이 사건을 기사로 안 썼다가 나중에 경쟁지에서 크게 쓰면 어떻게 하지?" 등의 강박관념에 시달리기도 한다. 하지만 경륜이 붙으면서 사물을 보는 안목의 그물망도 조금씩 세밀해진다.

데스크가 되면 일선 취재기자들의 정보 보고를 듣고 뉴스가치를 판단할 능력이 있어야 한다. 보고 때마다 "부장 이건 특종입니다.""이건 나만 취재한 것인데요."라는 말을 덧붙이는 기자들이 있다. 심지어 취재기자가 자기가 기사로 도와주고 싶은 사람, 혹은 손봐야 할 사람을 기사가치의 무겁고 가벼움으로 거짓 포장해서 보고하기도 한다. 데스크가 그 속셈을 제대로 짚어내지 못하면 그 취재기자는 계속해서 데스크를 '가지고 놀려고' 들 것이다. 취재기자들한테 휘둘리기 시작하면 그 데스크는 오래 못한다. 취재기자는 물론 데스크는 뉴스가치를 제대로 판단할 수 있은 맑은 눈을 가져야 한다. 그래야 이미 보도된 뉴스를 새로운 뉴스인양 내보지 않게 되고, 오보를 막을 수 있다. 큰 기사를 터무니없이 작게 내보내거나, 별 것 아닌 사건을 대단한 사건인양 과대포장하는 잘못도 피할 수 있다. 뉴스가치 판단에 대한 다양한 이론들을 익히고 남이 쓴 신문기사를 많이 읽고, 직접 기사작성 연습을 되풀이해 봄으로써 뉴스를 보는 안목을 키워나갈 수 있다.

역사의식　　　　뉴스가치 판단과 같은 맥락이라 할 수 있는데 기자는 특정 기사의 뒤에 숨은 역사적 맥락을 파악할 수 있어야 한다. 정치감각이나 역사의식, 국제감각 등으로 표현할 수 있는 자질을 가리키는 것이다. 예를 들어 박종철군 고문치사 사건을 내가 단독취재 했다고 가정해 보자. 그러면 나는 먼저 이 사건을 보도했을 경우 닥쳐올 엄청난 국내 정치적 파장을 예상해야 한다. 바로 기사가치 판단능력이다. 그런 다음 나는 이 기사를 쓸 것인지 말 것인지를 놓고 고민을 하게 된다. 정권의 서슬이 시퍼런데 이 기사를 썼을 때 내가 과연 기자생활을 계속할 수 있을까 하는 두려움도 든다. 그리고 데스크한테 보고했을 때, 데스크가, 나아가 편집국장이 이 기사를 제대로 처리해 줄까, 아니면 깔아뭉갤까 하는 의구심도 든다.

　하지만 나는 최종적으로 기사를 쓰기로 결심한다. 바로 역사적 소명감 때문이다. 기사 한 줄이 역사를 바꾼다. 역사의식이란 바로 이런 의미다. 국제부 야근을 하고 있는데 로이터 통신에서 긴급뉴스(urgent news)로 "베를린 장벽

이 개방됐다."는 기사가 들어왔다고 치자. 아무리 중요한 뉴스라도 1보 긴급 뉴스는 한 줄이다. 그것을 보고 짤막한 스트레이트 단신기사로 처리한 기자가 있다면 그는 하루 빨리 다른 직업을 알아보는 게 좋다. 제대로 된 기자라면 베를린 장벽 개방이 갖는 역사적 상징성, 동서냉전의 종식, 장벽을 둘러싸고 벌어졌던 그 숱한 비인도적인 비극들, 그리고 무엇보다도 장벽해체 이후 전개될 역사적 대변혁의 파장을 예견할 수 있어야 한다.

어떤 뉴스를 제대로 처리하기 위해서는 관련 정보에 대한 이해력과 사건의 배경에 대한 정보 축적이 되어 있어야 한다. 뉴스원이 배경정보까지 제공해 주지는 않기 때문이다. 따라서 기자는 배경지식과 날카로운 판단력으로 무장된 거미줄을 쳐놓고 새로운 정보가 걸려들기를 기다렸다가, 정보를 낚아채면 자신의 모든 배경지식을 동원해 기사를 작성해 나가야 한다. 그래서 제대로 된 기자라면 꾸준한 독서는 물론이고, 외국의 주요 신문과 시사 잡지 한두 종류는 반드시 읽어야 한다.

기자생활을 새로 시작하거나, 언론인이 되기 위해 공부하는 학생들이라면 다른 것은 제쳐두고라도 영어권 신문과 시사잡지 한 두 종은 정기구독해서 읽으라고 권하고 싶다. 사회부 기자로 밤낮 없이 경찰서에서 살다시피 하더라도 그렇게 하는 게 좋다. 사람은 자칫 자기가 다루는 분야에만 빠져 지내기 쉽다. 그것만 하기에도 너무 바쁘고 벅차기 때문이다. 그럼에도 불구하고 기자라면 바깥세상 돌아가는 사정에 끈을 놓아서는 안 된다.

2강
기자는 다 할 줄 알아야 한다

1 편집국의 조직과 기능

**편집국장은
전투사단장**
신문사 편집국을 군대조직에 비교하면 실제로 일선에서
전투를 치르는 사단조직과 같다. 편집국을 총괄하는 편
집국장은 사단장인 셈이다. 그래서 편집국장을 지낸 사람들은 편집국장 때가
가장 힘들었지만 가장 신나는 시절이었다고 말하는 경우가 많다. 상업 신문의
경우 발행인 사주의 입김이 있고, 공영방송이나 정부의 입김이 강한 신문사들
의 경우에는 편집국장이나 보도국장이 정권의 눈치를 보지 않을 수 없는 것이

현실이다. 하지만 '윗분'이 정해놓은 보이지 않는 선만 넘지 않으면 편집국장은 200명이 넘는 기자들을 지휘하는 막강한 자리다.

편집국장이 사단장이라면 편집국 내 보직을 맡은 부장들은 실제로 일선 부대를 지휘하는 연대장들이라고 할 수 있을 것이다. 취재기자들이 가져 오는 정보를 일차로 취사선택해서 제작회의에 보고하고 경우에 따라서는 편집국장한테 개인적으로 보고도 한다. 엄청난 특종기사를 기획해서 발굴할 때는 편집국 내에서도 보안 유지가 필요한 경우들이 있다. 3~4명의 부국장이 담당분야를 나누어서 편집국장을 보좌하고, 각 부에서는 2~3명의 차장이 부장의 데스크 업무를 돕는다. 부국장 대신 담당 에디터 제를 두는 언론사도 있는데, 명칭에 관계없이 기능면에서는 큰 차이가 없다.

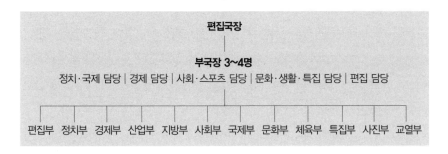

상설 취재팀　　　편집국의 부 구성은 언론사별로 약간씩 차이가 있을 수 있다. 예들 들어 정치부 안에 정당팀, 국회팀, 외교안보팀, 통일팀 등 다양한 이름의 팀제를 운영하고 차장급 기자가 팀장을 맡는다. 산업부 안에는 자동차팀, 부동산팀, 기업팀, IT팀 하는 식으로 세부 팀제를 운영하는 경우가 있고, 문화부에서는 출판팀을 별도 운영하는 경우가 많다. 주로 전문성이 많이 요구되는 분야에 대해 이러한 소 팀제를 운영한다. 부와 별도로 운영되는 팀도 있다. 예를 들면 특집팀 같은 것이다. 인물동정 면만 담당하는 특집팀, 본지와 별도로 인쇄되는 부록을 담당하는 특집팀 등이다. 신문사마다 독자들의 기호에 맞게 다양한 부록을 요일별로 발행하기 때문에 특집팀의 비중은 점점 더 높아지는 추세다.

특별취재반　　　이런 상설 태스크 포스팀과 별도로 그때그때 사안에 따라 특별팀이 꾸려지기도 한다. 예를 들어 선거철에는 선거 취재만 전담하는 특별취재반이 구성되어 담당 부국장이나 정치부장이 취재반장을 맡는다. 정치부 정당 출입기자들 위주로 꾸려지지만 전국을 커버해야 하기 때문에 사회부, 전국부, 경제부 등에서도 젊은 기자들이 차출된다. 홍수, 화재 등 큰 사건사고가 일어난 경우에도 사회적 파장이 오래 지속될 경우 특별취재반이 구성된다. 해외취재의 경우도 각부에서 뽑은 기자들로 특별취재반이 구성된다.

　대표적인 경우가 올림픽취재반이다. 체육부 기자들이 중심이 되나, 경기 외적인 기사, 에피소드, 개최 도시 관련 기사들을 커버하기 위해 국제부, 사회부, 그리고 개최지에서 가까운 곳에 파견돼 있는 상주 특파원이 추가로 투입된다. 예를 들어 세계 문화유산을 취재하는 경우, 여러 나라를 한 달 이상 돌아야 하기 때문에 한두 명이 전담하기는 무리다. 이럴 때는 편집국 전체를 대상으로 사진부 기자를 포함, 2~3명씩 5~6개 팀을 구성해 동시에 여러 지역으로 내보내 취재하도록 한다. 물론 이때도 무슨무슨 취재반이라는 문패를 달고서 취재를 하고 기사도 내보낸다.

논설위원실　　　　　외국 언론의 경우 논설위원실을 편집국에 같이 두기도 하
　　　　　　　　　나, 우리는 논설위원실을 편집국과는 별도로 발행인 직속
으로 두는 경우가 많다. 논설위원은 신문사 사정에 따라 10명 내외가 되며 정
치, 국제, 경제, 문화, 사회 등 편집국 부서에 준하는 영역별로 담당 논설위원
이 정해져 있다. 과거에는 편집국에서 부장을 지내고 전문성과 권위, 필력을
인정받은 중견기자들을 논설위원으로 보내는 것이 관례였다. 예를 들면 정치
부장 지낸 사람이 정치담당 논설위원으로 오고, 경제부장을 수년간 한 사람이
경제담당 논설위원을 하는 식이었다. 하지만 지금은 신문사 조직이 전반적으
로 젊어지는 추세 때문인 듯 차장급 기자들이 논설위원으로 진출하는 경우도
흔하고, 심지어 중앙일간지에서 평기자가 논설위원으로 일하는 경우도 있다.
사회 전반의 추세와 무관치 않다는 생각이다. 젊은 논설위원은 시각도 참신하
고 톡톡 튀는 글맛을 보여 주는 경우가 많이 있지만, 한편으로는 전통적인 의
미에서의 논설위원들이 보여주던 권위 있는 필력 면에서는 아무래도 좀 부족
한 점이 있을 수도 있다.

2 제작회의 ✎

아침 보고　　　　　기자는 언론사의 눈이고 귀다. 매일매일 세상 속으로 나
　　　　　　　　　가 그날의 뉴스를 발굴해오는 척후병 같은 존재다. 취재
기자는 일차적으로 담당 부장의 눈과 귀 역할을 한다. 조간신문, 방송의 경우
취재기자들은 오전 7시 전후해서 출입처로 나가 밤새 일어난 뉴스와 그날 하
루 중 예정된 기사거리를 체크한 뒤 9시 전후로 담당 부장에게 보고한다. 보

고는 통상 컴퓨터를 통해 먼저 보낸 다음 전화로 직접 통화한다. 담당 부장은 이 보고를 원재료로 활용해서 일차적인 기사가치를 판단, 취재기자에게 그날의 취재지시를 내린다.

이때 가장 우선시하는 일은 밤새 방송에 보도된 내용이 무엇인지, 또한 경쟁지에 보도된 내용이 무엇인지를 꼼꼼하게 체크하는 일이다. 다른 조간신문에 멀쩡하게 보도된 것도 모르고 마치 새로운 뉴스인 양 데스크한테 보고하면 곤란하다. 다른 신문에 났는데, 우리는 쓰지 않았다면 자신은 왜 그 기사를 안 썼는지, 아니면 못 챙겼는지 전후 사정과 함께 후속 취재를 어떻게 하겠다는 것을 보고해야 한다.

**오전
제작회의**
편집국장 주재 하에 부국장과 각 부 부장들이 참석해서 그날의 지면구성을 의논한다. 부장들이 그날 출고할 기사내용을 발제하면 마지막으로 그날의 1면 톱기사와 기타 주요기사, 해설을 붙일 기사 등을 취사선택한다. 지면확보 경쟁이 치열하기 때문에 부장들마다 자기 부서에서 발제한 기사가 중요한 기사라고 주장하는 경우가 많다. 따라서 기사의 뉴스가치를 정확히 판단해서 옥석을 가리고 부서 간 기사비중을 조정해야 하는 아침회의의 역할은 대단히 중요하다.

**오후
제작회의**
점심시간 후 취재기자는 담당 부장에게 오전에 발생한 새로운 뉴스가 있으면 보고하고, 오전회의 때 결정된 기사의 취재 중간경과를 보고한다. 이때 기사의 뉴스가치에 따라 분량이 조정되기도 하고, 기사 방향이 바뀔 수도 있다. 오전 10시 전후해서 정부 각 부처에서 브리핑이나 발표문들이 나오기 때문에 보고할 내용이 많아지는 경우도 있다. 부장들은 이 보고를 바탕으로 편집국장 주재로 열리는 오후 제작회의에서 최종적으로 지면계획을 확정한다. 오전에 잠정 결정해 놓은 1면 톱기사 후보가 이때 바뀌기도 한다. 오후 마감시간 전에 큰 돌발사건이 터지지 않는 한 이 지면계획대로 신문제작이 이루어진다. 지면계획이 확정되면 기자들은 그때부터 기사작성 준비에 들어간다. 조간신문의 경우 오후 5시 전후로 기사를 마감한다. 일명 가판이라고 부르는 초판을 없앤 신문들은 마감시간을 저녁 9시 전후로 미루었기 때문에 더 알찬 취재를 할 수 있다.

3 종합적인 뉴스가치 판단

**신문 방송은 혼자서
만드는 게 아니다**

신문, 방송은 혼자서 만드는 게 아니다. 신문 하나가 사회 전체를 커버한다. 따라서 어떤 정보든 넓게는 지구촌, 사회 전체에서 차지하는 뉴스가치를 따져야 하고, 좁게는 신문 28~36개면에서 차지하는 비중을 따져야 한다. 1면(5건 내외)에 들어가는 기사와 3, 4, 5면 28면에 들어가는 기사는 작성방법이 다르기 때문이다.

다음은 김연아 선수의 2013 세계선수권대회 우승 소식을 전하는 스트레이트 기사다. 이런 경우 기자는 취재과정에서부터 자기가 취재하는 기사가 1면 스트레이트와 체육면 박스기사로 처리된다는 예상을 하고 그에 필요한 취재를 충분히 해놓아야 한다. 기사의 뉴스가치를 미리 알고서 취재에 임해야 하는 것이다. 취재기자 혼자서 스트레이트와 박스기사를 모두 마감시간에 맞춰서 써야 하기 때문에 시간 배분까지 신경 써야 한다. 피겨 스케이팅 소식을 전하는 뉴스이기 때문에, 정치 뉴스나 사건 사고 뉴스와는 스트레이트 작성에도 한결 기교가 들어가 있음을 알 수 있다.

연기가 끝나기도 전, 모든 관중이 일어서서 뜨거운 박수를 쳤다. 완벽했고 아름다웠다. 그렇게 여왕이 돌아왔다. '피겨퀸' 김연아(23)가 4년 만에 세계선수권 정상을 탈환했다.

김연아는 17일(한국시간) 캐나다 온타리오주 런던 버드와이저 가든스에서 열린 2013 국제빙상경기연맹(ISU) 세계선수권대회 여자 시니어 싱글 프리스케이팅에서 148.34점을 기록해 15일 쇼트프로그램 점수(69.97점) 합계 218.31점으로 금메달을 목에 걸었다.

김연아는 완벽한 연기로 올 시즌 여자 싱글 최고점을 찍었다. 종전 기록은 지난달 4대륙 선수권대회에서 아사다 마오(일본)가 기록한 205.45점.

또 김연아의 이날 점수는 2010 밴쿠버 동계올림픽에서 자신이 세운 세계 신기록(228.56점)에 이어 개인 통산 두 번째로 높은 기록이다. 디펜딩챔피언 카롤리나 코스트너(이탈리아)가 197.89점으로 은메달, 아사다 마오가 196.47점으로 동메달을 따냈다.

이로써 김연아는 2009년 LA 대회에서 생애 첫 세계선수권 정상에 오른 데 이어 생애 두번째이자 4년 만에 대회 우승 타이틀을 거머쥐었다.

김연아가 이번 대회서 우승을 차지하면서 한국 피겨스케이팅은 1년 앞으로 다가온 2014 소치동계올림픽에서 역대 최다인 3명의 선수를 출전시킬 수 있게 됐다.

**기자는 사건을
피해가지 않는다**

9/11사태가 터졌을 때 모 일간지에서 있었던 일이다. 당시 이 신문사는 뉴욕특파원이 따로 없었다. 그래서 워싱턴 인근에서 1년간 연수중이던 문화부 기자를 현장에 급파하기로 했다. 국제부 담당 데스크가 이 기자한테 전화를 걸어 빨리 현장으로 가 줘야겠다고 했다. 워싱턴에 상주특파원이 있지만 워싱턴을 비울 수는 없었다. 그

곳에서도 엄청난 양의 기사가 쏟아지고 있었기 때문이다. 그런데 이 문화부 기자는 오랫동안 문화부에서만 일을 해 왔고, 현장 사건취재 경험이 거의 전무했다. 서평이나 학술기사는 곧잘 쓰는 기자였다. 겁이 난 이 기자는 자신이 없어 못 가겠다고 버텼다. 당시는 미국 내 국제공항들도 모두 폐쇄됐기 때문에 서울에서 기자를 보낼 수도 없었다. 결국 이 신문은 9/11테러 때 현장에 자사 기자를 보내지 못하고, 미국 언론과 외국 통신을 참고로 기사를 출고해야 했다. 우리 기자가 직접 현장에 가서 쓰는 기사와 서울에 앉아 외국 언론을 종합해서 쓰는 기사는 '살아 있는 글'과 '죽은 글' 정도로 차이가 크다.

기자는 스페셜리스트(specialist)이면서, 동시에 제너럴리스트(generalist)가 되어야 한다. 모든 분야의 기사를 처리할 수 있어야 한다는 말이다. 따라서 가능한 한 다방면의 전문지식을 습득하고 전문용어를 구사할 수 있도록 노력해야 한다. 기자의 임무는 본인이 전문가이면서 동시에 타인의 지식을 전달하는 것이다. 미국 CNN 방송기자들은 할리우드 취재기자를 이라크 전선에 투입하면 곧바로 24시간 생방송이 가능하다. 모든 사람에게 모든 종류의 정보를 제대로 전달할 수 있는 능력을 기르는 훈련을 받기 때문이다. 물론 지금은 전문기자 시대이다. 중국전문기자, 정치전문기자, 학술, 의학, 환경전문기자, 영화전문기자, 국제전문기자 등등 분야별로 다양한 전문기자들이 등장하고 있다. 하지만 아무리 특정 분야 전문기자라도 길을 가다가 큰 빌딩에 화재가 났는데, '이건 내 분야가 아니야' 하면서 그냥 지나친다면 기자라고 할 수 없다. 언론문장을 쓰는 사람은 그래서 어떤 분야든 취재해서 독자들에게 그 내용을 전달할 수 있는 기본적인 취재역량을 길러야 한다. 언론은 어디까지나 미디어 (media:매개체)이고 기자는 전달자(messenger)이다.

3강
언론문장의 기본 요건

1 언론문장의 4가지 요건

초등학교 고학년 학생이면 신문을 읽는다. 글쓰기나 논술의 중요성이 강조되면서 중고등학생들도 신문을 열심히 읽는다. TV 방송의 시청자는 신문독자보다 더 폭이 넓다고 할 수 있다. 언론문장이 쉽게 쓰여야 하는 중요한 이유가여기에 있다. 기초교육을 받은 대한민국 국민이면 사전의 도움 없이 읽을 수있도록 쓰여야 하는 게 신문 문장이다. 언론문장은 소설이나 수필, 학술논문,기업 보고서와는 분명히 다른 특성을 갖고 있다. 우선 독자가 읽기 편하게 쓰여겨야 한다.

잘 쓴 언론문장은 어려운 어휘나 유식한 문자들을 나열하지 않고 명료한 단어를 쓴다. 그리고 독자들의 흥미와 감동을 유발할 수 있는 사례와 일화, 인용문이 곁들여진다. 훌륭한 문장은 무엇보다도 정확한 취재의 바탕 위에서 이루어진다. 다시 말해, 정확하고 뉴스가치가 높은 정보를 알기 쉬운 단어로 간결하게 표현해서 독자들에게 흥미와 감동을 안겨 주어야 훌륭한 언론문장이 되는 것이다.

다음의 기사를 보자. 초등학교 고학년 학생이면 사전의 도움을 받지 않고도 뜻을 충분히 이해할 수 있는 단어들로 쓰여 있다. 한 문장에 하나의 개념만 담고 있는 단문으로 구성되어 있다. 아울러 응원단의 구체적 숫자와 현장 분위기를 전함으로써 글쓴이가 현장에 있었거나 아니면 최소한 TV중계라도 보고서 이 기사를 썼음을 짐작할 수 있다. 독자에게 신뢰감을 준 것이다. 따라서 이 글은 다음에 소개하는 언론문장의 4가지 요건을 잘 갖추고 있다.

> 한국은 10일 새벽(한국시각) 카타르 도하 알라얀 경기장에서 열린 대회 8강전에서 김치우, 염기훈, 정조국의 골을 묶어 북한에 3대0 승리를 거뒀다. 20년 만에 대회 우승을 노리는 한국은 12일 오후 10시 이라크와 준결승을 벌인다. 이라크는 우즈베키스탄을 2대1로 물리쳤다. 이날 경기장에는 북한의 중동 근로자 500여명과 한국 교민·응원단 400여명이 응원 대결을 펼쳤다.

① **단순한 문장** 러시아 단편작가 이삭 바벨의 표현을 빌리자면 "한 문장에 하나의 생각(idea), 하나의 개념(image)만 담는다."

② **쉬운 어휘** 언론보도는 일상적인 언어로 독자들에게 전달된다. 거창한 단어

는 적게 쓸수록 좋다.

③ **확신** 요점이 정확하게 표현돼 독자가 보기에 필자가 핵심을 잘 파악하고 있다는 인상을 갖도록 해야 한다.

④ **자연스런 문장** 사건과 서술이 잘 어울려야 한다. 언론문장은 아무리 현란한 수사를 동원하더라도 표현 자체가 글쓰는 목적이 될 수는 없다. 어디까지나 글쓰는 목적이 우리가 몸담고 있는 사회와 관련된 유용한 정보를 사람들에게 전달하는 데 있음을 명심해야 한다. 혹시라도 부정확하고 미비한 취재내용을 미사여구로 포장하려고 해서는 안 된다.

단순한 문장　　　알고 있는 정보를 글에 모두 다 담으려고 하면 글은 초점을 잃고 밋밋해진다. 신문의 스트레이트 기사는 주어+동사+목적의 단문에 살을 아주 약간만 덧붙인다고 보면 된다. 이렇게만 하면 이해하기 쉽고, 빨리 읽히고, 처음부터 끝까지 물 흐르듯 부드러운 문장이 만들어진다. 힘들여 취재한 정보를 버리기는 쉬운 일이 아니다. 하지만 좋은 언론문장을 쓰려면 정보를 다 끌어안으려는 욕심은 과감하게 버려야 한다.

　예를 들어 서울대학교 입시요강을 소개하는 기사를 쓸 때는 이 학교 캠퍼스가 얼마나 아름다운지, 교수진이 얼마나 훌륭한지에 대해서는 아무리 많은 취재가 돼 있더라도 모두 버려야 한다. 입시요강을 읽는 독자들에게 그런 정보는 쓸모가 없기 때문이다.

　그러면서도 리듬이 살아 있는 문장이 되어야 한다. 뜻을 명쾌하게 표현한다고 짧은 문장을 계속 되풀이한다면 지루하기는 긴 글이나 마찬가지일 것이다.

길고 짧고, 아주 길고 아주 짧고가 리듬감 있게 적절히 조화를 이루도록 해야 한다. 한 문장에 들어가는 단어 수는 평균 잡아 15개 내외, 가급적 20개가 넘지 않도록 한다. 영문 기사의 경우도 마찬가지다.

UPI통신의 프레드릭 C 오트먼(Frederick C. Othman)기자는 글쓰기와 관련해서 동료기자들에게 다음과 같이 충고한다. "무조건 간단하게 쓰라는 말은 하지 않겠다. 하지만 앞에 쓴 문장이 길다 싶으면 다음 문장은 분명히 짧게 써라. 이렇게 해서 리듬을 주라는 말이다. 그렇지만 한 문장의 평균단어 수가 25개가 넘으면 분명히 독자들한테 버림받는다. 이것은 과학적으로 증명된 수치다."

> 이른바 '최진실법' 등 개정 민법이 다음달부터 본격 시행된다.
> 법무부는 다음달 1일부터 친권자동부활제 폐지, 성년연령 하향, 성년후견제와 입양 허가제 도입, 유실물 습득기간 단축 등을 주요 내용으로 하는 개정 민법이 시행된다고 26일 밝혔다.
> 개정 민법은 단독 친권자로 지정된 부모 중 한쪽이 사망한 경우 생존한 나머지 배우자에게 자동으로 친권이 부활하지 않고 가정법원의 판단을 거치도록 했다.

3개 문장에 모두 52개의 단어로 문장 당 평균 단어 수는 17개다. 적절한 단어 수에 첫 문장의 단어 수는 9개, 두 번째는 22개, 세 번째는 21개로 길고 짧음이 적절히 리듬을 이루고 있다.

쉬운 어휘　　아래 예문 중에서 괄호 안에 설명한 수식어는 어렵고, 불필요한 것으로 글의 명쾌한 아이디어 전달을 방해한다.

① 12일 잠실에서 열릴 예정이던 프로야구 경기는 강우 때문에 취소됐다.(강우라는 어려운 말을 굳이 쓸 이유가 없다. 비 때문에 취소됐다고 하면 된다.)
② 부천시 원미구 춘의동 일대 8200평의 드넓은 대지에 조성된 '부천식물원'이 20일 드디어 문을 활짝 열었다. 지하 2층, 지상 2층 규모의 식물원은 총 310종 9975그루의 각종 식물로 꾸며졌다.('드넓은 대지에 조성된' '드디어' '각종'은 모두 불필요한 수식어다.)

쉬운 어휘뿐 아니라 대상을 가장 정확하게 묘사하는 정확한 어휘를 선택해야 한다. 마크 트웨인(Mark Twain)의 말을 소개한다. "작가는 사물을 묘사함에 있어서 비슷한 단어가 아니라 그야말로 정확한 단어를 선택해야 한다. 차선이란 있을 수 없다. '정확한 단어'와 '거의 정확한 단어'의 차이는 '번갯불' (lightning)과 '반딧불' (lightning bug)의 차이만큼이나 큰 것이다."

> 아파트 분양대행사 직원이 허위계약서로 투자자를 모집해 수억원을 챙겨 달아난 (희대의) 사건이 발생했다.
> 충북 괴산경찰서는 증평군에서 아파트를 건축 중인 A건설이 '아파트 분양을 대행하고 있는 B사의 직원 H(42)씨가 허위계약서로 투자자를 모집한 뒤 돈을 받아 달아났다'는 진정서를 접수했다고 9일 밝혔다.
> 경찰에 따르면 H씨는 지난 10월께 부터 최근까지 청주, 증평, 서울 등의 투자자들에게 접근, 자신에게 투자를 하면 현재 분양하고 있는 아파트에 프리미엄을 붙여 판매한 뒤 원금의 2~3배를 주겠다고 (협박해) 10여명으로부터 500만~3천500만원씩 수억원을 받아 챙긴 뒤 6일 잠적했다.

괄호안의 단어 (희대의)(협박해)는 모두 범죄상황을 정확하게 묘사한 단어가 아니다. 죄질이 나쁘기는 하지만 아파트 분양현장에서 수시로 일어나는 사기사건의 하나이다. 아주 드물게 일어나는 (희대의) 사건은 아니다. 피해자들은 몇 배의 이익을 남길 수 있다는 사기범의 말에 현혹돼서 돈을 투자한 것이지 협박을 받고 돈을 건넨 것이 아니다.

확신   다음은 경찰정보를 바탕으로 추가 취재를 통해 사건 진상에 대한 기자의 확신이 들어 있는 기사다. 사건 관련자들을 직접 만나 증언을 듣고, 경찰의 수사파일까지 확보해서 독자들로 하여금 기사내용을 전적으로 신뢰하도록 만든다. 특히 기자는 5W 1H를 기계적으로 나열하는 게 아니라 사건의 핵심이 현직교사와 출판사의 유착관계가 드러났다는 데 있음을 포착하고 이 사실을 리드에 적시함으로써 독자들에게 사건에 대한 길잡이 역할을 충실히 하고 있다. 이는 독자들에게 큰 신뢰감을 준다.

> 교과서와 참고서 등을 채택해 주는 대가로 출판사로부터 리베이트를 받아온 13개 고교 현직 교사 30명이 대거 경찰에 적발됐다. 교재 선정을 둘러싸고 일선 중.고교 교사들이 출판사와 유착돼 있다는 소문이 사실로 확인된 것이다…서울 동작구의 S고교 교사 송모(51)씨 등은 올3월쯤 교무실에서 K 도서총판 대표 강모씨로부터 "판매금액의 20%를 주겠다"는 청탁을 받고 이 출판사의 수능 부교재를 채택해 준 대가로 70만원을 받는 등 26차례에 걸쳐 1630만원을 받은 혐의를 받고 있다…경찰청 특수수사과는 20일 뇌물공여 혐의로 K출판사 강남총판 강모(45)대표와 임직원 3명을 불구속 입건했다. 또 부정한 청탁을 들어 주고 뇌물을 받아온 권모(47)씨 등 13개 공.사립고교 교사 30명을 불구속 입건했다.

인용문(Quote)이 갖는 힘을 활용한다. 기사의 신뢰도를 높이는 중요한 수단 중 하나가 바로 인용문을 사용하는 것이다. 독자는 사건 당사자의 말을 직접 접함으로써 사건의 본질에 대한 이해를 더 쉽게 하게 되고, 또한 기자가 사건 당사자를 직접 만나서 이야기를 듣고 기사를 썼다는 점에서 기사와 기사를 쓴 기자에 대한 신뢰감도 더해지는 효과가 있다.

- 인용문에는 취재원이 말한 내용의 핵심 부분을 담는다.
- 인용문은 독자나 시청자가 사건발생 상황을 생생하게 떠올릴 수 있는 사실적 내용을 담아야 한다.
- 회의, 재판, 토론 등 문답이 오가는 상황을 소개하는 경우에는 가급적 직접인용을 많이 사용한다.

① 10일 서울시청 앞 서울광장에서 열린 한미 FTA 반대시위에는 민노당 의원 7명이 참석했다.
② 비가 오는 가운데 10일 서울광장에서 열린 한미 FTA 반대시위에는 권영길 민노당 대표와 항의삭발을 한 홍길동의원을 비롯한 민노당 의원 7명이 참석했다.

독자들은 앞의 예문의 경우 기자가 현장에 없었고, 뒤의 경우에는 기자가 현장을 직접 목격했다는 사실을 금방 눈치 챌 수 있을 것이다. 구체적 현장묘사는 기자가 현장상황에 확신을 갖고 글을 썼다는 인상을 준다.

애국심, 평등, 사랑 같은 추상명사는 꼭 필요한 경우가 아니면 피하고, 색깔, 크기, 감촉, 냄새 등을 구체적 사물에 근거를 두고 서술하도록 한다. 따라서 취재원이 일반적인 표현으로 두루뭉수리하게 말하면 기자는 구체적인 답변을 하도록 집요하게 매달려야 한다. "적정한 수준의 임금이라는 것은 구체적으로 얼마를 뜻합니까?" "예를 들면 어떤 경우입니까?" "야구공보다 컸습니까, 아니면 더 작았습니까?" 등의 추가질문을 수없이 되풀이해서 구체적인 언급을 이끌어내도록 해야 한다.

구체적 서술과 관련, 뉴욕타임스 편집국장이던 진 로버츠(Gene Roberts)가 말한 자신의 경험담을 소개한다.

내가 언론계에 들어와 처음 만난 데스크는 장님이었다. 그의 이름은 헨리 벨크(Henry Belk)다. 그는 9,000부를 찍는 노스캐롤라이나주 골즈버러의 뉴스 아르구스(News Argus) 에디터였는데 늘 지팡이를 짚고 다녔다. 그는 자기 아내와 고등학교 아르바이트 학생들을 불러서 자기한테 넘어오는 기사를 한 자 한 자 읽도록 해서 데스크를 봤다. 나는 기사를 넘기고 난 뒤 숱하게 그의 방으로 불려 들어갔다. 그리고 그는 늘 이렇게 말했다. "자네 기사는 볼 수가 없어. 제발 내가 볼 수 있게 해줘." 내가 그의 말을 제대로 이해하기까지는 몇 년이 걸렸다. 나는 지금까지도 좋은 글을 쓰는 원칙에 대해 그가 해준 세 마디, "내가 볼 수 있게 해줘"(Make me see)보다 더 절묘하게 표현한 말을 본 적이 없다.

자연스런 문장
사망기사와 손에 땀을 쥐게 한 축구 경기, 기업의 연말결산 실적보고서 기사는 단어 선택과 글의 분위기, 문장의 길이까지 달라져야 한다. 각 상황에 어울리는 자연스런 글이 돼야 하기 때문이다.

다음은 '55년 만에 돌아온 장복동 일병'에 관한 신문기사다. 국방부에서 보도자료를 통해 각 언론사 출입기자들에게 제공한 기사이다. 대부분의 신문에 실릴 것이 분명하고 TV 뉴스에도 방송되었다. 스트레이트 기사를 그대로 신문에 싣는다면 큰 의미가 없는 경우다. 따라서 기자는 스트레이트 기사이지만 리드에 유족의 말을 직접 인용문으로 실음으로써 다른 신문 보도와 차별화를 꾀했다. 독자들을 자연스럽게 끌어들이는 효과도 노렸다.

"얼굴도 기억나지 않는 아버지지만…이렇게 고마울 수가…" 6.25때 전사한 고(故) 장복동 일병의 아들 장채윤(58.전남 여수시)씨는 20일 육군의 전화를 받고 말을 잊지 못했다. 두 살 때였던 1951년 1월 '중공군 정월대공세'로 잃은 아버지가 55년 만에 뼈와 유품으로 돌아온 것이다. 장씨의 부인 김송심(52)씨는 "꿈에서나 만나던 아버지였다고 해요. 아버지 정을 못 받아 늘 가슴에 맺혀 했었는데 이제 그 한을 풀게 됐네요"라고 했다. 장 일병은 육군 9사단 30연대 소속으로 지리산 공비 토벌작전에 이어 강원도 홍천 지역에서 인민군.중공군과 맞서 싸우다 전사했다. 그의 고향인 여수시 손죽도에서는 6.25 때 입대한 마을 청년 50여명 가운데 절반만 돌아왔다. 이후 매년 아버지가 전사한 날짜로 추정되는 음력 11월 26일을 기해 제사를 올려왔다.

장 일병의 유해는 9월 2 · 1일 육군 유해발굴단이 찾아냈다. 전쟁 때 전사자 시신을 수습한 강원도 홍천군 내면 율전2리 마을 사람의 후손이 유해를 묻은 장소를 기억했다가 육군에 제보한 덕분이다. 발굴 현장에서는 유골과 유품 등 20여 점이 발견됐다. 하지만 장 일병의 신원을 알 수 있는 유일한 단서는 스테인레스로 된 수통 하나였다.

(이하생략) (최원석 기자 조선일보 2006.11.21)

① 6하 원칙에 입각한 통상적인 리드 대신 유족 인터뷰를 앞머리에 내세움으로써 독자들을 화제 인물기사의 현장으로 곧바로 인도한다.

② 유족들의 말을 직접 인용함으로써 독자들이 유가족들의 말을 통해 비극의 깊이를 직접 느낄 수 있게 해주었다.

③ 고인의 사망과 유골발굴 과정 등 기사의 본질적인 요소를 뒷부분에 일목요연하게 정리했다.

지금까지 언론문장 작성 때 지켜야 할 원칙과 범해서는 안 될 일들을 알아보았다. 이를 글을 쓰면서 피해야 할 두 가지 일들로 바꾸어 정리해 본다. 초보자들이 흔히 범하는 잘못들이기도 하다.

(1)상세한 내용 없이 두루뭉수리하게 서술

(2)구체적인 내용보다 일반적인 상황을 기술

　상세한 내용이 부족하면 안 된다는 것은 잘 쓴 언론문장은 탄탄한 취재를 전제로 가능하다는 점을 새삼 강조한다. 굳이 언론문장이 아니더라도 글을 쓰고자 하는 주제에 대한 철저한 이해 혹은 배경지식 없이 좋은 글을 쓸 수는 없다는 점을 강조하는 말이다. 가장 잘 쓴 글은 가장 쉽게 쓴 글이라는 말이 있다. 맞는 말이다. 주제에 대해 제대로 알고 쓰는 사람은 읽는 사람이 알기 쉽게 쓴다. 하지만 글 쓰는 이가 주제에 대한 이해가 부족할 경우, 그 글은 독자들이 읽어도 무슨 말인지 이해가 안 되는 경우가 많다.

2 문장 길이와 가독성(readability)

표준 문장 길이
　다음은 미국 뉴스통신사들이 자사 기자들에게 배포한 문장 단어수별 가독성을 나타낸 참고지침이다.

평균 문장 길이	가독성
8단어 이하	읽기 아주 쉬움
11단어	읽기 쉬움
14단어	읽기 제법 쉬움
17단어	표준
21단어	읽기 제법 어려움
25단어	읽기 어려움
29단어 이상	읽기 아주 어려움

통신 언어는 신문 문장보다는 더 단문으로 짧게 쓰는 경향이 있다. 통신 보도는 문장의 완결성보다는 정보의 신속한 제공, 속보에 더 치중을 두는 경향이 있기 때문이다. 하지만 간결하고 명쾌한 문장에 대한 강조는 모든 언론문장에 공통으로 적용되는 원칙이라고 보면 된다.

문단의 길이도 너무 길지 않도록 한다. 너무 긴 문단은 독자들의 기를 질리게 만든다. 전체 기사에 들어간 단어 수를 문단의 수로 나누면 한 문단의 평균 단어 수가 나온다. 영문기사의 경우 문단당 평균 단어수는 50~70개가 적정한 것으로 권유되고 있다. 한 문단에 서너 개의 문장이 들어갈 경우 이 같은 수치가 나온다고 보면 된다. 한글기사의 경우도 이 단어 수와 크게 다르지 않다.

사설 문장　　　사설은 200자 원고지 4~6매 분량. 신문의 경우 두 개 기둥으로 나누어지기 때문에 한 기둥에 2~3 단락씩 배치해서 전체 균형을 살린다. 따라서 한 단락의 길이는 200자 원고지로 1매 채 안되게 하는 것이 바람직하다. 다음 예문의 경우 한 단락의 문장 수는 3개 내외로 한 문장의 단어 수는 20개 내외, 단락의 단어 수는 50개 내외이다. 첫 번째 단락의 경우, 각 문장의 단어 수를 계산해 보면 8+15=33이다. 사설은 논지를 보다 분명하게 전달하기 위해 일반 기사보다 더 간략하게 쓴다.

사 설 보 기

외국인 범죄조직, 더 심각해지기 전에 뿌리뽑아야

일부 외국인 우범자들이 지역별로 조직화하는 경향을 보이고 있다. 외국인 범죄 조직들은 자국인 체류자들을 상대로 보호비 명목으로 금품을 뺏거나 상점에서 자릿세를 뜯어가곤 한다는 것이다.

　외국인 노동자, 결혼 이민자 등 국내 체류 외국인 숫자는 이달로 150만명을 넘어섰다. 이들 대부분은 돈을 모아 고국에 돌아가서 안정된 생활을 해보겠다는 목표로 열심히 일하는 사람들이다. 그러나 서울의 구로·영등포, 경기도 안산 등 외국인 밀집 거주 지역을 중심으로 폭행, 금품갈취, 도박 등을 저지르는 외국인 범죄꾼들도 늘고 있다. 외국인 범죄 건수를 보면 2002년 5221건에서 2012년엔 4.7배인 2만4379건으로 늘었다.

　외국인 우범자들의 범죄는 대부분 자국인(自國人) 체류자들을 상대로 한 것이다. 우리 경제의 한 기둥을 담당하고 있는 외국인들이 조직범죄의 피해를 입지 않도록 우리가 보호해줘야 한다. 외국인 조직 폭력배를 방치하면 이들이 나중엔 한국인을 상대로 범죄를 저지르게 되고 우리 사회에 외국인 혐오증이 퍼질 수도 있다.

　현재 18만명 정도로 추정되는 불법 체류자들은 폭행이나 갈취를 당해도 경찰에 신고하지 않는다. 신고했다가는 출입국관리 당국에 넘겨져 추방될 거라는 걱정 때문이다. 올 3월부터는 불법 체류자라 하더라도 살인·강도·절도·폭행 등 주요 범죄의 피해를 신고한 경우엔 경찰이 이들을 출입국관리 당국에 인계하지 않아도 되도록 출입국관리법 조항이 바뀌었다. 이런 내용이 외국인 노동자들에게 충분히 알려지도록 홍보해야 한다. (이하 생략) (조선일보 2013년 6월 20일)

**통신기사
문장**　통신기사는 속보가 생명이기 때문에 한 문장을 한 단락으로 계속 써내려간다. 한 문장에 하나의 사건만 담아 복문을 피하고 단문으로 계속 열거해 가는 식이다. 중요한 정보를 리드에서부터 배치하는 전형적인 역피라미드 형식이다.

Gaza gunmen shoot at Palestinian minister's convoy

Sun 10 Dec 13:28:59 GMT

GAZA, Dec 10 (Reuters) - Unidentified gunmen shot at a convoy of vehicles transporting the Palestinian interior minister in the Gaza Strip on Sunday, but he escaped unharmed, a spokesman said.

The gunfire was another sign of unrest at a time of growing tension between the governing Hamas Islamist group and President Mahmoud Abbas, a moderate.

Witnesses said people dived for cover and police gave chase as the gunmen sped away.

(가자지구 로이터통신 특약) 총을 든 정체불명의 괴한들이 10일 가자지구에서 팔레스타인 내무장관이 탑승한 차량행렬에 총격을 가했으나 내무장관은 무사히 현장을 빠져나갔다고 내무장관 대변인이 말했다.

집권 이슬람 단체인 하마스와 온건파인 마흐무드 압바스 대통령 사이에 긴장이 고조되는 가운데 발생한 이날의 총격사건으로 이 지역의 불안한 정세가 다시 드러났다.

목격자들에 의하면 사건 직후 현장에 있던 사람들이 안전한 곳을 찾아 대피하느라 소동이 벌어졌으며, 출동한 경찰이 도주 괴한들의 뒤를 추격한 것으로 알려졌다.

리드에 5W 1H가 모두 들어 있는 전형적인 역피라미드 형식의 기사다. 리드 문장에 사건 개요가 모두 담겨 있다. 현장 상황과 목격자 진술, 지역 정세에 대한 배경 정보는 리드 문장에 이어 연대기식으로 묘사되어 있다. 아울러 외신에서는 때를 나타내는 날짜를 요일로 표시하지만 우리 언론에서는 날짜를 쓴다. 따라서 외신 문장에서 요일로 표시된 것은 그에 해당되는 날짜로 고쳐서 써야 한다. 여기서는 Sunday를 10일로 바꾸었다.

4강
기사작성의 기초

1 객관적인 보도와 출처 표기

정확성이 생명
언론보도는 무엇보다도 정확성이 생명이다. 당연한 이야기이지만 오보는 쓰지 않은 것보다 훨씬 못하다. 틀린 기사를 보도한 언론사의 신뢰에 큰 손상을 입히는 것은 물론, 정정보도를 내야 하는 수모를 겪고, 심한 경우 명예훼손 혐의로 소송에 휘말리면 큰 금전적 피해를 입을 수도 있다. 따라서 기사작성시에는 내용의 정확성은 물론이고, 인명, 지명, 주소, 직책 등이 맞게 써졌는지 몇 번이고 확인해야 한다. 아울러 발언 내용을 인용할 때는 발언자의 취지를 의도적으로 곡해하지 말고 정확하게 보도해야한다. 특히 통계수치 보도 때는 단위 하나에도 정확성을 기해야 한다.

균형 있는 보도   정치권을 비롯해 사회 전체가 진보, 보수로 첨예하게 양분되며 우리 언론의 보도 태도도 지나치게 이념 지향적이고 분열적으로 되었다. 같은 사안을 보도하는 데도 언론사의 이념지향에 따라 보도방식이 극명하게 달라졌다. 어느 한쪽을 일방적으로 편애하거나 저주하는 식(outrageous favoritism)의 보도 태도를 지양하고 공정함과 공평함을 지향하는 언론 본연의 태도를 지키는 것이 중요하다. 기자의 단어 선택 하나에도 어느 일방에 대한 호불호는 쉽게 드러난다.

① 홍길동의원은 자신의 보좌관이 김모씨한테서 돈이 든 가방을 전달받은 사실을 시인했다.
② 홍길동의원은 자신의 보좌관이 김모씨한테서 돈이 든 가방을 전달받는 장면을 본 적이 있다고 말했다.

'시인했다'는 표현에는 홍길동의원이 그런 혐의를 받고 있었고 시인하라는 압박을 그 동안 받고 있었다는 점을 은연중 시사한다. 반면 '본 적이 있다고 말했다'는 표현은 이런 압박이 있었다는 점을 시사하기 보다는 오히려 가방을 전달받은 장면을 떳떳하게, 자발적으로 밝혔다는 뉘앙스를 풍긴다. 두 기사를 통해 홍길동의원이 받을 정치적 타격이 전혀 달라질 수 있는 것이다.

출처 표기　　　정보와 발언은 출처(sources)를 밝혀야 한다. 이 경우 보도되는 정보의 신뢰성과 오류성의 책임은 그 출처한테 돌아간다. 공신력 있는 발언의 출처를 밝힘으로써 기사의 신뢰도가 올라간다.

> 정부가 제2금융권의 소비자보호기능을 강화한다.
> 기획재정부는 27일 '2013년 하반기 경제정책방향' 발표를 통해 제2금융권의 건전성 관리를 강화하면서 금융사 지배구조개선, 소비자보호기능 강화 등 금융시스템의 안정을 도모하겠다고 밝혔다.
> 정부는 지난해 9월 저축은행 건전경영을 위한 추가 제도개혁방안을 통해 상호저축은행 시행령을 개정해 불법 행위 내부자 고발제도를 활성화하기로 한 바 있다.

하지만 명약관화한 사건이나 기자가 직접 목격한 사건은 별도로 소스를 밝힐 필요가 없다.

① 올 연말 퇴임하는 헨리 하이드 미 하원 국제관계위원회 위원장이 16일 국제관계위 청문회장에서 우리 정부가 주는 수교훈장 광화장을 수여받았다.
② 2013년 서울시 소상공인 창업박람회가 24(금)~26일(일) 강남구 대치동 서울무역전시컨벤션센터(SETEC)에서 열린다.

기자가 회견장에서 직접 들은 것이 아니고 통신기사나 제보자를 통해 발언 내용을 들었을 경우, 발언 내용의 신빙성이 의심스러울 때는 보도하기 전 반드시 당사자에게 발언의 진위를 확인해야 한다. 이럴 경우 당사자가 발언 사실을 부인하거나, 내용을 정정해 주는 경우가 의외로 많다.

출처의 위치 소스는 가능한 한 리드에 밝히는 게 원칙이다. 하지만 리드에 들어가는 내용이 명약관화한 경우, 본문에 넣어도 관계없다.

고분양가 논란으로 후(後)분양제를 도입키로 한 은평뉴타운의 일부 지구 용적률을 올리는 방안이 검토되고 있다…(중략) 서울시는 19일 "은평 뉴타운 분양가를 낮추기 위해 용적률을 높이는 대안을 검토중"이라고 말했다.

리드의 핵심 내용인 은평뉴타운 용적률 인상은 고분양가 논란으로 관심이 첨예하게 집중된 사안이기 때문에 일단 리드는 이 내용에 집중하고, 서울시가 밝혔다는 소스는 다음 문장으로 돌려도 무방한 경우다. 특히 논란과 비방이 오고가는 사안을 보도할 때는 발언자의 소스를 일일이 밝히고 발언 내용도 정확하게 보도해야 한다.

무책임한 출처 표기 가장 흔하게 쓰이는 단어는 "말했다" "했다"이다. 발언 내용에 따라 "반박했다" "주장했다" "밝혔다"도 많이 쓰인다. 발언 내용을 기자가 직접 확인하지 못했을 경우, "말한 것으로 전해졌다" "알려졌다"도 쓰이나 무책임한 표현으로 가급적 피하는 게 좋다. 영문 기사의 경우도 우리 말과 유사한 뜻의 단어가 쓰인다. "said"가 가장 흔히 쓰이는 단어이고, 보도내용에 따라 "charged"(주장했다) "pointed out"(지적했다) "shouted"(소리쳤다)등도 많이 쓰이는 표현이다. 유명인이 아닌 경우에는 반드시 그 사람의 신분을 소개한다.

김미화(여, 30)씨는 성인잡지 황색지 10월호에 실린 자신의 누드사진을 보고 질겁하며 놀랐다. 자신의 남자친구가 사진사용 동의서를 위조해 사진과 함께 잡지사에 넘긴 사실이 경찰 수사 결과 드러나 김씨는 황색지로부터 1000만원의 위자료를 받으라는 판결을 법원으로부터 받아냈다.

이런 기사가 실렸다고 가정해 보자. 이 기사를 읽는 독자들은 당장 "김미화가 누구야?"라는 생각부터 하게 될 것이다. "신당동에서 미용실을 경영하는 김미화씨"라고 했으면 이런 의문을 갖지 않아도 됐을 것이다. 이처럼 유명인이 아닌 경우에는 기사에 등장하는 인물의 신분을 밝혀 주도록 한다.

익명의 취재원 취재원이 익명을 요구하는 경우가 있다. 자신의 신분을 드러내지 않는다는 전제하에 정보를 제공하겠다는 제의를 해오는 경우다. 하지만 언론 매체는 익명을 쓸 경우 기사의 신뢰도에 손상이 가기 때문에 익명 사용을 꺼린다. 그리고 익명 보도를 약속하고 정보를 들었다면 기자는 그 약속을 지켜야 한다.

다음은 익명 보도에 대한 AP통신의 방침이다.

"기사의 소스는 실명으로 밝히는 게 원칙이다. 익명 보도는 그 사람이 제공하는 정보가 뉴스가치가 있고, 사실이며, 다른 실명 소스를 통해서는 얻을 수 없는 정보일 경우에 한해서만 가능하다. 익명 보도는 사실 보도에 국한되며 논평이나 의견을 보도하는 경우 익명 사용은 불가능하다."

배경 브리핑과 익명 보도 뉴스 보도에서 팩트 외에 독자들이 사건을 이해하는 데 도움이 될 정보를 함께 제공해 주는 경우가 있는데, 이런 정보를 배경정보(background)라고 한다. 배경정보는 취재원한테서 들을 수도 있고, 기자의 경험과 지식, 자료검색 등을 통해 얻을 수 있다. 예를 들어 정부기관에서 정책을 발표하나 기업체에서 신상품을 소개할 경우에는 보도자료를 통해 정책배경과 신상품 개발의 의의 등을 함께 제공한다. 하지만 보도자료만으로 충분한 배경설명이 안 되는 경우 담당자를 상대로 보충취재를 한다.

청와대나 외교부 등에서 외교적으로 민감한 현안을 설명하는 경우 '익명'을 전제로 백그라운드 브리핑을 하는 경우가 있다. 이런 경우는 그야말로 배경이해를 돕기 위한 브리핑이므로 익명 약속을 반드시 지켜야 한다. 비(非)보도를 전제로 브리핑을 하는 경우도 있는데, 이 경우에도 비보도를 전제로 정보제공을 받았다면 약속을 지켜야 한다. 익명 소스인 경우에는 "청와대의 고위관계자는 말했다.", "익명을 요구한 백악관의 한 고위관리는 밝혔다."는 식으로 보도한다.

워싱턴에서도 백악관 안보 보좌관이나 국무성의 고위관리가 워싱턴에 주재하는 한국 특파원들에게 백그라운드 브리핑을 하는 경우가 많다. 외교적으로 민감한 사안에 한해 비보도를 전제로 하거나, 익명을 전제로 브리핑을 한다. 이때는 비보도나 익명으로 한다는 약속을 반드시 지켜서 '뉴스원과의 신뢰관계'를 유지하도록 해야 한다. 이 신뢰를 저버리면 다음에 정보를 얻는 데 큰 어려움을 당하게 된다.

2 정보의 취사선택

선택과 집중   언론문장에서는 버릴 것은 과감히 버리고, 쓸 것은 최대한 압축해야 한다. 효과적인 기사작성 요령은 요점을 꼭 집어서 경제적으로 쓰는 것이다. 취재한 내용 중에서 무엇이 중요한 내용인지를 선별하고, 기사를 작성하는 과정에서 이 요점에서 벗어나지 않으며 정확하고 힘 있는 어휘를 선택하는 능력은 스스로의 노력과 훈련을 통해 길러질 수 있다.

핵심 내용을 부각시킨다 간결한 문장을 쓰는 데 있어서 가장 중요한 것은 핵심 요점을 부각시키는 것이다. 이 핵심을 찾아내 집중적으로 물고 늘어지되 나머지 다른 내용은 과감히 버리는 것이 글 쓰는 사람이 발휘해야 할 능력이다. 초보 기자나 일반인들은 취재해서 알게 된 내용을 하나도 버리기가 아까워 주절주절 문장에 다 집어넣으려고 한다. 하지만 그렇게 해봐야 데스크를 거치면서 웬만한 내용은 다 잘려나가고, 마지막에 편집부서에서 또 추가로 잘리는 경우가 태반이다.

한정된 지면, 한정된 방송시간 때문에 보도되는 기사의 양은 최고로 압축시켜야 한다. 글쓰는 사람 역시 들어가지도 않을 기사 쓴다고 시간을 낭비할 필요가 없다. 처음부터 요점만 정확하게 집어내 쓰도록 해야 하는 것이다. 잘 쓴 방송광고 카피를 자주 보는 것도 이런 훈련에 도움이 될 수 있다. 일단 핵심요점을 파악한 다음에는 관련 정보를 효과적으로 처리해야 한다. 이를 위해서는 취재한 정보를 요점정리한 뒤 기사작성에 들어가는 것도 한 가지 요령이다.

강렬한 메시지   강렬한 메시지를 전달하는 단어를 선택하고 불필요한 수식어는 피한다.

① 이세돌(23)이 제25기 바둑왕을 접수했다. 20일 벌어진 결승 3번기 2국서 이세돌 9단은 최철한(21) 9단에게 제259수만에 흑3집반 승, 2대 0의 스코어로 결승을 마감했다.
② '바둑왕' 이세돌(23)이 드디어 제25기 바둑왕을 차지했다. 20일 벌어진 결승 3번기 2국서 이세돌 9단을 최철한(21)9단을 상대로 치열한 접전을 벌인 끝에 제259수만에 흑3집반승, 2대 0의 스코어로 힘든 결승을 마감하고 대망의 승리를 차지했다.

두 예문에서 앞의 문장은 간결한 어휘를 사용하고 수식어를 철저히 배제함으로써 강렬한 메시지를 전달하고 있다. 반면 뒤 문장은 '드디어' '치열한' '대망의' 등 불필요한 수식어를 남발함으로써 필자의 아마추어적인 수준을 드러낸 것은 물론, 글의 긴장감을 크게 떨어뜨렸다. 글을 쓸 때 항상 이 수식어는 꼭 필요한가라는 질문을 스스로 던지는 습관을 갖도록 한다.

추상명사는 피한다 추상명사는 인용문에 들어가는 경우를 제외하고는 가급적 피한다. 독자마다 그 의미를 다르게 받아들여 자칫 혼란을 야기할 수 있을 뿐 아니라 실질명사에 비해 메시지의 힘을 크게 떨어뜨리기 때문이다. 애국심, 자유, 평등, 희망, 사랑, 도덕 등은 언론문장에서는 피해야 할 추상명사들이다.

　가능한 한 짧고 간단하게 쓴다. 독자들은 바쁘다. 글 쓴 사람의 어휘실력에 감탄하고 있을 겨를이 없다. 광고문안을 참고하라는 것도 이런 이유에서다. 광고에서는 단어 하나하나가 다 돈이다. 잘 쓴 광고문안에는 불필요한 단어가 하나도 들어가지 않는다. 이런 원칙은 사설, 해설, 방송보도, 기업의 보도자료에도 똑같이 적용된다.

명쾌한 서술 기사의 내용은 무엇보다도 정확해야 한다. 틀린 정보를 내보내면 안 되는 것이다. 그 다음에는 이 정보를 독자가 정확하고 분명하게 이해할 수 있도록 해야 한다. 경제학자 존 케네스 갈브레이스(John Kenneth Galbraith)교수는 "아무리 복잡하고 어려운 주제라도 명쾌한 언어로 설명이 가능하다. 하지만 필자가 그 주제에 대해 완전히 이해하지 못하면 절대로 명확하게 쓸 수 없다"고 했다.

　일단 주제에 대한 파악이 끝나면 핵심 정보와 도움이 되는 정보를 이해하기 쉽게 선별, 정리한다. 언론 기사는 독자들이 어려운 문제를 쉽게 이해할 수 있도록 도와주는 안내자 같은 역할을 해야 한다. 서툰 안내자는 독자를 깊은 숲 속에서 길을 잃고 계속 헤매게 만들고 혼란에 빠뜨린다. 간결하고 핵심을 찌르는 리드와 논리적 문장구성은 내용을 명확하게 드러내 준다.

이밖에도 다음과 같은 사항들을 명심하고 지킨다. 쉼표를 남발하지 말고, 복문보다는 단문 위주로 쓴다. 부사, 형용사 사용을 피하고, 긴 문장은 가급적 피한다. 가능하면 짧은 문장으로 나누어 쓴다.

**문장의
완결성**

지금까지 설명한 내용을 종합해 보면 언론문장은 간결하고 짧게 쓰는 게 무엇보다도 중요하다. 하지만 간결성을 강조한다고 문장의 완결성까지 손상시켜서는 안 된다. 독자들이 보기에 읽다 만 것 같은 기사, 방송뉴스를 보다가도 시청자들이 '어, 그게 다야? 무슨 뉴스가 그래?' 하는 느낌이 들게 하는 보도는 곤란하다. 아무리 짧은 기사라도 필요한 정보는 다 담아서 가능한 한 독자들의 뇌리에 궁금증이 남지 않도록 해 주어야 한다.

5장
문장 구조

1 사건기사의 문장 구조

　언론 문장은 잘 지어진 한 채의 건축물처럼 논리적이고 조직적으로 짜여져야 한다. 가장 중요한 정보를 앞세운 다음 그 핵심 내용을 뒷받침하는 본문을 조직적으로 전개해 나간다. 다만 특집이나 사람, 미담기사의 경우에는 독자들의 관심을 끌어들이기 위해 유인 문장을 앞세우고, 극적인 결론을 내리기 위해 결론격인 리드를 뒤로 돌리기도 한다.

연대기식 서술
chronological approach

재미있는 이야기는 결론을 뻔히 알면서도 끝까지 듣고 싶어진다. 뉴스 기사도 마찬가지라고 생각하면 된다. 글쓰는 이가 이야기꾼의 입장에 서서 리드에 결론을 압축해 담은 다음 본문에서 이를 하나하나 재미 있게, 극적으로, 그리고 더 상세하게 풀어나가는 것이다. 이를 연대기식 서술이라고 한다.

노련한 기자들은 힘들이지 않고 사건 개요를 연대기식으로 서술해나간다. 마감시간이 임박할 때는 현장에서 취재 메모를 들고 전화로 기사를 부르기도 하는데, 취재한 내용을 그냥 연대기식으로 죽죽 읽어나가는 식이다. 하지만 글머리에서부터 연대기적 서술만 계속하면 독자들을 끌어들이는 흡인력이 약할 수 있기 때문에 사건을 요약해서 소개하는 리드를 먼저 써 줄 필요가 있다. 따라서 연대기식 서술 방식에서는 같은 이야기를 두 번 반복하는 셈이 된다. 사건의 개요를 먼저 설명하고, 그 다음 이 리드를 보다 충실하게 설명해 주는 보충 정보를 몇 단락에 걸쳐 추가로 써 주기 때문이다. 보충 정보 외에도 필자는 사건 당시의 정황을 상세히 설명한다. 범죄현장이나 시위현장 상황, 정상회담장 분위기 등이 여기에 해당된다.

역피라미드 inverted pyramid
문장 구조

① 전통적인 역피라미드

가장 전형적인 뉴스 문장은 역피라미드 구조이다. 역피라미드에서는 리드-본문-부차 정보 순으로 이어지는데, 마지막에 결론을 따로 덧붙이지 않고 그냥 문장이 끝나는 것이 특징이다. 지면 사정에 따라 끝에서부터 차례로 잘라내도 무방하도록 글을 쓰는 것이다.

리드를 비롯해 기사 앞부분에 주요 정보를 모두 담는다는 의미로 역피라미드형이라고 부른다. 전통적으로 언론문장은 이렇게 써야 하는 것으로 가르쳐

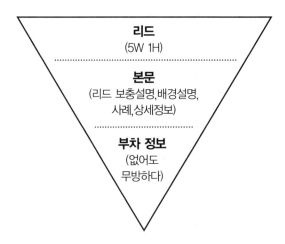

리드
(5W 1H)
....
본문
(리드 보충설명,배경설명,
사례,상세정보)
....
부차 정보
(없어도
무방하다)

왔다. 하지만 뉴스의 성격에 따라, 혹은 글 쓰는 이의 개인적 취향에 따라 역 피라미드 대신 정보를 앞뒤로 골고루 배분하거나 끝머리에 중요한 정보를 담아 결말을 내는 경우도 있다. 물론 글쓰기에 고정된 격식이 있을 수 없고, 글 쓰는 이가 '형식의 노예'는 아니다. 하지만 스트레이트 기사나 보도자료는 여전히 역피라미드 형식을 따르는 경우가 많다.

② 변형된 역 피라미드

스트레이트 기사의 경우 역피라미드 형식을 취하는 이유는 큰 사건의 경우 한시라도 빨리 사건의 진상을 알고 싶어 하는 독자들의 호기심을 충족시켜야 하기 때문이다. 하지만 이 고정된 형식에 너무 얽매이다 보면 글쓰는 이의 창의성이 제약당하기 쉽다. 사건의 단서를 한 두 단락 지난 뒤에 드러냄으로써 독자들의 호기심을 더 자극할 수 있는 경우도 있고, 때로는 글쓰는 이가 핵심 정보를 문장 끝머리로 돌림으로써 독자들의 호기심을 극도로 끌어올린 다음 마지막에 탄성을 자아내게 만드는 글의 묘기를 부릴 수도 있는 것이다.

```
리드
...................
본문
...................
결론
```

    박스형 사건 기사의 경우 리드와 본문에 사건 관련 정보를 모두 소화한 뒤 결론을 덧붙인다. 이때 리드는 유인형 문구로 시작할 수 있으며, 상세한 내용은 본문에서 소화한다. 결론은 반드시 사건 관련 정보가 아닐 수 있으나 기사의 완결성을 위해 꼭 필요한 부분이다.

제목: 협박사기 전국서 기승
소제목: '당신 아들 납치됐으니 돈 입금하라'
      서울.전주 등…동일범 추정

    14일 오후 1시쯤 강남구 삼성동 정모(53)씨의 구두수선 노점으로 난데없이 "아빠, 납치됐어요"라는 전화가 걸려왔다. 중학교 1학년인 아들의 목소리와는 달랐지만 당황한 정씨는 아들이 겁에 질려 그런 것으로 생각하고 '옆의 아저씨를 바꿔라'고 했다. 전화기를 넘겨받은 남성은 정씨의 휴대전화 번호를 물어본 뒤 곧바로 휴대전화로 전화를 걸어 "전화를 끊지 말고 근처 은행에 가서 내가 말하는 계좌로 500만원을 입금하라"고 협박했다.
    정씨는 지시대로 은행에서 돈을 송금하면서 옆 사람에게 메모지로 경찰에 신고해 줄 것을 요청했다. 출동한 경찰은 즉시 은행에 지급정지 신청을 했으나 이미 280만원이 빠져나간 뒤였다. 게다가 정씨의 아들은 납치는 커녕 아무 탈 없이 집에 있었던 것으로 확인됐다.
    최근 이 같은 수법의 사기가 전국에서 벌어지고 있다. 12일 오후 경남 진주에서도 A씨(52.여)가 한 남성으로부터 "아들(26)을 납치했으니 1000만원을 입금하지 않으면 아들을 가만두지 않겠다"는 협박전화를 받았다. A씨는 아들과 연락을 취하려 했지만 휴대전화가 꺼져 있어 진짜로 납치당했다고 믿고 800만원을 입금했다. (이하 생략)

아들을 납치했다고 부모에게 거짓 협박 전화를 걸어 은행으로 송금한 돈을 빼내가는 신종 사기사건을 보도한 기사. 독자들에게 상황을 보다 극적으로 전달하기 위해 피라미드식 문장구조 대신 통화 내용을 앞머리에 소개한 다음 사건의 개요를 뒷부분에 썼다. "인천, 울산, 서귀포 등지에서도 비슷한 거짓 협박 전화를 받았다는 신고가 잇따르고 있다. 경찰은 모두 동일범의 소행일 것으로 보고 수사를 펴고 있다." 이 부분은 이 기사에서 차지하는 비중이 매우 높지만 두 가지 사례를 소개한 다음 기사 맨 마지막에 붙였다.

기자가 경찰의 수사 상황보다는 사기 수법을 상세히 소개해서 독자들로 하여금 이러한 수법에 속지 말라고 알려 주는 것이 더 중요하다고 판단한 셈이다. 사기 사건이나 다단계 판매, 주부들을 울리는 제비족이 관련된 사건의 경우, 사기나 협박 수법을 상세히 소개하는 것도 같은 취지라고 볼 수 있다.

2 주제 분류에 따른 문장 구조

글쓰기에서 기자는 건축가와 같은 역할을 한다. 따라서 실제 건축에 들어가기에 앞서 몇 가지 건축계획을 세울 필요가 있다. 노련한 기자는 경험에 의해 스트레이트 기사와 해설, 특집기사, 칼럼을 쓸 때 필요한 나름대로 건축설계의 유형을 머릿속에 담고 있다. 그래서 마감시간 임박해서 큰 사건이 터지더라도 스트레이트건 해설기사건 제시간에 써서 출고할 수가 있다. 구조물은 글의 성격상 스트레이트와 특집기사로 크게 나눌 수 있다.

　신문사나 방송국에 입사해서 제일 먼저, 그리고 가장 많이 되풀이해서 훈련받는 게 바로 사건기사 스트레이트 쓰기다. 강도살인,강간,사기,화제,교통사고,구타,자살 등 우리의 일상에서 일어나는 모든 크고 작은 사건을 보도하는 기사가 여기에 해당된다. 스트레이트 기사 문장은 리드부터 사실로 채워 내려가는 형식이다.

　반면 특집은 첫 문장을 한결 느긋하게 시작해서 본문을 지나 극적인 결론으로 마무리를 지을 수 있다. 다만 어느 경우건 아무리 많아도 3개 이상의 주제를 한 문장에 담는 것은 피해야 한다. 한 개의 주제는 관련 사실과 인용문, 사례로 구성된다.

단일 주제 문장

　전북 익산경찰서는 19일 심야시간을 이용? 방범장치가 안된 전북도내 상점만을 골라 상습적으로 현금을 훔친 혐의(특가법상 절도)로 조모(24)씨에 대해 구속영장을 신청키로 했다.

　경찰에 따르면 조씨는 지난달 29일 오전 2시50분께 익산시 남중동 한 재활용센터 문을 부수고 들어가 현금 400만원을 훔치는 등 익산과 전주 등 도내 약국과 식당, 제과점 등 상가를 돌며 지난 9월부터 최근까지 모두 52차례에 걸쳐 3천 200여만원을 훔친 혐의를 받고 있다.

　조사결과 조씨는 방범 장치가 설치되지 않은 가게를 골라 잠긴 유리문을 부순 뒤 침입, 돈을 훔친 것으로 드러났으며 익산 석왕동 한 의류매장에 들어가 돈을 훔치는 장면이 가게 내 설치된 폐쇄회로(CC)TV에 찍혀 경찰에 덜미가 잡혔다.

하나의 핵심 내용으로 구성되는 스트레이트 기사는 이처럼 단일한 주제를 다룬 리드와 이를 보충 설명하는 본문으로 구성된다. 화제사건,비행기 추락, 사망기사 등 대부분의 사건사고가 여기에 해당된다.

하지만 최근의 추세는 지면에서 단신 기사를 과감히 배제시키는 추세다. 인터넷 포털사이트와 TV뉴스 등을 통해 독자들이 이튿날 아침 조간신문이 배달되기 전에 단신 뉴스는 대부분 그 내용을 다 알고 있다고 판단하기 때문이다. 그래서 보다 차별화 된 지면을 만들기 위해 분석기사, 특집기사, 기획기사 등 가급적 호흡이 긴 기사를 지면에 반영하려는 것이다. 하지만 단신 쓰기는 글쓰기의 기초 체력과 같은 것이므로 익숙하게 쓰는 훈련이 필요하다.

두 가지 주제의 문장 구조

다음의 보도자료를 바탕으로 문장구조를 분석해 보자

홍길동 경기도지사는 20일 도의 재정악화로 두 가지 교육현안에 대해 강력한 조치를 취하지 않을 수 없게 됐다고 밝혔다. 홍길동 지사는 도내 대학 캠퍼스에 건설키로 한 250억 원 건설공사계획을 즉각 중단한다고 밝혔다. 그는 이와 함께 내년도 도내 공립학교 교사들의 임금도 동결해 줄 것을 도교육위원회에 요청할 예정이라고 말했다.

대학신문의 기준으로 본다면 250억 원 건설계획 중단이 단연 중요 기사거리이다. 이 결정으로 당장 캠퍼스에 건설 예정이던 학생 기숙사 건설계획이 무산돼 학생들에게 큰 피해가 돌아가게 됐기 때문이다. 교사들의 임금 동결은 대학신문에는 큰 뉴스가 아니다. 따라서 건설계획 중단을 단일 주제로 한 기사를 쓰고, 교사임금 동결은 부수적 주제로 취급하면 된다.

반면, 일반 신문의 입장에서 본다면 건설계획 중단과 교사 임금 동결 두 가지 다 중요한 기사거리가 된다. 이 경우 2개 주제를 모두 포함시켜서 다음과 같이 기사를 쓸 수 있다.

① 가능하면 두 가지 주제를 리드 한 문장에 다 포함시킨다.
② 한 문장에 다 포함시킬 경우 단어 수가 35~40개가 넘거나, 숨가쁜 느낌을 주면 두 문장으로 나눈다.
③ 두 주제를 한 문장에 포함시키기도 어렵고, 두 문장으로 나누기도 마땅치 않을 경우에는 두 주제를 요약해서 포함시킨 리드를 만든다.

다음은 ①의 방법으로 처리한 예문이다.

> 홍길동 경기도지사는 20일 재정악화로 도내 대학의 250억 원 건설계획을 즉각 중단할 수밖에 없다고 밝히고, 내년도 공립학교 교사 임금의 동결도 요청할 예정이라고 말했다.

단어 수가 30개가 넘지 않기 때문에 문장의 길이는 문제가 안 된다. 하지만 리드 기사로서는 어딘지 답답하고 숨가쁜 느낌을 준다. 그래서 이를 두 문장으로 나누어 다음과 같이 ②의 방법으로 처리했다.

> 홍길동 경기도지사는 20일 재정악화로 도내 대학의 250억 원 건설계획을 즉각 중단할 수밖에 없다고 밝혔다. 홍지사는 또한 내년도 공립학교 교사 임금의 동결도 요청할 예정이라고 말했다.

일반 신문의 뉴스가치 판단기준으로 본 다면 대학 내 건설공사 중단보다는 공립교사 임금 동결이 더 중요하다고 할 수 있다. 따라서 두 주제의 위치를 서로 맞바꾼다. 그래도 두 문장을 한 문단에 다 포함시키면 여전히 답답한 느낌을 준다. 그러면 도지사가 이러한 결정을 내리게 된 배경인 도의 재정난을 떼

내서 별로 단락으로 만들면 어떨까.

　홍길동 경기도지사는 20일 내년도 공립학교 교사 임금의 동결을 요청할 예정이라고 말하고, 또한 도내 대학의 250억 원 건설계획도 즉각 중단키로 했다고 밝혔다.
　홍지사는 재정악화로 인해 이같은 조치가 불가피하다고 밝혔다. 그는 이같은 건설계획이 수립될 당시에는 교육분야에 대한 정부의 지원금 삭감이 예정돼 있지 않았다고 설명했다.

　①과 ②의 경우보다는 ③이 언론문장으로서의 짜임새가 한결 더 나아졌다는 느낌을 준다.
　한편, 강력한 조치라는 점을 부각시켜서 다음과 같은 리드를 만들 수도 있다.

　홍길동 경기도지사는 20일 재정난 악화로 인해 교사임금과 도내 대학 건설공사 계획에 대해 강력한 조치를 취하지 않을 수 없게 됐다고 밝혔다.
　홍지사는 내년도 공립학교 교사 임금의 동결도 요청할 예정이라고 밝혔다. 그는 또한 도내 대학의 250억 원 건설계획도 즉각 중단키로 했다고 말했다.
　홍지사는 예정에 없던 정부의 지원금 삭감으로 이같은 조치가 불가피하게 됐다고 설명했다.

　이처럼 리드는 글쓰는 요령을 기계적으로 적용할 것이 아니라 글쓰는 사람이 정보의 중요도를 어디에 두느냐에 따라 얼마든지 융통성을 발휘해서 쓸 수 있다.

두 개 이상의 단락으로 구성된 리드　다음은 서로 다른 2개의 주제를 담은 두 개의 단락을 리드로 사용한 문장이다.

　안산시의회는 7일 시 북쪽에 위치한 1000여평 규모의 쓰레기 매립예정지 부지 매입건을 표결에 붙이기로 했으나, 해당 지역 주민들의 강력한 반발에 부딪쳐 표결을 내년 이후로 연기시켰다.

이와 함께 시의회는 학부모들의 항의속에 초중고교 학교급식비 지원금을 대폭 삭감시킨 내년도 시예산안을 만장일치로 통과시켰다.

이런 경우에는 두 문단에 공통되는 내용을 뽑아 별도 리드로 앞에 붙여 주는 게 좋다. 공통된 내용이라면 시의회가 중요한 결정을 내렸다는 정도인데 그것으로는 리드가 될 수 없다. 예를 들어, 두 건의 반대시위가 있었는데, 한 시위대는 자신들의 입장을 관철시켰고, 다른 한 시위대는 뜻을 관철시키지 못했다는 점을 공통 리드로 뽑을 수 있다. 이럴 경우에는 리드에 이어 두 가지 주제에 대한 구체적인 설명이 곧바로 뒤따라야 한다.

7일 한 주민 시위대는 안산시의회를 상대로 자신들의 의지를 관철시킨 반면, 또 하나의 시위대는 입장관철에 실패했다.

뜻을 관철시킨 주민들은 안산시 북쪽에 위치한 1000여평 규모의 쓰레기 매립예정 부지 매입에 대한 시의회의 표결을 내년 이후로 연기시켰다. 매립 예정지인 대흥동 일대 주민 100여명은 시의회 앞에서 이틀간 철야로 매립지 건설 반대농성을 벌였다. 이같은 분위기속에서 의회는 결국 매립 결정을 연기하기로 결정했다.

한편 이와 달리, 안산시의회는 학부모 단체들의 반대에도 불구하고 급식비 지원금을 대폭 삭감한 내년도 시예산안은 만장일치로 통과시켰다.

인위적인 냄새가 나고, 다소 어색해 보이기는 하나 별도의 요약 리드를 앞머리에 붙이는 것은 신문, 방송에서 여러 주제가 뒤섞인 복잡한 내용의 뉴스를 보도할 때 흔히 동원하는 방식이다.

세 가지 이상의 주제

다음은 청소년 마약복용의 심각성을 단일 주제로 쓴 기사다.

1만 명 가량의 청소년들이 히로뽕 등 마약류를 접하고 있는 것으로 추산됐다. 28일 열린우리당 이기우 의원이 마약퇴치운동본부로부터 받은 국정감사 자료에 따르면 지난해 15세 이상 19세 미만 청소년 중 0.3%가 히로뽕 등 마약류를 접했던 것으로 나타났다. 대마초를 접한 청소년의 비율은 전체의 0.5%였다. 국내 중고생들을 대상으로 설문조사한 결과다.

이를 통계청의 같은 연령대 청소년 수 추계(지난해 307만 6000명)와 비교하면 마약류 경험자는 9200여명, 대마초 경험자는 1만 5000여명이라는 계산이 나온다.

최근 들어 학생 마약류사범의 비중은 갈수록 늘어나고 있다. 대검찰청이 제출한 국정감사 자료에 따르면 2004년부터 올 상반기까지 전체적으로 마약류사범은 줄었지만 학생의 비율은 2004년 39명, 2005년 52명으로 늘어난 데 이어 올해에도 6월까지만 35명이나 검거됐다. 19세 이하 청소년 마약류사범 검거는 2004년 18명에서 2005년 30명으로 늘어났다.

이 기사를 단서로 심층기사를 쓴다고 가정해 보자. 여기서 3가지 주제를 추출해낼 수 있다. 즉, ①청소년들이 마약류를 쉽게 구할 수 있다. ②마약류 복용에 아무런 죄책감을 느끼지 않는다. ③처벌받는 데 대한 두려움이 없다. 그 다음 이 세 가지 주제에 대해 본격적인 취재작업에 들어간다.

다음은 취재 결과를 요약한 것이다

①쉽게 구한다:교실에서 사고판다. 길거리에서 구할 수 있다. 독서실, PC방에서 유통된다. 코카인, 헤로인까지 유통된다. ②죄책감을 느끼지 않는다와 ③처벌 두려움이 없다는 항목도 충분한 보충취재를 마쳤다. 이와 함께 마약뿐 아니라 청소년들의 흡연, 음주도 심각한 수준이라는 내용도 함께 취재됐다. 이 정도면 기사작성에 들어갈 준비는 갖춰진 셈이다. 그러면 리드는 문제의 심각성을 감안해서 다음과 같이 세 가지 주제를 다 포함시킬 수 있다.

마약류를 접하는 청소년들의 수가 1만명에 육박하는 가운데,청소년들은 마약류를 쉽게 구할 수 있는데다 아무런 죄책감 없이 이를 복용하며,처벌에 대한 두려움마저 없어 문제가 심각한 것으로 드러났다.

리드 다음에는 이런 결론의 근거가 되는 자료 출처와 취재과정을 공개해 독자들에게 글의 내용에 대한 신뢰감을 준다. 그리고는 ①쉽게 구한다 ②죄책감이 없다 ③처벌 두려움이 없다 순으로 차례로 취재한 내용을 상술해 나가는 것이다.

하지만 리드에 세 개의 주제를 모두 포함시키는 것은 꼭 필요한 경우가 아니면 피하도록 한다. 가능한 한 가장 중요한 주제 하나를 뽑아서 리드에 포함시키는 것이 좋다. 이럴 경우 과연 어떤 내용을 리드로 뽑아야할지 한참을 고민하며 끙끙댈 수 있다. 주제를 여러 개 나열하는 것이 자칫 핵심 주제를 파악하는 과제를 독자에게 떠넘기는 식이 되면 곤란하다.

6강
리드쓰기

뉴스의 요건에서 살펴보았듯이 사건사고는 뉴스의 중요한 한 분야를 차지한다. 따지고 보면 정치, 경제, 사회, 과학, 문화 어떤 분야의 어떤 뉴스치고 사건사고 아닌 것이 없을 것이다. 하지만 여기서 사건사고라 함은 부드러운 뉴스(soft news)에 대비되는 딱딱한 뉴스(hard news)로 그 사용범위를 한정시키기로 한다. 기상재해, 사망사건, 사고, 화재, 범죄사건 등을 통칭한다고 볼 수 있을 것이다. 사건사고 기사문장의 특징으로는 전형적인 역피라미드 구조를 사용하고, 연대기적 서술을 한다는 점을 들 수 있다.

1 사건사고 기사의 리드

사건기사는 일명 경찰기사라고도 하는데 사회부 경찰출입 기자들이 담당하는 사건 유형이 여기에 해당된다. 요즘은 신문, 방송 모두 소프트 뉴스를 선호하는 독자들의 취향에 맞춰 이러한 경찰기사에 대한 비중을 낮추는 추세이다. 경찰 출입기자의 수도 줄이고 지면도 크게 줄어들었다. 단신 경찰기사보다는 자사에서 기획한 호흡이 긴 기사, 쉽게 말해 차별화 된 지면 쪽에 더 비중을 두는 추세이다. 그리고 사건사고 단신은 가급적 통신 기사에 의존하고, 아니면 과감하게 지면에서 배제하는 추세이다. TV뉴스와 인터넷 포털사이트를 통해 이미 다 알려진 단신 기사로는 이튿날 아침 독자들의 관심을 끌 수 없다는 판단에서다.

하지만 언론의 가장 기본적인 기능은 이 단순 사건사고를 보도하는 데서 시작됐다. 따라서 이 사건기사를 제대로 취재보도하는 훈련 없이 제대로 된 언론문장을 쓰기는 쉽지 않다. 달리기 훈련을 제대로 하지 않고 야구나 축구로 바로 뛰어들어서 훌륭한 선수가 되기 힘든 것과 마찬가지 이치다.

이 같은 사건사고 문장구조는 범죄사건 외에도 화재, 차량사고, 홍수, 태풍 등을 보도하는 데 똑같이 적용된다. 간결, 명확해야 하고 전문용어가 아닌 평이하고 일상적인 어휘를 사용하는 것이 주요 특징이다. 그리고 본문에서는 화재가 언제, 어디서, 어떻게 일어났으며, 얼마나 번져 어느 정도의 피해를 냈고 진화작업은 어느 정도 진전됐는지 등의 정보를 차례차례(연대기적으로) 서술해 나간다.

요약 리드
summary lead

요약 리드는 리드에 5W 1H를 가능한 한 모두 담으려고 한다. 이럴 경우 리드는 독자는 물론 글쓰는 사람에게도 이후 문장 서술에 하나의 지침 역할을 한다.

대부분의 기사는 무엇(what)이 일어났는지를 강조한다. 사건의 주어(who)가 있을 경우에는 무엇(what)과 누가(who)를 같이 써 준다. 언제(when), 어디서(where)는 그 다음에 올 수 있다. 어떻게(how), 왜(why)는 반드시 리드에 쓰지는 않지만, 간단하게 언급할 수는 있다. 물론 어떻게, 왜가 사건의 중요한 부분일 경우에는 리드에 포함시킨다. 따라서 일반적으로 리드에는 무엇을(what), 누가(who), 어디서(where), 언제(when), 왜(why), 어떻게(how)의 순으로 배열한다.

8일 경부고속도로 하행선 충주 나들목 부근에서 주행 중이던 트럭이 타이어가 펑크 나면서 중앙분리대를 들이받고 전복해 운전자가 숨지는 사고가 발생했다.

이 리드 기사는 무엇(what)과 누가(who)를 함께 쓰고 있다.(운전자가 숨지는 사고가 발생했다.) 왜(why:펑크가 나면서 트럭이 전복돼), 언제(when:8일), 어디서(where:경부고속도로 하행선 충주 나들목 부근)도 리드에 들어 있다.

이 리드 기사는 5W 1H를 모두 포함하고 있지만 숨진 운전사의 신원을 제대로 밝히지 않고 있다. 따라서 추가 서술이 필요하다. 이 경우 한 두 단락을 추가해 관련 정보를 상세히 써 준다.

경찰은 숨진 트럭운전사의 신원이 40세의 홍길동씨라고 밝혔다. 홍씨는 이날 새벽 서울에서 출발…

이 두 번째 단락에서 기자는 사망자의 신원과 함께, 기사의 출처(경찰)를 밝힌다. 요약 리드를 쓸 때는 이처럼 가장 중요한 정보를 선별해 리드에 담는 선별안이 중요하다.

변형된 요약 리드
요약 리드에는 정보를 그야말로 요약해서 담지만, 그렇게 5W 1H를 다 담아놓고 보면 너무 길고 숨 가쁘게 보일 수가 있다. 이럴 경우 대안으로 절제된 리드(blind lead)와 신원확인을 뒤로 미룬 리드(delayed-identification lead)를 쓴다.

① 절제된 리드

절제된 리드를 쓰면 첫 단락에 무리하게 너무 많은 정보를 담지 않고 기사를 풀어나갈 수 있다. 첫 단락에 정보를 너무 많이 담으면 자칫 독자들이 기가 질리거나 흥미를 잃을 수 있다. 독자들이 흥미를 잃지 않을 만큼 적정한 수준의 정보를 리드에 담는 게 관건인 것이다. 절제된 리드는 요약을 하되 이를 두 단계로 나누어 첫 단락에 정보의 일부만 담고, 나머지는 두 번째 단락에 쓴다.

친구의 초등학생 딸을 납치해 돈을 요구하다 살해한 일당이 경찰에 붙잡혔다.
13일 서울 강동경찰서에 따르면 노모(33) 씨와 정모(33) 씨는 10일 오후 3시 반경 강동구 상일동 도로에서 음악학원에 가던 김모(7·초등학교 1년) 양을 차량으로 납치했다.

> 김 양의 아버지(34)와 초등학교 동창인 노 씨는 김 양을 태워 경기 하남시 방향으로 차를 몰았다. 차에서 내린 정 씨는 공중전화로 김 양의 부모에게 9차례에 걸쳐 협박 전화를 걸어 1억5000만 원을 준비할 것을 요구했다.
>
> 그러나 이들은 약속 장소에 나타나지 않았고 노 씨는 다음 날 오전 1시경 김 양을 경기 이천시의 한 아파트 지하주차장에서 목 졸라 살해한 뒤 시신을 인근 야산에 유기했다.
>
> 경찰은 공중전화가 걸려온 인근 은행의 폐쇄회로(CC) TV를 통해 범인의 인상착의를 확인하고 휴대전화 추적 끝에 13일 새벽 인천의 한 PC방에서 이들을 검거했다.(이하 생략)

리드 첫 문장에는 친구의 딸을 납치해 살해한 일당이 경찰에 붙잡혔다는 내용으로 단순 주제를 담고 있다. 사건 관련자의 이름, 주소, 구체적인 장소 등이 모두 생략됐다. 나머지 정보는 이후 세 단락에 쓰여 있다. 친구의 어린 딸을 납치해 살해한 그 죄질은 누가 봐도 용서 못할 행동이라는 점을 먼저 강조했다. 이 경우 기자는 범인과 피해자의 이름이 가장 중요한 요소는 아니라고 판단한 것이다.

이처럼 절제된 리드는 일부 정보를 리드 첫 문장에서 생략함으로써 핵심 내용에 독자들의 관심을 집중시키는 효과를 노린다. 첫 문장에 모든 주요 정보를 다 담을 경우 자칫 이 관심의 초점이 흐려질 수 있기 때문이다. 피해자가 초등학생이라는 정보는 독자들에게 '그렇게 어린아이를!' 이라는 어리고 연약한 피해자의 이미지를 떠올리게 해서 분노를 자아내게 하는 데 더 효과적이다. 이 경우 피해자의 이름, 주소 등은 독자들에게 상대적으로 멀리 느껴지고 (remote), 낯설고(unfamiliar), 비인격적(impersonal)인 정보에 지나지 않는다.

② 신원확인을 뒤로 미룬 리드

요약 리드와 절제된 리드의 중간 형태쯤으로 보면 된다. 사건 관련자의 이름은 리드 첫 문장에 쓰되, 자세한 신원은 두 번째 단락으로 미루는 것이다. 첫 문장을 보다 간결하고 읽기 쉽게 만드는 효과가 있다.

경남 창원중부경찰서는 18일 세워진 차량만을 골라 안에 있는 금품을 훔친 혐의(절도 등)로 김모(27)씨를 구속했다.

경찰에 따르면 전과 3범인 김씨는 지난 7월12일 오후 6시께 창원시 상남동에 있는 한 공용주차장에 세워져 있던 임모(35)씨 소유의 코란도 승용차를 열어 신용카드와 서류 등을 훔친 혐의를 받고 있다.

김씨는 또 임씨 차량에서 훔친 카드로 은행 현금지급기에서 120만원을 인출해 가로채는 등 올 7월부터 이달 11일까지 모두 20차례에 걸쳐 1천100만원 상당의 금품을 훔친 혐의도 받고 있다.

차량 절도 혐의로 구속된 김모(27)씨까지만 첫 문장에 써 주고 그가 전과 3범이라는 사실과 이전에도 절도행각을 벌인 사실 등은 뒤따르는 문장에 미루어서 처리했다.

2 박스형 기사 ✎

사건기사라고 반드시 역피라미드식 문장구조를 가져야 하는 것은 아니다. 물론 사건기사의 첫 보도는 역피라미드식의 전통적인 리드를 빌리는 것이 효과적이다. 하지만 다른 경쟁지에서 하루 전에 첫 보도를 했거나 TV나 인터넷에서 발생 뉴스를 이미 내보낸 경우, 새삼스레 역피라미드식 스트레이트를 내보내는 것이 적절치 않을 수가 있다. 그리고 기사의 내용이 휴먼 스토리로 감동을 주는 경우도 마찬가지다. 이런 경우에는 박스기사로 처리해서 특집기사 같은 리드를 쓰는 게 더 나을 수가 있다.

드라마 소재를 박스로 처리

첫 문장을 "김치로 한류를 업그레이드하겠다."는 인용문으로 시작해 특집문장의 형식을 빌었지만, 내용은 모 제작사가 김치를 소재로 한 드라마 제작에 착수키로 했다는 내용을 밝히는 스트레이트 기사다. 이는 우선 기사의 소재가 김치를 주제로 한 드라마라는 연예기사이기 때문에 부드러운 형식을 빌리는 것이 보다 효과적인 경우에 해당된다. 그리고 해당 제작사가 관련 보도자료를 TV, 신문을 비롯한 여러 매체에 모두 돌려서 첫 뉴스 보도를 쓴다는 의미가 많이 퇴색됐기 때문에 박스 형식을 빌어도 무난한 경우다.

'김치로 한류를 업그레이드하겠다'

드라마 '주몽'과 '황진이' 제작사 올리브나인이 28일 '김치'를 소재로 한 드라마 '명가의 후예'(가제, 극본: 송정림)의 제작에 본격 착수한다고 밝혔다.

'명가의 후예'는 사전제작 드라마로 총 16부작으로 구성될 예정이다. 이를 위해 현재 일본 구마모토시 및 현지 제작사업 파트너와 공동제작을 추진하고 있어 '김치'를 소재로 한 최초의 한일합작 드라마가 될 가능성이 높다. 2007년 한류 대표 작품으로 제작되는 만큼 '한류 스타' 출연에도 물밑 작업을 진행하고 있는 것으로 알려졌다.

이 드라마는 한국을 대표하는 음식인 '김치'와 전통 밑반찬(장류, 젓갈류 등)을 만드는 비법과 이를 지키면서 자기의 정체성을 찾아나가는 주인공의 노력을 담아낸다는 게 올리브나인측 설명이다. '김치'를 놓고 벌이는 '맛 대결'의 형식으로 일본의 유명 만화 '초밥왕' '맛의 달인' 등의 구성을 벤치마킹, 재미와 감동을 한층 더할 것으로 알려졌다. (이하 생략)

**미담기사를
박스로 처리**
　　　　　　　다음은 전의경 부모 모임이 평화집회 약속을 지켜준 한국노총에 감사편지를 보냈다는 스트레이트성 기사지만 일종의 미담기사 성격이라 박스성 리드를 붙였다. 실질적인 리드기사인 두번째 문장부터 문장구조를 역피라미드형 연대기식으로 써내려갔다. 하지만 첫 문장을 과감하게 인용문으로 시작함으로써 처음부터 독자들의 관심을 편지 속으로 끌어들이는 효과를 노렸다.

"약속을 지켜주셔서 정말 감사합니다."

28일 한국노총으로 특별한 편지가 한 통 날아왔다. 발신인은 '전의경 부모모임'. 지난 25일 서울 시청광장에서 2만5000여명이 모인 한국노총의 '2006년 전국노동자대회'가 평화적으로 끝난 데 대한 감사편지였다.

부모모임은 편지에서 애초에는 한국노총의 약속을 믿지 않았음을 고백했다. "한국노총의 준법집회 약속을 접했지만, 반가움보다는 과연 그 약속이 제대로 지켜질까 먼저 의심했습니다. 22일 집회 주도단체에서도 비슷한 제의를 했지만 결국 약속을 믿었다가 전·의경들만 심하게 다쳤죠. 부모들은 경악하고 좌절한 상태였지요."

이들은 또 국민의 당연한 권리인 집회를 왜 부정적인 눈으로 보게 됐는지 설명했다. "폭력시위가 계속되다 보니 우리 부모들은 자신도 모르게 길 가다 확성기소리만 들어도 놀라고, 깃발이나 붉은색 조끼를 입은 사람들만 봐도 경계의 눈으로 바라보게 됐다"고 했다. (이하 생략)

**뒤늦게 취재한
뉴스를 박스로 처리**   다음의 기사는 도금공장에서 유독가스를 마시고
쓰러져서 7일간 심장이 멎은 환자를 안산병원 의

료진들의 노력으로 기적처럼 살려낸 일종의 감동적인 휴먼 스토리다. 하지만
12월 11일 보도된 기사인데 사건 발생일은 11월 20일이다. 독자들이 재미있
게 읽을 내용이지만 취재가 늦게 된 것이다. 아무리 재미가 있더라도 보름 이
상 지난 이야기를 방금 일어난 사건처럼 스트레이트 기사로 처리하기는 곤란
하기 때문에 박스기사로 처리한 것이다.

제목:심장 정지된 지 7일 만에 살아난 '기적의 사나이'

　지난달 20일 고대안산병원 응급실엔 한 생명을 구하기 위한 한편의 드라마가 펼쳐
지고 있었다.
　경기도 안산지역 도금공장에서 일하는 김모(42)씨가 응급실을 찾은 시각은 오전 11
시30분께. 도금반에서 3분여 작업을 도와주던 그는 집에 일이 있어 작업실을 나왔다.
그리고 1시간 30분 만에 회사로부터 전화를 받았다. 같이 작업을 하던 동료가 쓰러졌
으니 서둘러 병원 응급실을 찾아가 보라는 것이었다.
　안산병원 응급실에 도착하자마자 그는 호흡을 헐떡이며 쓰러졌고, 곧 심장이 멎었
다. 그가 마신 질산가스와 불화수소 등 유독가스가 시간이 흐르면서 서서히 폐기능을
정지시킨 것. 질산은 우리 몸에 들어가 산화질소로 바뀌면서 천천히 폐부종을 일으켜
심장을 멎게 한다. 유독가스에 노출한 뒤 쓰러지기까지 오랜 시간이 걸린 것은 이 같
은 물질의 특성 때문.
　이때부터 안산병원 응급실 팀은 일사불란하게 움직였다.
　환자는 심장이 정지된 채 의식이 없었고, 혈압은 잡히질 않았다. 인공호흡기를 달았
지만 유독가스로 폐 손상이 심각해 전혀 무용지물이었다. 몸에 산소가 공급되지 않으
니 곧 사망을 할 수밖에 없는 절체절명의 위기였다.
　이때 응급실 팀은 인공호흡에도 불구하고 환자의 혈액내 산소포화도가 올라가지
않자 흉부외과 신재승 교수에게 긴급 도움을 요청했다. 응급실로 달려온 신 교수는
30분가량 심폐소생술을 한 뒤 대퇴정맥(넓적다리 정맥)으로 관을 집어넣어 우심방에

서 혈액을 **빼냈다**. 그리고 인공심폐기(체외순환 생명구조 장치=ECLS)를 작동시켜 환자의 피에 산소를 섞은 뒤 다시 대퇴동맥으로 피를 뿜어넣었다.

3 출처 처리 ✒

공식적인 출처
official sources

앞서 언급했듯이 리드에서 출처를 밝힐 경우, 자칫 문장의 힘과 가독성을 떨어뜨릴 수 있다. 리드에 담기는 정보가 의심의 여지가 없는 명백한 사실이고, 또한 기자가 직접 현장에서 확인했다면 출처를 밝힐 필요가 없다. 본문에서도 출처는 필요한 곳에서만 밝힌다. 사건기사의 경우 "경찰측 관계자가 밝힌 바에 따르면" 같은 식으로 장황하게 쓰기보다는 "경찰은" "검찰에 따르면"으로 간단히 밝히면 된다. 영문기사에서도 "police said"(경찰은)를 주로 쓴다. 수사 주체를 구체적으로 밝힐 필요가 있을 경우, "동부지검은" 하는 식으로 밝혀 준다.

예를 들어 서울에서 어떤 청년이 주한 일본인 초등학생 한 명을 잡고 인질극을 벌였는데 현장을 목격한 목격자들이 있고 기자도 현장에 가 있었다면, 인질극 발생사실은 출처를 밝힐 필요가 없다. 다만 인질범의 신원이나 일본인 초등학생의 가족 신상 등에 대해서는 경찰이나 주한 일본대사관 직원을 통해 취재한 뒤, 출처를 밝혀서 보도해야 된다. 기자가 직접 확인하지 못했고, 또한 경찰이나 주한 일본대사관 직원은 기사의 신뢰도를 높여 주는 출처이기 때문이다. 현장 목격자의 목격담 역시 현장 상황을 독자들에게 전달하는 데 도움이 되는 출처이기 때문에 직접 인용문과 함께 목격자의 신원을 이름과 나이,

직업 등과 함께 밝혀 주는 게 좋다.

**수사 중인 사건의
출처 처리**   다음의 경우처럼 혐의자나 피의자의 명예훼손 우려가
있을 경우에는 단정하는 투의 표현을 피하고 "전해졌
다""알려졌다"를 쓰는 게 옳다.

> 제이유그룹 로비의혹 사건에 일부 정치인이 연루된 것으로 밝혀졌다.
> 서울 동부지검은 29일 "두 명 이상의 정치인이 제이유 사건에 관련된 것으로 보고
> 있다. 아직 자세한 내용을 확인해 줄 수는 없지만 관심을 가질 만한 사람들이다"라고
> 말했다.
> 검찰의 수사선상에 오른 정치인은 선물 명단, 로비대상 명단에 이름이 올라 있는 것
> 으로 알려진 장관과 국회의원을 지낸 A씨와 현역 의원 B씨를 합쳐 적어도 4~5명인
> 것으로 전해졌다.
> 검찰은 제이유 관계자의 계좌추적과 압수물 분석 과정에서 이 같은 정황을 포착하
> 고 확인작업을 벌이고 있다. (이하 생략)

　수사가 한창 진행 중인 사건이기 때문에 "일부 정치인이 연루된 것으로 밝
혀졌다""관련된 것으로 보고 있다""로비 대상 명단에 이름이 올라 있는 것으
로 알려진""정관계 인사에게 로비를 벌인 의혹이 짙은"등의 단정적이지 않은
표현을 많이 썼다. 이런 경우 독자들은 기사에 대한 불신을 갖기보다는, 현재
로서는 불확실하나 사건의 파장이 앞으로 정관계 로비쪽으로 번져나가겠구나
하는 의혹과 흥미를 갖게 된다. 글쓰는 이도 이 같은 의혹제기에 과녁을 맞추
어서 쓴 기사라고 할 수 있다.
　아무리 조심한다고 해도 혐의자로 언급된 당사자는, 만약 정말 관련 없는

사람일 경우, 억울할 수가 있다. 예를 들어 "부천시에서 오랫동안 노동운동을 해오며 이 지역 노동운동의 대부로 통하는 강모씨"라는 문구를 기사에 썼다고 치자. 일반 독자들은 누구를 지칭하는지 모를 수 있지만 당사자와 당사자의 주변 사람들은 누구를 가리키는지 알 수 있다. 이 경우는 명예훼손에 해당될 수 있기 때문에 조심해야 한다.

그렇다고 언론이 의혹 제기 의무를 중단할 수는 없는 노릇이다. 과감한 의혹제기가 정권의 숨은 비리를 파헤치는 단서가 되고, 대통령이 사과하고 장관을 줄줄이 물러나게 만드는 엄청난 사건의 진상을 밝혀내는 단초를 제공하는 경우는 얼마든지 있기 때문이다. 언론의 횡포 때문에 피해를 입는 선량한 일반시민과 비리의 단초를 캐내서 보도하려는 언론의 사명. 양자의 관계는 어쩌면 영원히 해결되기 힘든 숙명적인 관계라고 할 수 있다.

**부적절한
출처 인용**   다음은 출처 인용을 부적절하게 한 경우다.

> 농협은 17일 오후 3시30분께 충남 천안 대흥동 지점에 외부인질을 데리고 온 강도 2명이 침입했지만 경찰에 의해 검거됐다고 밝혔다.
> 농협 관계자는 "범인들이 돈을 인출하려고 시도하다 신고를 받고 출동한 경찰에 의해 붙잡혔다"며 "인명·금전피해는 없다"고 말했다.

강도 2명이 경찰에 의해 검거된 것이 분명한 사실로 확인된 만큼 리드에 출처(농협은)를 명시할 필요가 없다.

①더구나 취재기자가 그 사실을 직접 경찰정보를 통해 확인했다면 "강도 2

명이 17일 오후 3시 30분께 충남 천안 대흥동 농협지점에 외부 인질을 데리고 들어왔다가 경찰에 의해 검거됐다.”고 하는 게 제대로 된 리드다.

②범죄 사건의 소스는 경찰당국이나 검찰 등 공신력 있는 기관으로 해야 한다. 농협이 피해 당사자이기는 하나 농협을 범죄 정보의 출처로 인용해서는 독자들의 신뢰를 받기 힘들다. 다만 농협 관계자를 범죄 당시 정황설명을 하는 데 목격자로 인용하는 것은 좋다. 예를 들면 “농협 관계자는 ‘범인이 복면을 한 채 고객이 비교적 한산을 틈을 타 현관 출입문을 통해 들어왔다’ 고 했다.”는 식으로 할 수 있다.

③“알려졌다”와 “전해졌다”

“알려졌다” “전해졌다”는 식의 출처 처리는 기사의 신뢰도를 해칠 우려가 크기 때문에 가급적 피하는 게 좋다. 영어문장에서도 “allegedly”(알려졌다) “reportedly”(보도에 따르면)라는 표현이 많이 쓰이지만 이 역시 부정적인 효과를 낸다.

경비행기 한 대가 10일 서산해수욕장 상공을 비행하던 중 강풍의 영향 때문인 듯 심하게 요동치다가 해수욕장 인근 야산에 불시착하는 사고가 발생했다. 조종사 오모(35)씨는 다행히 가벼운 찰과상을 입은 것으로 전해졌다.

이렇게 쓰려면 차라리 쓰지 않는 게 훨씬 더 낫다. ‘강풍의 영향인 듯’ 은 조종사가 멀쩡하게 살아 있으니 찾아내서 불시착 원인이 무엇인지 직접 확인하고 나서 기사를 써야 한다. “찰과상을 입은 것으로 전해졌다”는 기자가 독자들에게 ‘나는 현장에 있지도 않았고, 조종사를 직접 만나지 않고 이 기사를 쓴다’ 는 사실을 선전하는 것과 마찬가지다. 독자는 이런 류의 기사를 보면 울화가 치민다.

AP통신의 스타일북(취재지침)은 “알려졌다”(alleged) “알려진 바에 따르면"(allegedly)이란 단어 사용에 관해 이렇게 쓰고 있다.

"가능하면 이런 단어는 일체 쓰지 말 것. 기자가 사실을 확인했고 정보의 출처를 정확하게 밝히는 경우 이런 단어는 쓸 필요가 없다. 그리고 기자가 취재한 정보가 추측이 아니라 정확한 사실에 근거하고 있다는 점이 명백할 경우 이런 단어는 쓰지 말 것. 그리고 출처는 분명히 밝힐 것. '강도 혐의자' '절도 혐의자' '살인 혐의자' '수퍼마켓을 턴 혐의를 받는 자' '조직범죄에 연루된 혐의를 받는 두 사람' 같은 표현은 쓰지 말 것. 누가 그런 표현을 썼는지 찾아내 그 사람을 출처로 밝히고 쓸 것."

영미 언론들은 명백한 사실로 밝혀진 사건의 경우 리드에서 "police said" (경찰이 밝혔다)는 쓰지 말라고 기자들에게 가르친다. "police said"보다 더 금기시하는 단어가 바로 "allegedly"다. 특히 검찰이 기소했다는 단어 (indicted)가 쓰일 경우에는 "어떠어떠한 혐의가 있는 것으로 알려졌다"는 의미가 이미 내포되어 있다고 보기 때문에 '혐의' 라는 단어를 함께 쓰는 것은 불필요한 동어반복으로 간주한다.

7강
뉴스가치 판단하기

1 뉴스의 정의(definition)

뉴스가 무엇인지에 대해 생각해 보기 위해 토머스 제퍼슨(Thomas Jefferson)의 유명한 경구를 다시 읽어 본다.

"정부의 바탕이 되는 것은 국민 여론이다. 정부의 첫째 목표는 여론을 올바르게 유도하는 것이다. 나에게 신문 없는 정부와 정부 없는 신문(a government without newspapers, or newspapers without a government) 두 가지 중 하나를 택하라고 한다면 나는 망설이지 않고 후자를 택할 것이다."

토머스 제퍼슨이 말하는 신문은 정부의 잘못에 대해 가차 없이 비판할 줄 아는 정론지를 가리킨다. 뉴욕 타임스, 워싱턴 포스트, 프랑스의 르몽드, 영국의 더 타임스가 이 경우에 해당될 수 있다. 우리나라의 경우도 중앙 일간지들과 지방지 일부가 이런 역할을 담당한다고 할 수 있을 것이다. 이런 신문들의 경우 토머스 제퍼슨이 말한 대로 여론을 제대로 이끌어 주는 뉴스들에 대해 높은 가치를 부여한다.

하지만 지방 소도시에서 발행되는 신문이나 지방 방송의 경우, 그 지방에서 일어나는 사건사고, 행사, 지방 인사의 동정이 단연 높은 뉴스가치를 갖는다. 따라서 무엇이 뉴스이냐 하는 기준도 상황에 따라 달라질 수밖에 없다.

하지만 그럼에도 불구하고 매체의 종류에 관계없이 뉴스가치를 결정하는 데 일반적으로 적용되는 공통 기준은 분명히 있다.

뉴스의 전통적 정의

뉴스(news)는 '새로운 사건들'(new things)이라는 뜻의 라틴어 노바(nova)에서 나왔다고 한다. 뉴스의 영어 단어 뉴(new)는 알다시피 신선함, 독창적이라는 의미를 담고 있다. 뉴스가치 판단에 있어서 가장 중요한 기준이 바로 이것이다. 콘사이스 옥스퍼드 영어사전(Concise Oxford English Dictionary)에는 뉴스의 정의를 'newly received or noteworthy information, especially about recent events' 라고 적고 있다. '최근에 일어난 사건과 관련해서 새로 취득했거나 주목할 만한 정보' 라는 뜻이다. 종합해 보면 뉴스는 '신문을 비롯한 언론 매체 독자들의 삶에 어떤 식으로든 연관이 있고, 최근에 일어난 사건사고를 기록한 것' 이라는 정의를 내릴 수 있다.

뉴욕 헤럴드 트리뷴(New York Herald Tribune) 사회부장이던 스탠리 워

커(Stanley Walker)는 "뉴스란 바람의 방향보다 더 예측하기 어렵다. 피라미드처럼 오래된 소재가 새삼스럽게 이야깃거리가 되기도 하고, 인간의 머리로는 상상하기 힘든 놀라운 소재가 새롭게 등장하기도 하는 것이 바로 뉴스의 속성"이라고 했다. 1920년대에 한 말이지만 지금도 뉴스의 기본 속성은 여기에서 크게 벗어나지 않는다고 할 수 있다. 대부분의 뉴스는 인간사에서 늘 되풀이되는 소재를 다룬다. 탄생과 죽음, 결혼과 헤어짐처럼 항상 우리 주변에서 일어나는 이야기들이 대부분이다. 부음기사가 많이 읽히는 것도 이런 맥락에서다.

뉴스는 또한 상상을 초월하는 놀라운 소재를 다룬다. 신약개발, 우주의 신비를 벗겨내는 과학적 발견, 쓰나미와 허리케인 같은 대재앙, 엽기적 연쇄살인사건 등이 여기에 속한다. 조셉 퓰리처(Joseph Pulitzer)는 보다 구체적으로 뉴스의 정의를 내린다. 19세기에 세인트루이스 포스트 디스패치(St. Louis Post-Dispatch)와 뉴욕월드(New York World)를 발행했던 그는 자기 신문의 기자와 편집자들에게 항상 "창의적이고 색다르고, 로맨틱하고, 놀랍고, 호기심을 자극하고, 유머러스하고, 진기하고, 기묘하고, 계속 화제가 될 이야깃거리"를 찾아야 한다고 주문했다. 어려운 주문이기는 하지만 정확한 뉴스의 정의임에 틀림없다. NBC뉴스의 해외특파원을 지낸 존 챈슬러(John Chancellor)는 "분쟁과 변화의 기록이 바로 뉴스"라고 정의했다. 보스니아 내전, 이라크전쟁 등 숱한 전장보도를 통해 '살아 있는 전설의 종군기자'로 불리는 CNN방송의 여기자 크리스티안 아만푸르(Christiane Amanpour)의 눈에도 뉴스는 전쟁과 갈등의 기록일 것이다.

최근 들어서는 뉴스의 정의가 점차 독자 위주로 자리를 잡아가는 추세이다.

독자가 원하는 정보

독자들이 찾고, 독자들이 궁금해 하는 것이 뉴스라는 것이다. 뉴욕 선(New York Sun)의 에디터였던 찰스 A. 데이너(Charles A. Dana)가 "사람들의 화젯거리가 될 만한 이야기가 바로 뉴스"라고 말한 것도 이런 맥락에서다. 그래서 이제 언론매체들은 각종 여론조사, 핵심독자그룹 조사, 그밖에 독자들과 다양한 형태의 접촉을 통해 이들이 언론매체를 통해 얻고자 하는 정보가 무엇인지를 파악한다.

우리나라 언론들도 다양한 방법으로 여론조사, 시장조사를 정기적으로 실시하는 외에 지면에서도 독자투고, 옴부즈맨 칼럼 등을 통해 독자들의 욕구를 파악하려고 노력한다. 방송들은 프로그램마다 경쟁사와 시청률 경쟁을 벌이고, 신문 역시 구독률, 열독률을 놓고 경쟁지와 경쟁을 벌이는데, 이러한 자료는 광고주들이 광고지면, 광고시간을 사는 데 있어서 귀중한 자료로 활용된다. 예전에는 광고주들이 중앙의 종합일간지, 경제지 등으로 분류해 광고를 일괄적으로 주었다. 광고단가 역시 차별을 두지 않았다. 하지만 이런 관행은 이제는 옛 이야기가 되었다. 발행부수, 판매부수, 구독률, 열독률 등을 철저히 따진 뒤 광고효과에 따라 광고게재 여부를 결정짓는 세상이 된 것이다. 따라서 이제 독자들의 반응은 곧 언론사의 경영과 직결된다.

추세trend보도와 생활뉴스

① 추세보도

신문이든 방송이든 뉴스 보도에서 다루는 것은 대부분 사건 위주다. 대규모 시위, 화재사건, 주요 현안에 대한 대통령의 발언, 각료 임명을 둘러싼 여야대립, 살인사건, 전쟁 등등…스포츠나 연예오락 뉴스 역시 일정한 스케줄에 따라 벌어지는 경기, 행사 위주로 보도된다. 전통적인 뉴스의 영역인 사건사고 보도인 것이다.

15년~20년 전만 해도 종합 일간지들의 신문발행 면수는 20매 내외였다. 따라서 이렇게 적은 지면으로는 주요 사건을 소화하기에도 벅찼다. 기껏해야 박스, 특집기사는 1개 면에 1건 정도 들어가는 게 고작이었다. 하지만 이제는 대부분의 신문들이 본면 36면에 그 정도 분량의 섹션면을 별도로 발행한다. 우선 사건기사만으로는 이 많은 면수를 메우기가 불가능해졌다. 이에 따라 자연스레 박스, 특집기사에 대한 수요가 많아지게 된 것이다.

사회 저변에서 일어나고 있는 큰 변화, 추세도 뉴스의 주요 소재가 된다. 하지만 변화는 어떤 수준에까지 이르기 전에는 변화의 징조들을 감지하기가 쉽지 않고, 더디게 진행되기 때문에 정확한 실상을 취재해 보도하기가 상대적으로 어려운 점이 있다.

예를 들어 우리나라의 가계 빚이 558조원으로 사상 최고 수준에 이르렀으며, 주택가격에 낀 거품이 꺼질 경우 우리 경제에 미치는 충격파는 IMF때보다 더 심각할 것이라는 경고를 담은 분석기사 등이 추세보도의 전형적인 경우다. 이런 기사는 사건기사와는 전혀 다른 호흡을 보여 주게 된다. 추세 분석기사이기 때문에 가급적 전문가의 말을 많이 인용해서 기사의 신뢰도를 높이는 방법을 쓴다. 아울러 결론도 전문가 멘트로 마무리함으로써 이러한 신뢰도 제고를 극대화 한다.

② 생활뉴스

언론의 주요 관심사로 새롭게 부각중인 분야는 바로 건강, 취미, 레저 등 개인생활 분야다. 사람들은 이제 섹스에 대해서도 점점 더 대담하고 솔직하게 이야기하기 시작했고, 적극적인 관심을 갖게 됐다. 언론은 당연히 이러한 독자들의 욕구에 부응하려고 노력한다. 뉴욕타임스의 제인 브로디(Jane Brody)는 건강문제를 전문적으로 보도해 큰 명성을 얻었다. 2000년에 들어서며 우리나라에서도 많은 언론사들이 의학전문기자를 두기 시작한 것도 같은 맥락이다. 방사능에 오염된 일본산 해산물이 신문방송의 주요 뉴스로 다루어지고, 건강식품, 공기오염, 수질오염 문제가 독자들의 주요 관심사로 자리하게 됐다. 이런 추세에 따라 환경전문기자도 등장하게 된 것이다.

이러한 흐름은 기사가치를 따지는 데 있어서도 독자들의 관심이 큰 비중을 차지하게 만들었다. 독자, 다시 말해 사람들의 생활에 미치는 영향이 크냐 작으냐에 따라 뉴스의 비중이 결정된다. 여기서 말하는 사람이란 개인, 혹은 개인이나 집단이 사는 공동체를 가리킨다. 좁게는 가정에서 시작해 지역사회, 정계, 재계, 사회 전체 혹은 국가의 운명, 나아가 세계, 혹은 인류 전체의 운명이 될 수도 있다. 따라서 기사가치를 판단하는 데 있어서 가장 중요한 요인은 독자라는 답이 나오게까지 되었다. 신문이나 방송의 독자들이 가장 관심을 가질 뉴스, 그들의 삶에 영향을 미칠 내용이 기사거리가 되는 것이다. 예를 들어 독자들이 사는 도시의 범죄율이 다른 도시에 비해 높거나 낮다는 통계는 분명 독자들의 생활에 영향을 미치는 주요한 뉴스가 된다. 정부가 새로 발표한 부동산 대책, 법인세 인하 뉴스도 마찬가지다.

섹션 경쟁 독자가 원하는 뉴스를
적극적으로 생산

언론시장의 경쟁이 격화되면서 우리나라 신문들이 중점적으로 투자하는 분야 중 하나가 바로 섹션 면 발행이다. 섹션 면은 뉴스 보도보다는 독자들의 지속적인 관심 분야를 파고드는 기획보도, 소프트 뉴스가 주류를 이룬다. 다루는 분야도 경제, 문화, 기업, 여행, 레저, 상품소개 등 사람들의 생활과 밀접한 정보들이다. 뉴스를 수동적으로 보도하는 데 그치지 않고 독자들이 원하는 뉴스를 적극적으로 개발, 기획해서 뉴스를 만들어내는 것이다. 경제적

여력이 있고 판매부수가 많은 신문의 경우는 섹션면 발행을 통해 독자수를 늘리고, 광고수익도 올릴 수 있지만, 그렇지 못한 마이너 신문들의 경우는 광고가 따라 주지 않기 때문에 제작비 출혈을 감수하면서 메이저 신문들의 뒤를 따라 섹션면을 발행해야 하는 고통을 겪는다.

섹션 면은 독자들의 욕구에 맞춰 기사 수요를 적극적으로 개발하는 것이다. 예를 들어 경제적으로 중상류층 이상의 독자들이 주류를 이루는 신문이라면 외제차나 고급 자동차 섹션과 백화점 쇼핑정보를 소개하는 섹션을 만들 것이다. 레저면 역시 국내 여행보다는 해외 유명 여행지를 소개하는 정보로 채울 것이다. 반면 서민들이 주요 독자인 신문에서 이런 섹션을 발행했다고 가정해 보자. 독자들은 속이 뒤집혀서 당장 신문구독을 끊으려고 들 것이다.

2 뉴스의 특성

뉴스는 뉴스 자체가 갖는 내재적 가치, 그리고 그 사회, 문화와 연관지어서 다음과 같은 특성을 지닌다.

충격성
Impact

어떤 정보가 독자들의 삶에 영향을 크게 미칠 때 그에 상응하는 뉴스로서의 영향력을 갖는다. 이 경우 뉴스가치는 규모(scale)와 인상(impression) 두 가지 소 항목으로 나눌 수 있다. 첫째 규모는 뉴스가치 판단에 중요한 척도다. 대규모 재난이나, 대기업의 도산, 중요한 학문적 업적이 1면에 실리는 이유도 기사가 미치는 파장의 규모가 크기 때문이다. 이런 기사에는 많은 사망자 숫자나 천문학적인 액수의 돈이 기사내용에 들어간다. 반면 이런 수치가 포함되지 않더라도 독자들에게 정서적으로 깊은 인상을 남기는 기사들이 있다. 예를 들어 뺑소니에 희생된 소녀가장의 이야기는 신문 독자를 포함한 많은 사회 구성원들에게 분노와 슬픔의 인상을 남긴다.

솔깃한 이야기
Unusual

우리가 사는 평범한 일상을 깨뜨리는 것이 뉴스가 된다. 우리가 길을 가다가 걸음을 멈추어 서서 쳐다보게 되고, 감탄하고, 소리를 지르게 하는 일이 있다면 그것은 뉴스가치가 있는 사건이 될 수 있다는 말이다. 예를 들어 소형 경비행기 한 대가 고속도로 상에 거의 불시착할 뻔한 사건은 뉴스가치가 있을까? 혹시 지방면에 1단 짜리 기사가 될 수는 있을지도 모르겠지만 다른 뉴스가 많은 날이라면 아마 초판에 들어갔다가도 밤중에 빠질 가능성이 많은 기사다. 왜 그럴까? 실제로 불시착하지 않았기 때문이다. 불시착해서 도로상의 자동차와 충돌사고라도 일으켜서 사상자가 났거나, 아니면 심각한 도로체증을 불러왔다면 이야기는 달라진다.

이와 달리, 예측치 못한 자연재해나 인재가 발생해 사람들을 놀라게 했다면 그것은 당연히 뉴스가치가 높은 사건이다. 기자들은 항시 독자가 읽으면 "아니 이런!" "저런 안됐네!" "야 이런 일이 있었다니!" 하는 정도의 반응을 보일 만한 사건을 찾아다닌다. 컬럼비아 저널리즘 리뷰(Columbia Journalism Review)가 미국의 중견 언론인 300명을 대상으로 조사한 바에 따르면, "중요하지만 놀랍지 않고 밋밋한 사건"일 경우 보도하겠느냐는 질문에 84%가 그렇지 않다고 답했다.

예를 들어 신년 초에 대통령이 주한 외교사절 100여 명을 청와대로 초청해서 만찬을 베풀었다고 치자. 일일이 악수를 나누고 술도 함께 마시며 화기애애한 시간을 보냈다. 이는 외교적으로 대단히 의미 있고 중요한 행사임에 틀림없다. 이 행사의 뉴스가치는 얼마나 될까? 미안하지만 보도되지 않거나 1단짜리 단신, 아니면 사진만 보도될 가능성이 크다. 하지만 그 자리에서 대통령이 외교적으로 망신을 살 만한 발언을 한마디 했다면 이야기가 달라진다. 언론은 행사는 뒷전이고 그 발언내용을 대서특필한다. 대통령은 언론의 이러한 보도 태도에 '악의적'이라고 화가 날지 모른다. 자기가 힘들게 중요한 행사를 치룬 것에 대해서는 일언반구도 없이 행사에서 한 발언 한마디만 꼬투리잡아 기사를 쓰는 것은 불순한 의도가 있기 때문이라고 생각할 것이다. 하지만 이는 잘못 생각한 것이다. 외교행사는 의미는 크지만 특별하지(Unusual) 않기 때문에 기사가치가 낮은 반면, 그 발언내용은 특별하기 때문에 기사가치가 높은 것이다.

특별한 사람들의 이야기
Prominence

뉴스는 사건이 아니라 사람을 다루는 것이라고 흔히 이야기한다. 건장한 중년 남자가 노상강도를 당한 것보다는 늙은 노파나 소녀가장이 강도를 당한 이야기가 사람들의 눈길을 더 끈다. 연예인들의 결혼과 이혼, 실연과 이별, 성공과 실패의 이야기 역시 마찬가지 이유로 독자들의 눈길을 사로잡는다. 길거리의 일반 행인이 빙판에 미끄러지는 장면을 찍은 사진이 뉴스거리가 되는 일은 드물지만 유명 정치인이나 연예인이 같은 모습으로 카메라에 잡혔다면 이야기는 다르다. 유명 연예인이나 정치인, 장관, 고위 공직자, 노조 지도자에 관한 이야기는 평범한 시민들의 이야기와 비교해 우월성을 갖는다. 이들은 뉴스 메이커이다. 이런 우월적인 위치에 있는 사람들의 이야기는 사소한 것도 뉴스가치를 가질 수 있다. 자리가 뉴스를 만드는 것이다.

분쟁
Conflict
사람 싸우는 것보다 더 재미있는 구경거리는 없다는 말이 있다. 전쟁은 말할 것도 없고, 시위대와 진압경찰간의 밀고당기기나 국회의원들간의 몸싸움 등 우리 사회에서 일어나는 각양각색의 분쟁은 언제나 훌륭한 뉴스거리다. 싸움에는 드라마가 있다. 누가 이길까 하는 궁금증이 생긴다. 그리고 구경하는 사람들은 어느 쪽을 응원하느냐에 따라 편이 나뉘게 된다. 이러한 분쟁 현장에 독자들, 나아가 일반 대중을 증인으로 불러들여 어느 쪽이 옳은지 여론이 형성될 수 있도록 도와주는 것이 언론의 역할이다.

근접성
Proximity
인도의 한 시골마을에서 버스가 굴러 20명이 사망했다면 한국 언론에는 기껏해야 국제면 1단짜리 기사가 되거나, 아니면 기사화되지 않을 것이다. 하지만 서울 근교 양평 국도에서 버스가 굴러 20명이 사망했다면 당연히 1면 톱기사이고, 사망자 신원,부상자 명단,어느 병원에 입원했는지, 사고현장 스케치, 사고원인 등등 해서 몇 개 면이 할애될 것이다. 방송도 마찬가지 비중으로 다룰 것이다. 이렇듯 사건이 어디서 일어났느냐도 뉴스가치 판단에 중요한 몫을 차지한다. 타깃 독자층과 너무 이질적인 문화권에서 발생한 사건은 기사가치를 높게 치지 않는다.

외신기사의 경우에는 이 지리적 근접성과 함께 정치적, 경제적, 문화적 근접성이 뉴스판단의 중요한 잣대가 된다. 예를 들어 미국의 외교, 경제, 문화정책은 우리 신문이나 방송 타깃 독자층의 주요 관심사이기 때문에 뉴스가치가 높다. 미국의 첫 여성 하원의장인 낸시 펠로시 하원의장의 취임은 우리 언론에도 주요 뉴스로 다루어진다. 그의 정치적 성향은 어떻고, 한미관계에는 어떤 영향을 미칠지 등은 우리 독자들에게 주요 관심사가 된다. 하지만 스리랑카의 경우는 타밀반군의 테러사건이 간혹 보도되기도 하지만, 그 나라의 문화, 정치, 사회적 사건이 우리 독자들의 관심사가 되지는 못한다.

따끈따끈한 사건
Timeliness   "아침에 눈을 뜨면 사람들은 먼저 간밤에 누가 죽었는지, 그리고 오늘은 비가 오는지 안 오는지를 알고 싶어한다. 항상 그렇다."

　미국 NBC TV 회장을 지냈고 TV 저널리즘의 개척자로 평가받는 류븐 프랭크(Reuven Frank)의 말이다. 뉴스는 단명하다. 아침에 자고 일어나서 듣는 라디오 뉴스가 어제 저녁 뉴스를 재탕한 것이면 사람들은 그 채널을 다시 듣지 않는다. TV 메인 뉴스의 시제는 '오늘'이다. '어제'로 시작되는 뉴스는 아무리 중요해도 뒤쪽으로 돌려야 한다. 방송이나 인터넷을 통해 어제 이미 잘 알려진 이야기를 그대로 옮기는 것은 신문보도로 뉴스가치가 없다. 주간 타임의 경우, 지난 한 주간에 일어난 사건들이 다루어진다. 일간 신문에서는 마지막으로 신문이 나온 뒤 24시간 안에 일어난 사건이 다루어진다. CNN 헤드라인 뉴스의 경우 최근 30분 동안 일어난 사건이 최신 뉴스로 다루어진다.

　최악의 경우는 경쟁지에서 하루 전에 보도한 내용을 뒷북치듯 따라가는 것이다. 따라서 기자라면 취재 전에 경쟁지의 지면을 꼼꼼하게 체크하는 게 기본이다. 놀랍게도 기자들이 자기가 취재하는 내용이 다른 신문이나 방송에 보도된 것인지 아닌지도 제대로 체크하지 않는 경우가 많다. 데스크라도 챙겨야 하겠지만 그렇게 하지 않아 구문이 버젓이 뉴스로 인쇄돼 나가는 경우가 허다

하다. "독자들이 다른 신문 갖다 놓고 비교해 가면서 보나?"라고 항변할 수도 있겠으나 그건 뉴스를 다루는 기본이 안 되었다고밖에 달리 할 말이 없다.

시사성
Currency
기사 자체 내용이 재미있다 해도 뜬금없는 이야기는 뉴스가치가 떨어진다. 예를 들어 서울 상계동 일대에 취객털이가 자주 일어나고 있다고 해도 특별한 계기가 없으면 일간 신문에 기사화 되기가 쉽지 않다. 경찰이 상계동 일대를 서울시내에서 취객털이가 가장 빈번하게 일어나는 지역으로 규정하고 일제단속에 들어간 뒤 이곳에서 취객털이가 일어났다면 이야기가 달라진다. 취객털이 기사를 접한 독자들은 "야, 정말 위험한 곳이야. 술 먹고는 그 동네 못 가겠네. 무슨 조치를 취해야지 이거 원." 하는 식의 적극적인 반응을 보이게 될 것이다.

중국의 인권문제는 반체제 인사를 탄압하거나 종교 활동을 억압하는 경우 뉴스로 보도되는 경우가 많다. 그러나 중국 내 사정도 외부세계에 많이 소개되고 공개되어 있기 때문에 과거 '죽의 장막' 때처럼 사소한 사건도 무조건 뉴스가 되던 때와 달리 이제는 특별한 특별한 계기가 있어야 시사성 있는 뉴스로 취급받는다. 예를 들어, 중국 당국이 6.4 천안문사태 25주년을 앞두고 대대적인 반체제 인사 단속을 벌인다면 시사성 있는 뉴스거리가 되는 것이다.

3 뉴스가치 판단의 기준 ✒

내재적 기준　　뉴스로 보도되는 사건은 모두 일종의 게이트키핑
　　　　　　　　(gatekeeping)이라고 할 수 있는 객관적인 뉴스가치 선
별과정을 거친다. 뉴스가치 판단은 일차적으로 취재현장에서 취재과정에 이
용되고, 그 다음 보도과정에 이용된다. 물론 기자나 데스크들이 사무실 벽에
써붙여 놓고 일일이 대조해 가며 일하는 뉴스 선별 기준은 없다. 하지만 노련
한 기자들은 대부분 이런 기준들이 머릿속에 들어 있다. 미국에서 12명의 TV
에디터를 상대로 뉴스가치가 있는 64건의 기사를 주며 뉴스가치를 부여하도
록 하는 설문조사를 실시한 바 있다. 노르웨이 학자 요한 갈퉁(Johan
Galtung)과 마리 홀름뵈 루게(Marie Holmboe Ruge)가 만든 이 뉴스가치 기
준 리스트는 뉴스 현장에서 유용한 기준으로 활용된다.

① 사건 발생 주기 Frequency

　사건의 발생 주기가 신문이나 방송의 보도 주파수와 일치하는지 여부를 말
한다. 보도 시점에 가까이 일어난 사건이 기사화되기 쉽다는 말이다. 자동차
연쇄추돌, 살인사건, 비행기 충돌 사고는 사고 진행 기간이 짧아서 언제나 보
도 스케줄에 들어맞는다. 이런 사고는 또한 사건 성격이 명쾌하고 추가 조사
가 필요 없는 경우가 많다.

　반면에 어떤 뉴스의 경제적, 사회적, 정치적 배경이나 흐름은 그 성격이 분
명하게 드러나기까지 시간이 걸리기 때문에 보도되기가 쉽지 않다. 따라서 이
런 성격의 뉴스, 예를 들어 경제동향 뉴스는 고용동향이나 무역수지 동향 수
치가 발표되는 것을 계기로 보도될 수 있다. 따라서 정치권의 경우, 자신들의
정치적 메시지가 뉴스화 되도록 가장 적절한 타이밍을 잡아 기자회견을 하거
나 보도자료를 내는 기술이 필요하다. 언론 매체의 주파수와 맞추는 기술이

필요한 것이다.

② 심각성 Threshold

사건의 심각성이 어느 정도인가 하는 것이다. 기사화 될 수 있을 정도로 심각한 사건인가를 말한다. 물론 이를 결정하는 것은 언론사의 몫이다. 예를 들어 음주 운전자가 주차해 놓은 어떤 사람의 차를 들이받았다면 소규모 지방지에서는 뉴스가 될 수 있다. 하지만 전국지에 실릴 가능성은 거의 없다. 그 사람이 주차되어 있는 차량 20여대를 마구 들이받았다면 전국지에도 보도될 가능성은 다소 높아진다. 고의성이 가미된다면 뉴스가치는 더 높아진다.

③ 명쾌함 Unambiguity

사건의 의미가 얼마나 분명한가? 대중매체는 특정 사건을 두고 여러 가지 해석이 가능토록 하는 문학과 달리 일반적으로 명쾌한 해석을 지향한다. 살인사건, 자동차 충돌사고 등은 해석상에 문제가 있을 여지가 없다. 따라서 뉴스로 보도되기가 쉽다. 옵저버(Observer) 2000년 6월 11일자는 컬럼비아 저널리즘 리뷰(The Columbia Journalism Review)에서 실시한 여론조사 결과를 보도하고 있다. 미국 내 언론계 전문 종사자 300명을 대상으로 물었더니 특정 사건을 보도하지 않기로 결정하는 이유로 가장 많이 꼽힌 것이 사건이 '너무 복잡하기 때문'(too complicated)이었다.

④ 유의미성 Meaningfulness

독자들에게 얼마나 큰 의미를 가질 것인가? 일명 문화적 친밀감(cultural proximity)이라고도 한다. 우리와 아주 다른 문화권에서 일어나는 사건들은 우리 독자들에게 본질적인 의미를 가지지 못한다. 반면 같은 문화권에서 일어나는 사건들은 뉴스로 다루어진다. 한 사회 안에서도 주류 세력에서 소외된 개인이나 집단은 언론의 관심을 적게 받는다. 예를 들어 우리나라의 유명 연예인이 칼에 찔려 숨진 사건과 이란에 지진이 나 100명이 숨진 사건이 같은 날 일어났다고 치자. 연예인 피살사건이 이란 지진보다는 더 크게 취급될 것이라는 점이다. 하지만 이란의 과격 이슬람 세력이 한국 건설 기술자들을 인질로 잡은 사건이 일어났다면 이는 이란에서 일어났지만 우리 언론에서 아주 중요한 뉴스로 다루어진다. 우리 독자들한테도 중요한 의미를 갖는 사건이기 때문이다.

⑤ 예상과 일치 여부 Consonance

언론의 예상과 맞아떨어지는지 여부도 중요한 척도다. 기자들은 사건이 일어나기 전에도 그 사건에 대해 특정한 '시각'(angle)을 갖고 있다. 언론에서 어떤 사건의 발생을 예측하고 있을 경우, 그 사건은 실제로 일어날 가능성이 높고, 또한 보도된다. 예를 들어 오는 일요일 서울 시청 앞 서울광장에서 민주당이 주축이 된 국정원 정치개입 규탄집회가 열릴 예정인데 언론이 보기에 폭력사태가 예상된다고 치자. 이럴 경우 집회에서 실제로 경미한 폭력사태가 일어났다고 해도 언론에서 큰 관심을 나타내게 된다.

⑥ 예상 밖의 사건 Unexpectedness

사람이 개를 물었다면 뉴스가 된다는 말이 있다. 이처럼 아주 예상 밖의 사건이 일어났다면 이는 뉴스가치가 있다. 하지만 예상 밖의 사건이라 하더라도 유의미성과 명쾌함의 범주에 들어 있어야 한다. 따라서 레즈비언 단체 회원들이 로프를 타고 영국 상원 건물에 침입한 사건은 예상 밖의 행동이면서 사건의 성격이 명확하기 때문에 언론에 보도됐다. 레즈비언이 영국사회의 주류가치도 아니고, 문화적 친밀감을 가진 부류도 아니어서 언론에 우호적으로 보도된 것은 아니지만, 어쨌든 언론의 관심을 끌겠다는 그들의 목적은 달성된 것이다.

⑦ 연속성 Continuity

일단 한번 보도된 뉴스는 속보가 보도되기 쉽다. 물론 보도되는 수준은 사건의 성격에 따라 달라질 수 있다. 예를 들어 북한핵이나 이라크전 같은 경우는 사태가 해결될 때까지 진전 상황이 몇 년이고 계속 보도된다.

⑧ 종합적 판단 Composition

이는 뉴스 보도의 균형에 관한 문제다. 예를 들어 편집자가 보기에 국제 뉴스가 너무 많다 싶으면 일부러 양을 줄이고, 국내 기사의 양을 좀 더 늘려 싣는다. 국내 기사 중에서도 특정 사안이 지면을 과다하게 차지할 경우, 뉴스가치가 다소 떨어지더라도 다른 뉴스를 좀 더 많이 싣게 된다.

⑨ 주요 국가 배려 Reference to elite nations

이는 '문화적 친밀감'과 관계 있다. 우리와 정치적, 문화적으로 가까운 나라일수록 보도비중이 높다. 한국 언론에서 중국, 일본, 미국의 기사비중이 높은 이유이다. 정치, 전쟁 뉴스뿐 아니라 사건사고의 경우도 마찬가지다. 이런 나라에는 자사 특파원이 상주하는 경우가 많아 출고되는 기사량이 많기 때문에 기사비중은 더욱 더 높아진다.

⑩ 중요 인물 배려 Reference to elite persons

언론은 중요 인물에 관심을 기울인다. 추신수 선수의 연봉 계약 소식이 주요 뉴스가 되고, 미국에서 활동 중인 류현진 선수의 완봉승 소식이 한국 언론에 크게 보도된다.

⑪ 인간화 Personalisation

명쾌함, 유의미성과 일맥상통한다. 사건은 사람과 연관지어 평가된다. 예를 들어 여당과 야당의 첨예한 정책대립은 흔히 여야 대표의 입씨름 형식으로 보도 된다. 사건이 실제 인물의 말과 행동을 통해 표현되는 것이다. 사회적, 정치적 사안이 개인의 행동으로 구체화 될 수 있을 경우에 기사화 된다. 이럴 경우 특정 사건의 사회적 원인은 실종되고, 개인적 동기가 사건의 원인으로 부각되는 경향이 있다.

⑫ 부정성 Negativity

좋지 않은 뉴스가 좋은 뉴스다(Bad news is good news). 나쁜 뉴스도 예상 밖의 일이거나, 명쾌한 일, 큰 재난처럼 큰 사건이 될 수 있다. 1987년 벨기에령 콩고 내전을 취재하러 간 한 미국 기자가 비행기 탑승행렬을 찾아가 "혹시 영어 할 줄 아는 사람 중에 강간당한 사람 있느냐."고 큰 소리로 물었다는 일화가 있다. 부정적인 뉴스를 찾아 소리를 친 경우다.

외재적 기준　　　이는 뉴스 자체가 안고 있는 기사로서의 가치보다는 기사 외적인 요인에 의해서 기사로 채택되는 것이기 때문에 체계적으로 설명하기가 쉽지 않다. 체험적으로, 오랜 경험에 의해, 각 언론사의 내부 분위기, 정치적 파장 등을 고려해서 뉴스가치가 정해지는 경우라고 할 수 있다.

① 브랜드 정체성

조선일보, 동아일보 기자가 기사가치를 보는 눈과 한겨레신문 기자가 기사 가치를 따지는 눈이 같을 수는 없다. 가장 큰 이유는 두 신문사가 지향하는 가 치가 서로 다른 것 외에 양측 독자의 취향이 다르기 때문이다. 이것이 바로 브 랜드 정체성이다. 기자는 취재와 기사작성에 임할 때 일차적으로 이 잠재적 독자를 염두에 둔다. 주 타깃 독자층의 정치적 성향, 직업, 연령대, 연간 수입 은 어느 정도이고 레저활동은 어떻게 하는지 등이 기사를 취사선택하는 데 중 요한 잣대가 되는 것이다. 이를 위해 언론사의 편집, 경영 책임자들은 시장조 사 등을 통해 타깃 독자층의 정체성을 정확히 파악하고, 그들의 관심과 성향 에 부합되는 기사와 논조를 유지하기 위해 꾸준히 노력한다.

② 경쟁심

흔히 '특종은 무조건 키우고 본다'고 한다. 언론의 일차적인 속성은 역시 남 보다 먼저 보도하는 것이다. 신문과 신문, 신문과 방송의 경쟁에 덧붙여 이제 는 온라인 매체까지 가세해 매체 간 치열한 경쟁을 벌인다. 경쟁지를 제치고 단독 취재했다는 확신이 서면 그 기사는 뉴스의 내재적 가치가 다소 떨어지더 라도 주요 기사로 처리되는 경우가 많다. 바로 경쟁 때문이다. 특종기사라고 판단되면 2면에 갈만한 내용도 1면으로 끌어내고, 기왕이면 1면 톱으로 키운 다. 경쟁을 생명으로 하는 언론의 생리를 감안하면 충분히 이해해 줄만한 일 이기도 하다.

소위 경쟁사 '물 먹이기'도 뉴스가치 판단의 무시 못할 잣대 중 하나다. 월남 전이 한창이던 시절의 일화다. 당시는 조선일보와 한국일보가 양대 조간신문 으로 치열한 경쟁을 벌이던 때였다. 동아일보는 석간이었다. 박정희대통령의 서슬이 워낙 시퍼렇던 시절이라 사건사고를 제외하고 정치적으로는 큰 기사거리가 거의 없었다. 그래서 조간신문들은 밤에 일어나는 외신기사를 갖고 치열하게 경쟁했다. 당시 어느 날 조선일보 외신부 야근자의 눈에 'Korean Representatives…Ambassador…missing…' 등의 단어가 들어간 통신기사가 들어왔다. 정치부 야근자한테 물어 보니 당시 공화당 국회의원들이 베트남을 방문 중이라는 사실이 확인됐다. 두 야근자는 편집자와 함께 공화당 의원들의 방문일정표를 앞에 놓고 '작문'에 들어갔고, 그 기사는 1면 머리를 큼지막하게 장식했다. 그 기사를 놓친 한국일보는 발칵 뒤집어졌고, 새벽에 배달된 조선일보를 보고 우리 국회의원들과 베트남 주재 대사가 베트남에서 실종됐다는 내용의 호외까지 찍어 돌렸다. 조선일보 야근기자는 그 일로 2호봉 특진됐고, 한국일보 야근기자는 얼마 뒤 다른 언론사로 자리를 옮겼다고 한다.

당시는 지금처럼 통신시설이 제대로 갖춰지지 않았던 시절이라 실제로는 이들이 실종된 게 아니라 연락이 일시 두절되었을 가능성도 배재할 수 없는 상황이었다. 하지만 당시 야근자들의 입장에서는 사실 확인을 기다릴 여유가 없었다. 그런 가운데서 '실종' 쪽으로 기사를 몰아갔고, '독자들이 아침에 신문을 보는 시점까지 이들이 나타나지 않으면 된다'는 심리도 분명 작용했을 것이다. 얼마 뒤 국회의원 일행은 무사히 모습을 드러냈지만, 경쟁지인 한국일보로서는 이미 타격을 입을대로 입은 뒤였다. 이처럼 대단한 특종이 아니더라도 경쟁사를 제치고 단독으로 보도한다는 확신이 들면 일단 기사가치가 높아지는 것이다.

③ 제작여건

광고지면을 비롯해 제작 시간 및 재정적인 여건도 기사 선별에 영향을 미친다. 방송의 경우 광고배정을 우선시하다 보면 광고 양에 따라 보도되는 기사의 양이 조정된다. 기사 자체의 내재적 가치는 상대적으로 뒷전으로 밀려나는 것이다. 아울러 재정적으로 어려운 언론사의 경우, 시간과 경비가 많이 들어가는 특집이나 탐사보도를 꺼리게 된다. 그래서 언론 보도에도 빈익빈 부익부 현상을 피할 수 없게 되는 것이다.

④ 정치적 고려

광고주, 언론사주, 정치권력 등 다양한 권력이 기사가치를 정하는 데 영향을 미친다. 이러한 권력에 영향을 받지 않으려는 언론정신과 권력 사이에는 끊임없이 긴장과 갈등이 존재한다. 언론사별로 편집국장 직선제 등 편집권 독립을 위한 다양한 제도적 장치들을 마련해 두고 있으나, 이러한 갈등에서 완전히 자유롭기는 힘들다.

예를 들어 삼성전자, 현대자동차가 어느 신문의 생존에 결정적인 영향을 미칠 정도의 광고 수입을 올려 주는 경우, 해당 신문이 삼성전자와 현대자동차에 대해 부정적인 기사를 싣는 데는 상당한 용기가 필요하다. 기자들이 객관적인 기사를 쓰려고 해도 경영진이나 광고 부서에서 회사의 경영난을 들어 기자들에게 압력을 행사할 수 있다.

정치권력도 마찬가지다. 경영난 등으로 정권의 입김에 취약한 군소 언론사들의 경우, 권력 비판적인 기사를 내보내는 데 상당한 용기가 필요하다. 특히 경영진 선임에 청와대가 결정적인 영향력을 행사하는 언론사의 경우는 권력의 입김에서 자유롭게 지면을 제작하기가 쉽지 않다. 소위 '알아서 긴다'는 내부검열이 일상사가 될 경우 그 언론사는 독자와 시청들로부터 외면당하게 된다.

현장의 가르침   ① 본능적 감각

신문사나 방송사 면접시험에서 면접관이 "좋은 기사거리 아이디어가 있으면 말해 보라"고 했을 때 그 자리에서 당장 떠오르는 아이디어가 있을까? 지원자들 중에서는 순식간에 머리를 굴려 그럴듯한 아이디어를 내놓는 이도 있을 테고, 그렇지 못하고 머리를 긁적이며 쩔쩔매는 지원자도 있을 것이다. 그 면접관이 그런 질문을 하는 취지는 바로 지원자의 순발력을 보려는 것이다. 아울러 뉴스가치 판단에 대한 본능적 감각, 혹은 타고난 감각을 한번 보고자 하는 것이다.

뛰어난 기자는 뉴스에 대한 후각이 발달된 기자다. 어떤 게 뉴스고 어디 가면 뉴스가 있고, 누구를 만나야 뉴스가 나온다는 '냄새'를 잘 맡는 것이다. 축구에서 뛰어난 골잡이가 정확하게 공의 흐름을 간파하고 미리 자리를 잡고 있다가 공이 오면 정확하게 슛을 날리는 것과 마찬가지다. 뛰어난 기자는 엉뚱한 사람 만나 취재한다고 시간을 낭비하지 않는다.

취재를 하다 보면 속에서 등골이 서늘하게 무언가 특별한 느낌이 오는 때가 있다. 바로 특종거리를 잡는 경우다. 하지만 상대 취재원이나 주위에 있을지도 모를 경쟁사 기자들이 눈치 채지 못하도록 시치미를 뚝 떼고, '별 기사거리가 아닌 듯이' 태연한 태도를 유지해야 한다. 카드놀이에서 '포 카드'나 '스트레이트 플러시'를 잡았을 때 지켜야 하는 포커페이스 행동수칙과 흡사하다고 보면 된다.

이런 본능적인 후각은 일선 취재기자뿐 아니라 데스크한테도 마찬가지로 요구되는 덕목이다. 취재기자는 하루에도 몇 번씩 전화나 컴퓨터 통신으로 데스크에게 기사거리를 보고하고 취재지시를 받는다. 그때 보고내용을 듣고 큰 기사거리인지 아닌지를 판단해서 취재지시를 내리는 것이다. 수화기를 통해 들려오는 기자의 판단, 심지어 목소리 떨림이 데스크가 판단을 내리는 데 일정한 영향을 미치기도 한다.

② 기사 냄새를 맡아라

일선에서 많은 취재경험을 하게 되면 앞에서 열거한 이러한 기사 냄새를 맡는 능력도 갈고닦여진다. 연륜이 쌓인 기자들은 기사가치 판단을 교과서에 적혀 있는 기준에 맞춰 따져 보면서 하지 않는다. 순간적인 판단을 요하는 경우가 많기 때문이다. 따라서 기자들은 뉴스에 대한 자신의 촉각을 뉴스가치를 판단하는 데 주요한 척도로 사용한다. 언론인으로서의 전문적인 경험과 함께 자신이 몸담고 있는 언론사의 제작방침 등을 몸에 체득하고 있어서 순간적인 판단을 자신 있게 내릴 수 있게 되는 것이다.

이러한 뉴스 촉각은 경험과 노력에 의해 얼마든지 향상시킬 수 있다. 예를 들어 노련한 정치부 기자는 어느 당의 유력한 대통령선거 출마 후보자들 중에서 누가 최후의 승자가 될지, 누가 중도에 포기할지에 대해 나름대로 정보를 가지고 있다. 이런 나름대로의 정보를 가지고 중도 포기할 가능성이 있는 후보자를 추적해서 적절한 시점에 적확한 질문을 던져 그 사람의 출마포기 의사를 확인해서 남보다 먼저 그 사실을 기사화 할 수 있게 되는 것이다.

③ 특종은 만들어진다

다음의 경우를 상정해 보자. 외환은행 헐값 매각 사건을 둘러싼 사회적 논란이 한창이던 2006년 11월 어느 날. 검찰로부터 헐값 매각 사건에 연루된 혐의를 받고 있는 유희원 론스타코리아 대표의 영장을 법원이 잇달아 기각함으로써 법원과 검찰 간 감정이 극도록 악화되고 있는 시점이었다. 검찰 출입기자가 부장 앞으로 전화보고를 해왔다. 영장을 기각한 영장발부 전담판사와 그의 상관인 형사 수석 부장판사, 그리고 검찰측에서 이 사건을 책임지고 있는 수

사기획관, 중수부장 등 네 명이 저녁 서울 서초동에 있는 한 음식점에서 비밀 회동을 가졌다는 제보가 들어 왔다는 것이다.

"그 사람들 서로 친한 사이 아니야? 그 동안 서로 공무로 얼굴 붉히고 했느니 금요일 저녁에 만나서 밥 먹고 한잔 한 것 아니겠어? 그것 말로 다른 급한 사건이 하나 있으니 그것 좀 처리해 줘." 했으면 그 보고는 그냥 묻히거나 아니면 다른 경쟁지에서 처리됐을 것이다. 그 신문에서 처리하지 않을 경우 그 제보자는 다른 신문에다 제보할 것이 분명하므로 다른 신문으로 기사가 넘어갈 확률이 더 많았을 것이다. 하지만 여기서는 법원과 검찰의 관계가 태평성대인 시절이 아니라는 게 뉴스판단의 핵심변수다.

왜 이렇게 민감한 시점에 네 사람이 만났으며, 만났으면 분명히 영장처리와 관련해 이야기를 나누었을 것이다. 그러면 어떻게 처리하기로 했을까. 다시 영장이 청구되면 영장을 발부하기로 한 건가, 아니면 이제 더 이상 영장청구를 하지 않기로 한 것인가, 그리고 모임의 성격이 어떻든지 간에 영장전담 부장판사가 검찰과 비밀회동을 가진 것 자체가 재판에 영향을 미칠 사안이 아닌가 등등 충분히 추가취재해 볼만한 사안인 것이다.

데스크는 취재지시를 내렸다. 그 음식점으로 찾아가 네 명의 회동사실 여부를 확인하고, 시간, 참석인원, 무얼 먹었는지, 술은 얼마나 마셨는지 등등을 체크하고, 종업원들을 상대로 회동자리 분위기는 어떠했는지, 혹시 고성은 오고 가지 않았는지 등등을 철저히 취재하도록 지시를 내렸을 것이고, 취재기자는 즉시 행동에 들어가 마감시간에 기사를 출고했다. 그리고 이튿날 아침신문에 "법원이 유희원 론스타코리아 대표의 영장을 잇달아 기각하는 와중에 법원 간부가 검찰 고위 관계자를 만나 유씨에 대한 불구속기소를 요청해 논란이 일고 있다."로 시작되는 기사가 큼지막하게 실리게 된다.

8강
특집기사

1 특집기사의 특성

다양성 특집기사는 뉴스문장보다 길이가 길고 출처, 배경, 내용 모두 더 다양하고 풍부하다. 특집을 쓸 때 기자는 뉴스문장에 비해 자신의 목소리, 자신의 경험을 더 많이 반영시키고, 다양한 문체를 도입해 볼 수 있다. 글쓰는 사람의 개인적 경험이나 의견을 대폭 반영한 특집기사도 있을 수 있다. 사실상 모든 주제를 다 다룰 수 있는 것이다.

특집은 문학이 아니다

특집기사는 성격상 문학작품과 유사점이 많지만 어디까지나 문학이 아니라 저널리즘의 영역이다. 특집기사를 쓰는 사람은 자신이 문학가가 아니라 기자라는 생각을 잊어서는 안 된다. 저널리즘의 본분을 망각하고 글의 멋 부리기에만 빠져들면 언론문장이 아니라 문학 습작가의 글이 되고 만다. 따라서 취재와 뉴스문장을 쓰는 기본 훈련이 없이 좋은 특집기사를 쓰기는 힘들다. 최근에는 뉴스문장과 특집기사 사이에 뚜렷한 경계를 두지 않는 추세다. 뉴스문장이라 해서 사실전달만 하는 딱딱한 문장구조만 고수하지 않고, 또한 특집기사 역시 여유만 부리는 게 아니라, 철저한 취재활동을 바탕으로 그 안에 새로운 정보를 좀더 많이 담아서 독자들에게 전달하려는 노력을 한다.

특집기사의 한계

특집문장은 형식면에서 한결 더 자유롭지만 여기에는 한계가 있다. 예를 들어 살인청부업자가 아무나 죽이는 게 아니라 청부받은 상대만 죽이는 것과 마찬가지로 특집을 쓰는 기자는 데스크한테서 지시받은 내용을 지시받은 일정한 테두리 내에서, 다시 말해, 해당 매체가 용인하는 수준 안에서 뉴스보도보다 좀 더 재량권을 발휘하는 것이다. 창작처럼 문장 스타일을 자기 쓰고 싶은 대로 마음껏 발휘할 수는 없다는 말이다.

지난 1986년 8월 충남 천안시의 독립기념관 건물 천장에서 불이나 천장 부분을 태우고 인명피해는 없었으나 피해 액이 수십억 원에 이른 사건이 있었다. 이 때문에 국민의 성금으로 지은 독립기념관 개관이 이듬해로 연기되는 등 국민적 파장이 큰 사건이었다. 서울에 있는 모 신문사의 사회부 데스크가 기자를 현장에 보내 특집기사를 지시하면서 취재해야 할 사항을 무려 수십 가지 불러 주었다는 이야기가 돌아 당시 기자들 사이에 화제가 된 적이 있다. 화재 원인에서부터 공사상의 하자, 관리소홀 문제, 개관 일정 연기 등 취재해야 할 사안을 하나하나 다 지시한 것이다. 물론 모든 데스크가 다 이렇게 하지는 않는다. 큰 그림만 지시하고 나머지는 취재기자에게 맡기는 경우가 더 많다. 이 일화는 특집기사를 쓰더라도 취재기자의 재량권이 데스크의 지시 테두리 안에 머문다는 것을 보여주는 한 예라 할 수 있다.

미국 언론인 찰스 휠(Charles Wheal)의 표현을 빌리자면 "데스크가 원하는 문장 스타일, 데스크가 지시한 마감일, 데스크가 용인하는 취재원, 데스크가 좋아할 결론이라는 테두리 안에서 재량권을 발휘하는 것"이다. 특집을 잘 쓸 수 있는 가장 좋은 방법 중 하나는 다른 사람이 쓴 글을 많이 읽고 자신이 쓴 글을 가급적 많은 사람들한테 읽어 보게 해서 조언을 구하는 것이다. 미국 언론인 데이비드 랜들(David Randall)은 "글쓰기는 근육과 같아서, 매일 다듬으면 그만큼 더 강해진다."고 했다.

2 특집기사의 소재

**특집화 featurized
추세**

뉴스 보도와 특집 사이에 분명한 구분은 없다. 특히 현대 언론에서는 많은 뉴스 보도가 '특집화' 되고 있다. 예를 들어, 스포츠 경기결과만 보도하면 하드 뉴스다. 하지만 최근에는 경기결과도 소프트적인 부분을 함께 넣어서 처리하는 경우가 많다.

> "삼성파이팅은 24일 잠실 학생체육관에서 열린 프로배구 2010-11 힐스테이트 V리그 '그랜드 개막전'에서 지난 시즌 우승팀 현대드래곤 팀을 3대 2로 꺾고 첫승을 신고했다."

하지만 특집식으로 이 기사를 쓰면 리드가 전혀 달라진다.

> "시원하게 내려꽂히는 스파이크,몸을 아낌없이 날리는 수비,경기의 흐름을 한 번에 바꿔놓는 강력한 서브… 베이징아시안게임 우승의 후광 속에 프로배구가 만원 관중의 열기와 함께 막을 올렸다."

첫 번째 기사는 경기와 관련된 사실에 초점을 맞춘 반면, 두 번째 기사는 경기 관련 사실들 대신 대회개막과 관련해 선수들의 파이팅 등 대회의 재미에 초점을 맞춘 리드로 시작했다. 경기결과는 두 번째 단락에 등장시킨다. 최근에는 신문이나 방송 모두 독자들의 흥미를 유발하기 위해 이렇게 사실과 인간적인 면 등 두 가지 요소를 모두 가미한 언론문장을 많이 쓴다.

특집기사의 뉴스판단 기준

특집에서도 뉴스가치를 판단할 때는 다음과 같이 뉴스문장과 거의 비슷한 기준들을 사용한다. 시의성(timeliness) 근접성(proximity) 결과성(consequence) 독자들의 흥미(the perceived interest of the audience) 경쟁(competition) 제작목적(editorial goals) 광고주의 영향(influence of advertisers). 특집기사의 경우 광고주나 로비집단의 압력을 무시하지 못하는 경우가 많다. 언뜻 보기에 뉴스처럼 보이나 사실은 제품이나 아이디어, 정책을 홍보하는 특집기사를 많이 볼 수 있다.

유람선이 침몰했다는 사건이 발생하면 기사를 뉴스문장 리드로 시작한다. 하지만 사건 발생 첫 보도가 나간 다음에는 유람선에 탔다가 어선 침몰로 실종된 어떤 신혼부부 이야기를 소프트 뉴스로 취급할 수 있다. 편집자들 중에는 소프트 뉴스의 중요성을 하드 뉴스보다 가볍게 보는 사람들이 아직도 많다. 하지만 이제는 독자들의 취향이 가볍고 재미있는 읽을 거리를 찾는 쪽으로 바뀌기 때문에 소프트 뉴스의 중요성이 계속 높아지는 추세다.

3 특집기사의 종류

기능별 분류 특집기사는 뉴스 전달이 1차 목적이 아니다. 뉴스 요소도 포함하고 있지만 주요 기능은 글에 인간미를 불어넣고, 색감을 넣고, 독자들을 안내, 교육, 계몽하는 목적을 담고 있다. 이미 보도된 뉴스를 재조명하는 경우도 흔하다. 글의 기능별로 분류하면 다음과 같이 나눌 수 있다.

- 뉴스의 초점이 된 인물 소개
- 뉴스의 초점이 된 사건 심층 설명
- 지구촌, 국가, 마을에서 일어난 사건 분석
- 독자들을 교육하는 기사
- 삶의 방식을 제안하는 계몽적인 기사
- 추세 분석
- 오락 제공

이를 항목별로 좀 더 자세히 살펴본다.

① 인물특집 personality profiles

인물 소개는 뉴스의 인물을 독자들에게 보다 심층적으로 소개하는 기사다. 인물 소개를 위해 인터뷰, 관찰기사, 창조적 글쓰기(creative writing) 기법이 동원된다. TV의 경우 자료화면, 인터뷰, 증언 등을 동원해 해설자가 진행한다. 인터뷰를 전문으로 하는 인물 전문기자를 두는 언론사들도 많이 생겨났다.

② 심층기사 In-depth stories

광범위한 취재와 인터뷰를 통해 기본적인 뉴스보도나 특집기사 이상의 상세하고 깊이 있는 설명을 제공한다. 예를 들어 강성 일변도의 현대중공업 노조에 대한 울산시민들의 반응을 알아보기 위해 노조의 파업에 대한 시민들의 반응, 식당 등 현지 경제에 미치는 영향을 집중취재해 보도하는 경우가 이에 해당한다.

③ 배경특집 Backgrounders

뉴스의 이면을 분석해서 보도한다. 뉴스의 초점이 되는 국가정세, 단체의 활동, 인물에 대해 배경설명을 해준다. 정계에 진출한 386 세대의 이념편향이 사회적 문제가 되는 가운데 동아일보는 2007년 1월 12일 '386,지금 어디에 서 있나' 라는 제목으로 386세대와 관련된 여러 현상들의 이면을 살펴보는 특집기사를 실었다. 특집은 '청와대와 386' '정치권의 386' '사회 각분야의 386' 등의 기사로 구성되었다. 특히 이 신문은 '민주화 공로,집권 386 전유물 아니다' 라는 제목의 사설까지 같은 날 실어서 특집기사를 뒷받침했다.

④ **추세특집 Trend stories**

추세 특집기사는 사회에 충격을 미치는 사람,사물,단체를 심층 소개한다. 사람들은 추세 기사를 통해 최신 유행 조류를 접한다.

다음 기사는 한국의 주요기업 대졸 초임이 일본의 경쟁사보다 높아졌다는 내용을 담은 추세특집 기사이다. 특정 시점을 기준으로 갑자기 높아졌다는 것이 아니라 계속 진행되어 온 추세를 보도하되 경총의 조사결과 발표를 보도의 계기로 삼았다. 기사와 함께 독자들의 이해를 돕기 위해 그래프를 함께 만들어 붙였다.

제목:한국 주요기업 대졸 초임 일본 경쟁사보다 높아졌다
소제목: 경총, 작년연봉 비교

한국과 일본 대표적 기업들의 대졸(大卒) 초임을 비교해 본 결과, 우리나라 임금 수준이 일본을 추월한 것으로 나타났다. 또 일본·미국·대만과 한국의 1인당 GDP (국내총생산) 대비 제조업 임금 비율을 조사한 결과, 한국만 GDP 대비 임금 비율이 해가 갈수록 높아지고 있는 것으로 조사됐다. 이는 생산성 상승보다 임금 상승 속도가 빠르다는 의미다. 한국 대기업의 임금이 경쟁국과 비교해 빠른 속도로 올라가고 있는 것은 원화 가치 상승과, 우월한 교섭력을 갖춘 노조의 이기주의와 극렬 투쟁, 물가 상승 때문인 것으로 풀이된다. 7일 본지가 단독 입수한 한국경영자총협회(경총)의 '한·일 대표기업 대졸 초임 비교' 자료에 따르면, 전자·자동차·철강·건설·통신 분야 양국 대표기업 대졸 신입사원 초임은 한국 기업이 모두 일본에 비해 17~38% 높은 것으로 나타났다.(중략)

이번 조사에서는 1인당 GDP (국내총생산) 대비 제조업의 임금 수준도 우리나라가 일본·대만·미국에 비해 높은 것으로 나타났다. 우리나라의 1987년 1인당 연봉은 4800달러로, 그해 1인당 GDP인 3321달러의 1.45배였지만, 2004년에는 연봉 2만 880달러에 1인당 GDP 1만4168달러를 기록하면서 그 비율이 1.47배로 올라갔다. (이하 생략)

주제별 분류　　　다음은 news feature writing을 주제로 한 영문 온라인 사이트들에 실린 특집의 주제별 분류를 종합 정리한 것이다.

- 개인특집(Personality feature):개인에 초점을 맞춘다.
- 직업특집(Occupational feature):특정 직업을 가진 사람에 초점, 직업 소개, 성공담, 적성 찾기
- 문화특집(Culture feature):스타 영화배우, 팝 가수 이야기. 이들의 연기, 가십, 성공 스토리, 인물 등을 다룬다.
- 라이프 스타일특집(Life Style feature):패션 트렌드, 라이프 스타일, 집 단장 등을 다룬다.
- 과정특집(Process feature):어떤 일을 하는 과정에 초점
- 취미특집(Hobby feature):사람의 취미에 초점
- 역사특집(Historical feature):과거 역사나 역사적 사건을 되짚는다.
- 경험특집(Experience feature):필자나 주인공이 직접 체험한 일에 대해 쓴다.
- 용법특집(News to Use feature):무슨 일을 어떻게 하거나 어떻게 만드는지에 대한 기사
- 흥미특집(Human Interest feature):사람들이 흥미를 느끼는 일들에 대한 기사
- 프로그램특집(Program feature):프로그램,단체,조직에 관한 기사
- 유행특집(Fads):최신 유행에 관한 특집
- 문제특집(Problem):어떤 문제가 왜 생기는지 근원을 따지는 특집
- 장소특집(Place):건물이나 레스토랑,도시 등 흥미를 끌거나 특별한 장소를 다룬 특집

- 뉴스특집(Featurized news): 뉴스를 특집으로 다룬다. 하드 뉴스를 골라서 사람들이 흥미를 느끼도록 초점을 바꾸어 소프트 뉴스처럼 다시 쓴다.

4 특집기사의 문장 구조

글쓰기 전 점검할 사항

글의 주제가 정해지고 취재가 끝나면 글쓰기에 들어가기 앞서 글의 윤곽을 정한다. 미국 언론인 샐리 애덤스(Sally Adams)는 특집기사 쓰기에 착수하기 전 다음 사항들을 미리 점검하라고 권한다.

- 취재 내용 중에서 가장 놀라운 사실(the most startling fact)은 무엇인가?
- 가장 중요한 사례는?
- 가장 관심을 모으는 인용문은?
- 독자들이 "야, 이런 일이 있었단 말이야!"라는 반응을 보일 내용은?

문장 구성　　**① 초점 대상**

특집기사는 도입부, 본문, 결말로 나누어진다. 그리고 주제, 아이디어(idea), 주장하고 싶은 내용과 초점을 맞춘 대상이 있어야 한다. 그 대상은 개인이나 단체, 사물, 장소 등 무엇이나 될 수 있다. 이 초점 대상의 눈으로, 그들의 입장에서 사건이나 사물을 관찰하는 것이다. 도입부를 쓸 때부터 이 초점 대상과의 관계를 잊지 않도록 한다.

다음은 변호사들의 소득탈루를 파헤친 고발성 특집기사다. 이 기사의 초점 대상은 변호사들의 소득탈루이다. 기자는 리드에서부터 본문에 들어가는 사례, 인용문, 결론에 이르기까지 모든 정보를 이 초점대상과 결부지어서 이끌어나간다.

제목: '관행'이란 이름으로…변호사 소득탈루 백태

우리 사회 대표적인 고소득층인 변호사들의 소득은 여전히 '비밀' 상태다. 고질적이고 만성화된 변호사들의 소득 탈루는 수십년 동안 계속되고 있지만 좀체로 제도적 개선이 이뤄지지 않고 있다. 이용훈 대법원장의 소득신고 누락은 이런 현실의 빙산의 일각을 드러냈을 뿐이라는 지적이다.

◇소득 탈루 실태=지난해 증권거래법 위반 혐의로 불구속기소된 펀드매니저 김모씨(40)는 1심에서 징역 1년의 실형과 함께 법정구속됐다. 김씨는 개업 3년차 되는 신참 변호사에게 사건을 맡겼다가 '화'를 당했다고 생각했다.

2심에서는 주변의 권유를 받고 고법 부장판사 출신의 변호사와 수임계약을 맺었다. 착수금 4000만원에 집행유예로 풀려나면 성공보수금으로 3000만원을 더 주기로 한 조건이었다. 재판장은 "큰아이가 아프다고 하는데 괜찮으냐"고 호의적으로 나왔고 결국 2심에서 집행유예로 풀려났다. 약속한 성공보수금을 입금시키려고 전화를 걸자 변호사는 개인계좌번호를 불러주면서 "이쪽으로 입금시키라"고 했다. 착수금을 입금한 법무법인 계좌와는 다른 것이었다. 김씨는 "변호사의 의도가 뭔지 알아챘지만 풀려난 것만으로도 고마워 다른 생각을 할 겨를이 없었다"고 말했다.(이하 생략)

② 도입부(리드)

우리 사회 대표적인 고소득층인 변호사들의 소득은 여전히 '비밀' 상태다. 고질적이고 만성화된 변호사들의 소득 탈루는 수십년 동안 계속되고 있지만 좀체로 제도적 개선이 이뤄지지 않고 있다. 이용훈 대법원장의 소득신고 누락은 이런 현실의 빙산의 일각을 드러냈을 뿐이라는 지적이다.

앞의 기사보기에서 리드 부분이다. 딱딱한 5W 1H 대신 글의 취지를 여유 있게, 간접적으로 소개했다. 이처럼 특집기사의 도입부 혹은 리드는 뉴스문장에 비해서는 한결 느슨한 느낌을 준다. 또한 어떻게 쓰는 게 효과적이냐에 따라 다양한 스타일을 도입할 수 있다. 리드에서부터 독자들을 기사 속으로 유인하고, 놀라게 만들고, 충격을 줄 수 있어야 한다. 리드의 가장 중요한 원칙과 역할이라면 독자들이 기사를 계속 읽도록 만드는 것이다. 아울러 기사에서 쓰려는 내용이 무엇인지를 분명하게 밝힌다. 물론 여기에는 여러 기법이 있다. 리드에서는 큰 그림을 분명하게 밝히지 않고 작고 사소한 사례만 맛보기로 소개함으로써 독자들의 호기심을 자극하는 수도 있다.

③ 핵심내용

뉴스문장과 마찬가지로 사실, 인용문, 묘사, 사례, 견해, 분석 같은 핵심내용이 문장을 구성한다. 물론 이 요소들이 모두 독립적으로 등장하는 것은 아니다. 예를 들어 사실이 묘사 안에 포함될 수 있고, 견해나 사례를 소개할 때 인용문이 들어갈 수도 있기 때문이다.

- 사실(Facts)

사실은 뉴스문장의 기본요소이고 특집기사도 예외가 아니다. 사실을 소재로 함으로써 특집기사는 창작과 구분된다. 가격, 퍼센트, 판매고, 날짜, 화학물질, 경기결과, 판결 등등 수치나 통계, 기타 복잡한 내용이 많이 들어가는 사실의 경우에는 취재한 내용을 모두 기사화시켜서 독자들을 질리도록 만들지 말고, 적절한 수준에서 취사선택한다. 일부만 본문에 포함하고 상세한 수치는 별도 표나 박스로 처리하는 방법도 있다.

- 인용문(Quotes)

인용은 인용한 대상이 필자 대신 말하도록 만드는 기법이다. 글에 생명력과 극적인 요소를 불어넣어 줄 뿐 아니라, 전문가의 말을 인용할 경우 글의 권위와 신뢰도를 높여 준다. 취재한 인용문 중에서 어떤 부분을 직접 인용하고, 어떤 부분을 필자가 소화해서 풀어서 쓸지 결정해야 한다. 단순하고 일반적인 내용까지 일일이 직접 인용할 필요는 없다. 인물소개 기사의 경우에는 가급적 직접 인용을 많이 해서 독자들이 해당 인물의 목소리와 인물됨을 직접 느낄 수 있도록 한다.

- 묘사(Description)

묘사는 필자가 자신의 목소리를 내는 대신 상황, 현장, 인물을 생생하게 있는 그대로 묘사해 줌으로써 상황에 대한 판단을 독자들에게 맡기는 기법이다. 글쓰는 이가 보고 듣고 느끼고 냄새 맡은 것을 독자들이 그대로 체험하도록 해주는 것이다. 이때는 일반적이고 두루뭉수리한 표현이 아니라 구체적이고 상세한 묘사가 되도록 해야 한다. 뉴스문장에서는 쓰기가 사실상 불가능한 기법으로 언론문장 중 특집기사만이 누릴 수 있는 특권이다.

이같이 서술묘사를 하는 기사를 쓰는 경우에는 취재하는 동안 느낌이나 세세한 정경을 꼼꼼하게 메모하는 게 중요하다. 아무리 깊은 감동을 받은 장면도 일정 시간이 지나서 되살리려고 하면 제대로 기억이 나지 않는 경우가 많기 때문이다. 메모를 꼼꼼하게 하는 것도 좋지만, 취재 다닐 때 소형 녹음기를 손에 들고 그때그때 자신이 받은 감동이나 현장묘사를 꼼꼼하게 녹음하는 것도 한 방법이다.

- 사례(Anecdotes)

사례는 기사 안에 들어 있는 또 하나의 이야기이다. 사례들은 재미있고 흥미로우면서 정보를 담고 있고, 때로는 충격적일 수 있다. 사례들은 특정 사건에 대해 관련된 사람들이 어떤 충격을 받았고, 어떤 반응을 보였는지 보여준다. 작은 사례들은 전체의 큰 그림을 이해하는 데 도움을 준다. 뿐만 아니라 재미있는 작은 사례들 때문에 독자들이 기사를 계속 읽게 되는 효과도 있다.

- 의견(Opinions)

특집기사는 뉴스문장에 비해 글쓰는 이의 의견이 더 많이 반영된다. 뉴스문장이 가능한 한 객관적이고 중립적인 입장에서 사실에 접근한다면 특집기사는 글의 특성상 어느 정도 자신의 입장 반영이 허용되는 것이다. 물론 여기에는 한계가 있고, 그 한계는 해당 매체, 가까이는 데스크나 편집국장의 편집방침에 의해 결정된다. 해당 언론사에 소속된 기자이건 그 매체에 기고하는 자유기고자의 입장이건 글쓸 때 이 한계를 정확하게 이해하고 그 기준에 맞추어서 글을 써야 함은 물론이다.

- 분석(Analysis)

특집기사에서는 의견과 함께 사건의 분석도 중요한 요소를 차지한다. 분석은 전문가가 제공해 줄 수도 있고, 사건에 관련된 일반인도 직접 체험을 통해 얻은 귀중한 분석을 제공해 줄 수 있다. 글쓰는 사람 본인의 분석이 들어갈 수도 있다.

매체 스타일　　　　특집기사의 경우 글쓰는 이의 개인적 의견이나 분석이
　　　　　　　　어느 정도 허용되는지는 매체에 따라 다르다. 글쓰기
전에 이를 정확하게 이해하는 것이 필요하다. 다음의 요소들을 미리 점검해
본다.

- 현재 시제를 쓰는가, 과거 시제를 쓰는가?
- 일인칭 '나' 혹은 '필자' 라는 표현을 쓰는가?
- 독자들에게 가장 기본적인 지식까지 제공하는가, 아니면 독자들이 어느 수
　준에 도달해 있다고 간주하고서 글을 쓰는가?
- 단락의 길이는 어느 정도로 하나?
- 인용문을 쓸 경우, 말하는 사람의 이름을 인용문 앞에 쓸지, 중간에 쓸지, 아
　니면 나중에 쓸지
- 축약어는 어떻게 쓰는가?

　　스타일북(style book)이 만들어져 있는 경우에는 그것을 참고로 하면 되지
만, 한국 언론 매체들의 경우 일부 신문사들이 만들어 놓고 있으나 실제로 이
용되는 경우는 드물다. 기자들 대부분이 스타일북에 들어 있는 내용은 자기
머릿속에 모두 들어 있다고 생각하기 때문이다. 교열부 기자들이 책상머리에
두고 참고로 하는 정도이다. 기타 외래어 보도용어집, 문법용례집 등이 이용
되고 있는 정도이다.
　　스타일에 대한 이해를 하고 나면 취재된 글의 주요 요소들을 하나의 기사로
엮는 작업에 들어간다. 특집기사의 경우 기사 전체가 하나의 모자이크처럼 들
어맞아야 한다. 자신이 글을 싣고자 하는 신문에 실린 특집기사를 택해서 도
입부, 사실, 인용문, 묘사, 사례, 의견, 분석, 마무리가 어떻게 짜여 있는지 꼼

꼼하게 분석작업을 해 보는 게 좋다. 그리고 각 단계별로 어떤 접속어로 연결이 되어 있는지 등을 분석한다.

5 특집기사 작성 요령

**특집기사
쓰는 순서**

① 주제 선정

주제는 학술논문의 주제 선정과 유사하다. 기사 전체를 통해 일관되고 통일된 주제를 유지해야 한다. 주제 선정 때는 다음의 몇 가지 요소를 고려한다.

- 전에 다룬 적이 있는 주제인가? 해당 매체에서 다룬 지 얼마 되지 않았거나, 경쟁지에서 특집으로 다룬 주제는 피한다. 가장 좋지 않은 것이 바로 경쟁지에 실린 아이디어를 따라 하는 '뒷북치기'다.
- 독자들한테 영향력이 있는 주제인가? 독자들한테 호소력이 있어야 함은 물론, 사회적으로 파장을 미칠 수 있는 주제를 찾도록 한다.(예:공기업 개혁 문제, 국방개혁, 대통령선거 가상 시나리오, 국민연금 부실문제)
-보도할 가치가 있는가? "그래서 어쨌다는 거지?"라는 물음에 답할 수 있는 주제여야 한다.

② 독자를 끌어들이는 리드

특집기사의 리드는 한 단락 이상으로 하되 5W IH는 포함시키지 않는다. 이를 리드 블록(lead block)이라고 한다. 리드의 목적은 기사의 톤을 정하고, 독자들의 관심을 끌기 위한 것이다. 특집기사의 경우 요약 리드가 최선은 아니다. 기사의 핵심 요소들을 리드에 배치하는 대신, 특집기사에서는 리드가 독자들을 기사 속으로 끌어들이는 분위기 조성 역할을 한다. 독자들의 흥미를 자극하는 사례 소개로 시작할 수도 있고, 직접 인용문을 리드에 앞세우기도 한다. 도입부는 세 단락을 넘지 않도록 한다.

뉴스 문장은 리드에 핵심 주제가 모두 들어 있다. 반면 특집기사는 이렇게 2~3 단락의 도입부를 먼저 쓴 다음 핵심 의제인 넛 그래프를 써 준다. 핵심 의제가 나타나고 본문으로 들어가면 술술 읽혀진다. 하지만 그때까지 몇 단락은 기다려야 하는 것이다.

③ 넛 그래프 nut graph

뉴스 페그(news peg)라고 부르는 기사의 의미는 보통 3~4번째 단락에다 쓴다. 이를 넛 그래프(nut graph)라고 한다. 넛 그래프는 기사를 쓰는 이유를 설명하는 것이기 때문에 '그래서? 그래프'(so what? graph)라고도 하는데 특집기사에서는 빠져서 안 되는 중요 부분이다. 넛 그래프는 기사 앞부분에 써 주어야 한다. 독자가 10~11단락을 읽어 내려가기까지 무엇에 대한 특집기사인지를 밝히지 않으면 곤란하다. 독자들은 그렇게 오래 기다려 주지 않는다.

도입부는 개별 사안을 소개하는 반면, 넛 그래프에서는 이 개별 사안이 어떻게 큰 조류와 연결되는지, 혹은 글의 전체적인 의도와 어떻게 맞아떨어지는지를 설명한다. 다시 말해 넛 그래프는 기사의 핵심 내용이며, 기사에서 가장 중요한 대목이기도 하다. 월스트리트 저널의 작가 겸 에디터인 켄 웰스(Ken Wells)는 넛 그래프를 이렇게 설명한다. "무엇에 관한 기사이며, 왜 우리가 이 기사를 읽어야 하는지를 나타내는 단락이다. 독자들이 볼 수 있도록 기사에 높이 꽂아놓은 깃발과 같은 것이다. 기사를 계속 읽을 수도 그렇지 않을 수도 있지만, 넛 그래프를 읽고 그만 두어도 무슨 기사인지는 알 수 있다."

다음 기사 보기에서는 도입부 3개 단락에 이어 넛 그래프가 등장한다. 도입부에서 개별 사례를 소개한 다음 넛 그래프에서 이 개별 사안을 먼저 소개한 의도가 드러난다.

제목: (시리즈) 대학 구조조정시대-벼랑끝의 지방대

  컴퓨터를 전공한 전북의 모 전문대 K교수는 올해 1학기부터 애완동물 관련학과 교수로 변신했다. 수년째 신입생을 절반도 채우지 못한 컴퓨터학과는 올해 폐과됐다.
  K교수는 "학과가 없어져 실업자가 되는 다른 대학의 동료 교수들을 생각하면 학교에 남게 된 것만도 다행"이라고 말했다.
  강원 D대 환경공학과는 올해 신입생이 1명이었다. 교수는 6명. 4개 단과대 22개 학과 규모의 이 4년제 대학은 올해 모집정원 1062명의 29.6%인 314명만이 입학했다. 7개 학과가 있는 공대의 경우 교수 45명이 신입생 45명을 가르친다. 신입생이 1명도 없는 학과도 있다.
  교육인적자원부가 31일 발표한 대학구조개혁 방안은 '지방대 살리기'가 핵심이다. 모집정원을 절반도 채우지 못할 정도로 경쟁력이 없는 지방대에 메스를 대겠다는 것이다.
  교육부에 따르면 2004년 고교 졸업자는 58만여명으로 전문대를 포함한 대학입학 정원 65만4308명을 크게 밑돌고 있다. (이하 생략)

다음 기사에서는 도입부 2개 단락에 이어 넛 그래프가 등장한다.

제목: "내년이 황금돼지해?"… 유아복 · 분유업체 바빠졌다

  출산용품 및 유아복 브랜드 전문매장 '아이들 천국'을 운영하는 정연어패럴 직원

들은 요즘 한껏 기대에 부풀어 있다.

"내년 유아복 수요가 늘 것 같으니 가맹점을 차리겠다"는 문의 전화가 쏟아지고 있기 때문이다. 이 회사 이종용 사장은 "황금돼지해를 앞두고 불황을 덜 타는 키즈 비즈니스 창업을 바라는 예비 가맹점주들이 늘어났다"고 했다.

황금돼지 붐이 관련 기업들을 설레게 하고 있다. 600년 만에 돌아온다는 황금돼지의 해에 태어나는 아이들이 재복(財福)을 타고난다는 근거 없는 속설(俗說)이 인터넷을 타고 무섭게 퍼지고 있기 때문이다.

가장 크게 영향받는 곳은 유아복과 분유업체들이다. 이들은 '내년이 진짜 황금돼지해가 맞느냐'는 논란에는 관심이 없다. 올해 입춘이 두 번 겹치는 쌍춘년으로 결혼하면 행복하게 잘산다는 소문이 돌면서 결혼 붐을 불러일으킨 '속설의 파워'를 잘 알기 때문이다. (이하 생략)

기사를 쓸 때 넛 그래프를 만들어 넣기가 쉬운 일은 아니다. 특히 무엇을 쓸지에 대해 명확한 그림이 그려지지 않은 상태에서 글쓰기를 시작할 경우에는 더욱 더 어렵다. 글쓰기에 들어가기 앞서 "무슨 기사를 쓸 것인가?"라는 질문을 스스로에게 던진 뒤 한마디로 답을 찾도록 해 본다. 지방대 통폐합? 혹은 대통령의 레임덕? 재벌규제? 희생? 가족사랑? 잘 쓴 글은 하나의 확실한 인상을 독자들에게 준다. 필자의 '시각'(angle)이 글에 선명하게 나타나야 한다는 말이다.

④ 본문 쓰기

일단 주제를 정한 다음에는 주제에 집중해서 취재를 해야 효과적인 취재가 된다. 이것저것 다 건드리려 하다 보면 시간만 걸리고 정작 필요한 핵심 사항을 놓치는 경우가 많다. 취재를 마친 다음 글쓰기에서도 마찬가지로 핵심 주제에 집중해야 한다.

넛 그래프를 통해 기사의 의도를 밝힌 다음부터 본문 작성에 들어간다. 특집 기사에서는 뉴스문장처럼 역피라미드 형식이 아니라 취재한 정보를 여러 단락에 걸쳐 연대기식으로 혹은 논리에 맞게 죽죽 써내려가면 된다. 중요한 정보 순서대로 쓸 수도 있다. 아울러 특집기사에서는 취재원, 특히 전문가의 말을 가능한 한 많이 직접 인용하는 것이 좋다. 직접 인용은 글에 생동감과 현장감을 주고 글의 신뢰도를 높여 준다.

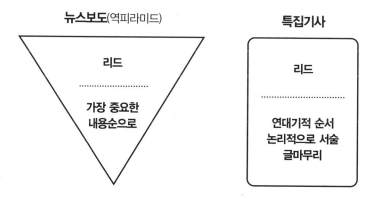

뉴스보도(역피라미드)

리드

가장 중요한
내용순으로

특집기사

리드

연대기적 순서
논리적으로 서술
글마무리

⑤ 마무리 Pay-off

마무리는 기사를 끝까지 읽어준 독자한테 주는 일종의 보상(Pay-off)이다. 역피라미드 구조로 쓰는 뉴스문장의 경우 기사 끝에 들어가는 것은 가장 덜 중요한 내용이다. 이와 달리 특집기사는 리드와 함께 필자가 가장 심혈을 기울이는 부분이다. 전체 내용을 한 번 더 요약하는 수도 있지만 극적인 반전을 만들기도 하고, 가장 인상 깊은 인용문이 소개되는 수도 있다. 어떤 경우든 독자들로 하여금 기자가 이제 더 이상 쓸거리가 없는 모양이구나, 혹은 더 이상 쓰고 싶지 않은 모양이구나 하는 느낌이 들도록 해서는 안 된다. 독자들의 눈길을 한 번 더 확 끌어당길 수 있는 표현이나 내용으로 마무리가 되어야 한다.

⑥ 글 다듬기

특집기사의 경우 대개 마감시간까지 여유를 두고 쓰기 때문에 기사를 데스크한테 넘기기 전에 몇 번이고 읽어서 고치는 윤문작업에 버릇을 들여야 한다. 맞춤법, 띄어쓰기, 철자, 비문, 사투리 등등 보면 볼수록 몇 번이고 고칠 곳이 나오는 게 글이다. 사전 찾는 것을 귀찮아하거나 부끄럽게 생각해서는 안 된다. 아무리 정성들여 쓴 글이라도 오탈자 하나가 그 글 전체에 대한 독자들의 신뢰를 땅에 떨어뜨린다는 사실을 명심해야 한다. 다음은 특집기사를 전문으로 쓰는 미국 여류 언론인 데비 센지퍼(Debbie Cenziper)가 소개하는 '기사 넘기기 전에 점검해야 할 사항'이다. 첫째, 기사의 리듬과 흐름이 자연스러운지. 둘째, 기사 내용과 글에 인용한 사람들의 말이 정확하게 반영됐는지. 셋째, 기사에 쓴 모든 내용이 자신이 취재한 내용과 일치하는지. 이렇게 해서 반드시 세 번 이상 읽어 본다는 것이다.

가까운 동료나, 집에서 작업할 경우에는 배우자 등 가까운 사람한테 글을 한 번 소리 내어 읽어달라고 부탁하는 것도 좋은 방법이다. 굳이 글을 직업적으로 쓰는 사람이 아니더라도 그 사람을 첫 번째 독자라고 생각하고 한 번 보이는 게 도움이 된다. 읽는 사람이 문제점을 지적해 줄 수도 있고, 남이 읽는 것을 듣고 필자가 문제점을 잡아낼 수도 있다.

관련 박스 쓰기　　특집기사는 기사만 쓰는 수도 있지만, 독자들이 내용 파악하기에 도움이 되도록 다양한 소박스를 함께 써 줄 수가 있다. 특히 원고지로 분량이 15매~20매 되거나 한 면을 한 기사로 채울 경우에는 독자들이 읽기에 벅찬 느낌을 준다. 이런 경우 소박스를 2~3개 붙여주는 경우가 많다.

소박스나 사이드바(sidebars)에는 주로 다음과 같은 내용을 담는다.

  - 주요 내용 요약

  - 기사내용을 일목요연하게 나타내는 차트나 목록

  - 사건을 시간대별로 정리한 사건일지:대형 지진이나 테러사건 등의 경우 과

    거에 일어난 주요 사건 일지를 표로 만들어 넣는 경우가 많다.

  - 주요 발언내용 요약

  - 전문가 조언이나 추가 정보를 얻을 수 있는 방법 안내

6 특집기사 문장의 특징

특집기사는 뉴스보도보다 주제를 좀 더 깊이 파고들 시간과 공간이 있다. 주제도 대부분 긴급하게 보도해야 할 성질은 아니다. 하루 이틀, 일주일 정도의 시간적 여유를 갖고 취재를 시작한다. 특집기사는 대부분의 경우 뉴스는 아니다. 해외여행 안내나 유명인사와의 대담 등도 여기에 속한다. 심각한 주제를 다루더라도 새로운 뉴스를 터뜨리기보다는 배경정보나 분석을 위주로 보도한다.

대부분의 특집기사는 여러 개의 단락으로 구성된 도입부와 2~3개 섹션으로 구성된 본문, 그리고 결론으로 나뉜다. 그렇기는 하지만 특집기사는 표현방식에 있어서 매우 자유스러우며 뉴스문장과는 달리 다양한 스타일을 구사한다. 문장의 난이도 면에서도 뉴스문장은 일정 수준을 유지해야 하지만 특집기사는 난이도와 정밀도에 있어서도 다양성을 크게 발휘할 수 있다. 기사 곳곳에 직접인용문, 관찰(observations), 추가 배경정보를 배치한다. 단락은 연대

기 순으로 쓰거나 아니면 중요도에 따라 써나가되 분명하고 간결하게 쓴다. 브루스 이튤과 더글러스 앤더슨(Bruce Itule &Douglas Anderson)의 저서 News Writing and Reporting for Today's Media에 나온 내용을 요약한다.

연결 실 이용

기사의 연결 실(thread)을 설정해 주제를 일관성 있게 이끌어 주는 역할을 하도록 만든다. 연결 실은 기사 첫머리와 본문, 결론을 연결한다. 특집은 보통 일반기사보다 길이가 길기 때문에 뜨개질처럼 기사 전체를 관통하는 줄거리를 함께 묶는 것이 효과적이다. 이 연결 실은 어떤 개인이 될 수도 있고, 사건이나 사물이 될 수도 있는데 이것이 주제를 부각시켜 준다.

전환용어transition 이용

전환용 단어나 문장, 직접 인용문을 이용해 단락과 단락을 서로 연결한다. 여러 명의 인물이나 여러 사건들을 심층탐구하는 긴 특집기사에서는 특히 전환용어가 중요하다. 전환용어는 단락 이동 때 독자들이 헷갈리지 않도록 하고 자연스런 이동을 도와주는 역할을 한다.

가능하면 대화체 사용

특집에서는 픽션과 마찬가지로 기사의 전개를 위해 흔히 대화체를 사용한다. 물론 픽션과 달리 특집기사에서는 대화를 임의로 만들어내면 안된다. 취재하면서 대화까지 취재해야 한다. 기사에서 훌륭한 대화는 훌륭한 관찰자 역할을 한다. 대화체는 독자들로 하여금 기사에 등장하는 핵심 배역들과 밀접한 관계를 유지하도록 강력한 정신적 이미지를 제공한다.

자신의 목소리를 낸다

특집 기사에서 일관성을 유지시켜 주는 또 다른 핵심요소는 필자 자신의 스타일이라 할 수 있는 자신의 목소리를 내는 것이다. 목소리는 필자의 개성으로 컬러와 톤, 미묘한 감정적인 해석을 기사에 불어넣는데 이용된다. 목소리는 조심스레 내야 한다. 필자의 독특한 목소리를 뉴스 기사에 노골적으로 집어넣는 것을 독단 저널리즘(gonzo journalism)이라고 하는데 이는 피해야 한다. 자신의 목소리는 객관적인 표현에 감추어서 독자들이 행간을 읽어내도록 한다.

리드로 돌아가서 마무리

특집은 뉴스 보도처럼 꼬리를 자르듯 끝낼 수도 있고, 클라이맥스로 끝낼 수도 있다. 하지만 특집은 리드가 시작한 곳에서 개인이나 사건으로써 마무리하는 게 좋다.

다음 기사에서는 미국의 새 안보개념을 설명하는 데 하와이 태평양사령부를 연결 실로 사용했다. 도입부에서 진주만의 사례를 소개한 뒤, 결론부에서 레이건 항모 사례를 인용함으로써 리드와 결론부를 서로 연결시키는 효과를 냈다.

특집기사를 문장 구성 항목별로 분석해 본다

제목	미국식 '전쟁과 평화'
소제목	美, 중간지대 不容… '강자코드' 요구

블러브(blurb)
글을 쓴 취지와 취재과정 및 배경을 설명한다. 평이한 사실들로 설명할 수도 있고, 본문에 나오는 대표적인 직접인용문을 소개하기도 한다.

북핵문제로 한반도 주변의 안보불안감이 여느 때보다 높아가고 있다. 이××국제부장이 13일까지 1주일간 주한 미대사관과 한국언론진흥재단 공동주최 하와이 한·미 관계 세미나에 참석, 미 태평양사령부의 고위장교, 현지 한반도 전문가들과 다양한 의견을 나누었다. 많은 전문가들은 힘을 바탕으로 한 미국의 새 안보개념 등장으로 북한의 핵계획 포기없이 한반도의 안보 긴장이 해소되기는 힘들 것이라는 비관적인 전망을 내놓았다.

리드
두 단락 리드를 썼다. 주제 관련 5W 1H 대신 독자들에게 화제가 되는 사례(anecdotes) 혹은 에피소드(episodes)인 '진주만'을 두 단락에 걸쳐 소개했다. 독자의 흥미를 유도하고, 필자가 이전에도 같은 곳을 취재했음을 밝힘으로써 글의 신뢰도를 높이는 간접효과를 노렸다.

2년 전 7월, 하와이를 찾았을 때 미국민들의 최대 화제는 초대작 영화 '진주만'이었다. 일본의 진주만 기습 당시 미 해군장교와 간호사의 슬픈 러브 스토리를 다룬 영화지만 바탕에는 '진주만을 잊지 말자.'는 메시지를 담은 카우보이식 대작이었다. 당시 태평양사령부의 안내 장교는 영화 촬영지 곳곳으로 기자를 안내하며 신나했다.

그러나 2년 뒤인 지금 하와이에서 '진주만'을 이야기하는 사람은 없다. 1941년 일본의 기습때 진주만에서 사망한 미군은 2400여명에 이른다. 그중 절반에 달하는 1177명이 전함 애리조나호와 함께 수장당했다. 그러나 2년 전과 달리 '애리조나 추모관'의 기록영화 설명을 맡은 안내 수병은 "일본과 미국은 테러응징의 최고 우방으로 거듭 태어났다."는 말을 몇 번이나 강조했다.

넛 그래프
글의 주제를 소개한다. 리드에 소개하는 사례에 대해 "그래서 어쨌다는 거지?(so what?)"라고 할 독자들의 물음에 답하는 부분이다.

그 사이 일어난 2001년 9·11테러는 안보와 관련된 미국민들의 인식을 180도 바꾸어 놓았다. 적과 동지의 구분법은 완전히 바뀌어 테러국과 테러 지원국은 적으로, 그 반대쪽 미국의 편에 동조하는 나라는 우방으로 분류된다. 중간지대는 용납되지 않는다. 미국 이외의 모든 나라들이 양자택일을 요구받고 있다.

여기서부터 본문이 시작된다. 특집기사에서 본문은 여러 개 단락에 걸쳐 계속된다. 취재한 내용을 연대기적으로 써내려간다.

본문에서 담당자의 말을 직접인용함으로써 기 사 의 인격화(personalize)를 시도하고, 독자들에게 생동감을 안겨 준다. 증인과 전문가의 말을 직접 인용하는 것은 특집기사의 필수요건이다. 아울러 취재한 내용을 연대기적으로 서술했다.

미 태평양사령부는 미군이 보유하고 있는 전체 9개 연합사령부중 하나지만 주한 미군이 소속돼 있는 것 외에도 아시아·태평양과 서남아에 이르기까지 모두 42개국을 작전 관할 지역으로 하고 있어 그 중요성에 있어서는 단연 으뜸이다. 사령부 전략정책기획국 J5의 동북아 국장인 개리 스타트 대령은 역내 미군의 임무도 테러위험이 높아지며 역내 국가간 상호협력 확대, 평화와 번영, 민주적 가치증진 등으로 바뀌고 있다고 설명했다.

주한미군 재배치도 이러한 전략개념의 변화와 맞물려 있다. 그는 2사단의 한강 이남 재배치도 전체 주한미군 통합작업의 일환으로 보아야 한다고 설명한다. 48개 기지를 2개 허브로 묶는 작업의 일환으로 이전이 추진된다는 것이다. 왜 굳이 한강 이남이냐는 질문에 그는 "3만 8000명을 적 공격의 직접 피해지역이 될 한강 이북에 모으는 것은 작전개념상 난센스"라는 말로 일축했다.

제25사단은 미군이 자랑하는 최정예 경보병 사단이다. 한국전 초기에 참전해 휴전때까지 싸웠고 마산전투에서 승리, 부산 사수에 결정적인 공을 세운 부대다. 사단 참모장 찰스 웨버(가명) 대령은 테러전에 투입될 최정예 기동타격부대의 훈련장을 제일 먼저 보여주었다. 모의 도시에서 시가전 훈련시범을 해보였다. 전쟁에 테러응징과 시가전 개념이 본격 도입된 것은 전략전술상의 획기적인 변화라고 그는 설명했다.

미군의 이러한 전략개념 변화는 냉전 종식 이후 꾸준히 논의돼온 것이다. 그러다 육군의 경량화, 해·공군력 강화를 주장하는 도널드 럼즈펠드 국방장관의 등장으로 탄력을 받게 된다. 그리고 9·11테러로 돌이킬 수 없는 대세가 됐다. 하지만 이곳의 많은 장교들은 지난 대선 과정에서 노무현 대통령의 동등한 한·미동맹 요구 발언으로 재배치에 속도감이 붙었다는 말을 굳이 숨기지 않았다.

웨버 대령은 한국에서 3년을 근무, 한국군의 전력에 대해 누구보다도 잘 안다고 했다. 그는 "지금 한미연합군 의 임무중 98%는 한국군이 리드한다."면서 주한미군 재배치는 이러한 현실을 반영하기 위한 역할 재조정의 일환이라고 말했다.

그러면서도 그는 반미 정서가 재배치의 속도에는 영향을 미쳤을 것이라는 점을 부인하지 않았다. 반미 정서가 주한 미군의 사기에 영향을 미치느냐는 질문에 그는 "자유와 민주·번영이라는 공동의 가치를 지키기 위한 우리의 노력이 제대로 평가받지 못하고 있다."는 말로 대신했다.

북한 핵과 대량살상무기(WMD)처리를 군사전략의 범주로 끌어들인 것은 지난 5월 조지 W 부시대통령이 제시한 대량살상무기 확산방지구상(PSI)과 선제공격 개념이다. 테러행위 응징과 함께 테러 방지, 테러리스트들의 WMD입수를 원천봉쇄한다는 개념이 포함돼 있다. 마약밀매와 위조지폐 거래를 막아 테러자금을 원천봉쇄하는 것도 마찬가지 목적이다. 북한이 제1타깃이다.

부차적 배경정보로 이동

다소 일반적인 배경정보로 이동한다. 태평양 사령부 이야기는 여기서 끝내고 장소를 동서문제연구소로 옮겨갔다. 이는 전혀 다른 독립된 섹션이다. 독자가 핵심주제를 이해하는 데 필수적인 정보는 아니지만, 이 글을 쓰는 동기와 목적을 보다 선명하게 이해하는 데 도움이 된다.

하와이대 동서문제연구소의 알렉산드르 만수로프 교수는 부시행정부의 대북정책 입안자들은 한마디로 '시간은 미국 편'이라는 시각을 갖고 있다고 단언한다. 그러면서 일관되게 북한에 대한 고립, 압박정책을 밀어붙일 것이라고 확신한다. 이 과정에서 북한에 대한 지원정책을 고수하는 한국정부의 입장은 끊임없이 한·미 긴장관계를 유지시켜 나갈 것이라고 내다보았다.

새 안보전략의 또 다른 축은 다자 대응이다. 많은 전문가들은 북한이 핵개발 프로그램과 관련, 자기들의 주장을 계속 번복하며 상대를 혼란시키는 전략을 구사하고 있다고 지적했다. 그래서 미국은 북한에 대해 어떤 신뢰도 갖고 있지 않으며 핵개발과 관련한 북한의 어떤 주장도 미국은 곧이듣지 않을 것이라고 단언했다. 신뢰없이 양자회담은 불가능하다. 양자회담을 요구하는 북한 역시 "시간을 끌며 부시 이후를 기다리는 것"이라고 그는 말했다.

마무리

마무리를 절대로 쓰다 만 것처럼 끝내서는 안 된다. '레이건항모'는 글의 첫머리에 소개된 영화 '진주만' 관련 사례와 대칭되는 구절이다. '마무리는 리드로 돌아가라'는 원칙과 일치한다. '국익은 또 다른 고려사항이다. 선택은 우리의 몫이다.'가 필자의 목소리(voice)인 동시에 결론이다.

하와이를 떠나는 날 아침 미 방송들은 미국 역사상 최초로 생존하는 전직 대통령의 이름을 딴 항공모함 취역식을 생중계하고 있었다. 승선인원 6000명의 이 핵추진 항모는 재임중 해군 전력증강을 유달리 강조한 로널드 레이건의 이름을 땄다. 병상에 있는 레이건을 대신해 낸시 레이건 여사가 축사에서 "남자들이여, 이 여인(항모)에게 생명을 불어넣으라."고 외치자 수백명의 수병들이 항모로 뛰어오르는 장관을 연출하며 배에 '생명'을 불어넣었다.

항모 허리에는 "평화는 힘으로 지킨다."는 대형 구호가 나붙어 있었다. 레이건이 주창했고 부시 대통령, 나아가 지금의 미국이 추구하는 전쟁과 평화의 논리다. 한국을 포함, 많은 나라들이 미국식 '강자의 코드'를 요구받고 있다. 이 코드가 반드시 정의일 수는 없지만 국익은 또다른 고려사항이다. 선택은 우리의 몫이다.

9강
보도자료를 활용한 글쓰기

1 보도자료 활용하기

정부 각 부처를 비롯해 정부 산하 공기업, 사기업, 각종 비정부기구(NGO) 단체들로보터 매일 많은 양의 보도자료가 언론사로 보내진다. 개인도 예외가 아니다. 정치인을 비롯해 연예인, 작가들도 보도자료를 보내는 주요 주체들이다. 관공서나 단체가 내는 보도자료 내용은 담당 기자가 이미 파악하고 있는 경우가 많다. 하지만 수많은 단체의 활동을 취재기자들이 사전에 모두 파악하고 있기란 불가능하기 때문에 취재기자나 언론사로 보내오는 보도자료 내용은 꼼꼼히 살펴보고 기사화 여부를 판단해야 한다.

보도자료란　　　　　온라인 백과사전 위키피디아(Wikipedia)에 실린
　　　　　　　　　　　내용을 토대로 보도자료의 정의를 소개해 본다. 보
도자료는 영어로 news release, press release, press statement 등으로 표현
되며, 뉴스가치가 있는 정보가 언론에 보도되도록 할 목적으로 언론사에 제공
되는 자료를 가리킨다. 보도자료가 제공되는 방법으로는 우편이나 택배, 팩
스, 이메일 등이 이용되며 긴급한 경우에는 담당 기자에게 직접 전화로 알려
준다. 요즘은 퀵배달 서비스가 많이 이용되기도 한다. 예를 들어 한두 시간의
여유를 두고 긴급한 기자회견이 열린다는 사실을 기자들에게 알릴 때는 전화
를 일일이 거는 수밖에 없다. 이메일이나 팩스만 보낼 경우 그것을 못 보는 사
람이 생길 수 있기 때문이다.

예를 들어 미국 국무장관이 베이징을 방문한 다음 귀국길에 서울에 들러 예
정에 없던 기자회견을 자청한다 치자. 그러면 주한 미국대사관의 공보관이 서
울에 있는 주요 언론사 담당 기자나 데스크에게 기자회견 참석 요청을 한다.
기자회견 시작까지 시간 여유가 몇 시간 정도밖에 없다. 이럴 경우 이메일이
나 팩스로 보내놓고 느긋하게 기다릴 여유가 없다. 대사관 공보관은 초청 대
상자들에게 직접 일일이 전화를 걸어 회견에 참석해 줄 것을 요청하고 참석
여부를 확인한다.

보도자료를 보내는 대상은 일차적으로 신문, 방송, 잡지, 인터넷 매체의 담
당 기자들이지만 경우에 따라 담당 데스크와 편집국장 앞으로도 함께 보내 보
도협조를 당부하기도 한다. 외국의 경우, 이월드와이어(Eworldwire)처럼 보
도자료 배포를 전문으로 하는 상업 통신사도 있다. 우리나라의 경우에는 연합

뉴스를 비롯한 일부 언론사에서 각종 보도자료를 자사 홈페이지에 소개하고 있다.

보도자료는 뉴스보도와 구분된다. 뉴스보도는 기자가 취재한 정보를 보도하는 것이지만, 보도자료는 보도를 해달라고 부탁하면서 기자들에게 보내는 정보다. 따라서 뉴스보도는 객관적인 사실에 바탕을 두지만 보도자료는 보도자료를 발행하는 기관이 자신들에게 우호적인 보도가 나오도록 유리한 정보를 기자들에게 제공한다. 뉴스보도가 객관적 사실에 기초하는 반면, 보도자료는 주관적인 홍보성 내용에 기초하고 있는 것이다.

보도자료의 구성

보도자료에는 일반적인 뉴스 보도자료를 비롯해서 사건 보도자료, 제품소개 보도자료, 기타 각종 단체의 활동 소개 보도자료 등 다양한 종류가 있다. 하지만 보도자료는 종류에 관계없이 모두 다음에 소개하는 공통된 구조와 특성을 갖고 있다. 이런 특성 때문에 일반적인 상품 선전물과는 구분 된다.

① 헤드라인 headline

신문기사로 치면 제목에 해당된다. 고객인 기자의 관심을 끌어들이는 문장으로 구성되며, 핵심 내용을 간단하게 요약한다.

② 데이트라인 dateline

보도자료의 발행일과 발행기관 이름을 밝힌다.

③ 서문

뉴스문장의 리드에 해당되는 대목으로 보도자료의 첫 번째 단락이다. 제공하는 정보의 5W 1H 요소를 한 단락에 모두 밝힌다.

④ 본문

보충 설명,통계수치,배경설명,기타 주제와 관련된 추가 정보를 담는다.

⑤ 보일러플레이트 boilerplate

압연강판.다시 말해 압연강판으로 찍어내는 것처럼 같은 내용의 정보라는 뜻이다. 보도자료를 내는 기관이나 개인에 대한 소개를 말한다. 보도자료를 낼 때마다 덧붙이는 정보이다. 예를 들어 유니세프한국위원회가 어떤 활동에 관해 보도자료를 내면서 핵심 정보를 소개한 다음 "유니세프한국위원회는 한국에서 유니세프를 대표하는 기관으로서 한국위원회의 주된 임무는 세계 어린이를 위해 국내에서 세계 어린이 현황과 유니세프 활동을 널리 알려 어린이 돕기 기금을 조성하는 것이다. 유니세프한국위원회가 국내에서 펼치는 모든 활동은 유니세프가 전세계적으로 펼치고 있는 어린이 구호활동을 지지하기 위한 것이다…"라는 기관소개를 붙이는 경우를 말한다.

삼성전자나 현대자동차에서 보도자료를 내면서 이 보일러플레이트를 덧붙일 필요는 없다. 너무나 잘 알려진 기업이기 때문이다. 청와대나 외교부 등 정부 부처도 마찬가지다. 하지만 이름 없는 연예기획사나 소규모 벤처회사가 보도자료를 내는 경우에는 사정이 달라진다. 자신들이 어떤 기업인지 소개자료를 덧붙이는 게 좋다.

⑥추가접촉 정보

언론사 기자를 비롯한 보도자료의 독자들이 추가 정보를 얻거나 질문사항이 있을 경우 접촉할 수 있도록 보도자료를 낸 담당자의 이름, 전화번호, 이메일 주소, 기관 주소 등을 적는다.

보도자료 쓰기 요령   보도자료의 구성을 이해하고 효과적인 읽기를 위해 온라인 서비스 PRW((http://www.press-release-writing.com)에 소개된 보도자료 쓰기 10가지 요령을 참고로 요약한다. 보도자료 쓰는 요령을 뒤집어서 보면 보도자료 읽기에 유용한 자료가 되기 때문이다.

① 뉴스가치가 있는 정보를 담는다.

② 글머리에 보도자료에 담긴 정보가 왜 중요한지를 설명한다. 읽는 사람이 힐끗 한번 본 뒤 휴지통에 집어던져 버리지 않도록 쓴다.

③ 보도자료를 만든 주체보다는 제공되는 정보에 비중을 더 두어야 한다. 예를들어 "뛰어난 창의력으로 반도체 산업의 선도역할을 해온 우리 홍길동전자는 20일…" 하는 식으로 보도자료를 시작하지 말라는 것이다.

④ 보도자료를 쓸 때는 끊임없이 "도대체 이 정보가 사람들한테 왜 필요하지? 사람들한테 어떤 식으로 관련이 있지?" 하는 질문을 스스로에게 던진다.

⑤ 보도자료의 첫 10단어는 가장 중요한 핵심 내용으로 채운다.

⑥ 수식어를 남발하지 말고, 애매모호한 표현은 피한다. 단순명료하게 쓴다.

⑦ 사실(facts)을 적시한다.

⑧ 보도자료를 읽는 사람이 추가 취재나 질문을 할 수 있도록 연락처를 친절하게 밝힌다. 전화번호 하나만 달랑 적지 말고, 기관 주소, 웹사이트 주소를

비롯해 담당자 이름과 언제든지 연락이 가능한 핸드폰 번호, 이메일을 함께 적어 둔다.

⑨ 보도자료를 보내기 전 마지막 순간까지 최대한 시간을 늦추어서 가능한 한 최신 정보를 많이 담는다.

⑩ 고객인 언론사의 제작 편의를 최우선으로 간주한다. 특히 언론사의 제작시간을 반드시 염두에 두어야 한다. 아무리 훌륭한 정보라도 언론사에서 마감시간 안에 기사로 처리할 시간이 없으면 무용지물이기 때문이다. 조간신문의 경우에는 오전 9시 전후, 아니면 최소한 언론사의 오후 제작회의가 있는 오후 2시 전에는 보도자료가 전달되어야 제작회의에 보고되어서 그날 마감시간 전에 기사가 출고될 수 있다. 방송의 경우도 마찬가지다.(덧붙이자면 고급 양질의 종이에 보기 좋게 인쇄할 것. 첫 인상보다 더 중요한 것은 없다. 특히 이 항목은 신제품 소개 보도자료를 내는 기업체의 경우 반드시 명심해야 한다.)

**비디오 보도자료
활용하기**　　　최근에는 방송, 온라인 매체뿐 아니라 신문사에서도 홈페이지에서 동영상 뉴스를 제공하는 경우가 많기 때문에 비디오 보도자료(VNR)를 내는 기관이 많아졌다. 이렇게 되다 보니 연예인들이 언론사에 보내온 인터뷰 보도자료 동영상을 방송에서 마치 자기들이 직접 인터뷰한 것처럼 출처를 제대로 밝히지 않고 방영하는 경우도 많다. 그리고 의학 연구기관이 획기적인 신약개발이나 치료술을 개발해서 만든 홍보 동영상을 언론사로 보내면 언론사에서 출처를 제대로 밝히지 않은 채 마치 자기들이 제작한 것처럼 편집해서 보도하는 경우도 흔해졌다. 이런 경우 해당 연구기관이나 제약사도 신약이나 신기술의 홍보에 도움이 되기 때문에 굳이 이런 관행을 문제 삼지 않으려고 한다. 우리나라에서는 정부에서 정부정책 홍보자료로 동영상을 제작해 언론사에 배포하고 정부기관 홈페이지와 국정TV 등을 통해 방영되도록 하고 있다.

2 엠바고

엠바고는 깨라고 있는 것?

일선 기자들 사이에 '엠바고(시한부 보도중지)는 깨라고 있는 것'이라는 말이 있다. 엠바고가 잘 지켜지지 않기 때문에 생긴 말이다. 그럼에도 불구하고 엠바고를 붙여서 내는 보도자료들이 많고, 대부분의 기자들은 엠바고를 지킨다. 엠바고는 뉴스 공급자가 특정 기한을 정해놓거나 어떤 여건이 충족되기 전까지는 보도하지 말라고 요청하는 것이다. 기업체의 신제품 발표, 제약업계의 신약 발표, 정부의 정책 및 정치 일정 발표 등에 많이 이용된다.

엠바고를 깨는 것도 어느 정도는 전통이고 습관이다. 잘 깨는 언론사가 있고, 잘 깨는 기자가 있다. 기자들 사이에 "기자가 되기 전에 먼저 사람이 되라"는 말이 있다. 엠바고라는 신사협정은 역시 깨는 것보다는 지키는 게 미덕이다.

예를 들어 대통령이 외국순방 중 워싱턴의 국회의사당에서 연설을 할 예정이라면 연설내용을 국내 언론에 미리 배포한다. 하지만 서울과 워싱턴의 시차가 있기 때문에 실제로 연설이 행해지기 전 국내 신문이나 인터넷 매체에 연설문이 보도되지 않도록 해달라는 엠바고를 요청한다. 만약 이 경우 어떤 언론사가 엠바고 요청을 어기고 보도했다면 외교문제로 비화될 수도 있다. 해당 언론사는 관련 기관으로부터 향후 취재활동에서 불이익을 당할 수 있고 기사를 쓴 기자 역시 제재를 받게 된다.

  그렇지만 항상 남보다 앞선 기사거리를 찾아 이리저리 뛰는 기자들에게 엠바고를 깨지 말라고 강제할 수단은 없는 게 현실이다. 실제로 경쟁사에서 엠바고를 깨고 기사를 썼을 경우 데스크로부터 "왜 당신은 기사를 안 썼느냐"는 질책을 받는 경우가 없지 않다. 엠바고가 걸린 기사를 접할 경우 일선 기자들은 항상 쓸까 말까의 고민을 한다. 민간단체나 개인의 경우 정부 부처나 공공기관처럼 엠바고를 깨는 언론사나 해당 기자를 제재할 방법도 마땅히 없다. 따라서 이제는 엠바고를 붙여서 보도자료를 내는 대신 원하는 보도 시점에 임박해서 '즉시 보도 바람'이라는 딱지를 붙여서 보도자료를 내는 경우가 많아졌다. 기자들에게 신사협정 준수를 기대하는 대신 보도자료를 내는 쪽에서 기술적으로 엠바고를 행사하는 효과를 내는 것이다.

엠바고의 종류　　　　크게 보충취재용 엠바고·조건부 엠바고·보안, 공
　　　　　　　　　　　공이익을 위한 엠바고·관례적 엠바고의 4가지 유
형으로 분류된다.

① 보충취재용 엠바고

  뉴스가치가 매우 높고, 전문적이고 복잡한 문제를 다루는 공공기관의 보도자료에 많이 이용된다. 발표내용에 대한 보충취재가 반드시 필요하다고 생각되어 취재원과 취재기자와의 사전 합의에 의해 이뤄지는 것이다. 정부의 예산안 편성 등이 대표적인 사례다. 워낙 복잡하고 전문적인 사안이라 언론사도 예산안 내역을 분석하는 데 전문가들의 도움이 필요하고 시일이 걸린다. 따라서 예산안 관련 보도자료를 미리 받아서 분석한 뒤 정부 공식발표일에 맞춰

기사를 출고한다. 전문적인 검증을 거칠 여유를 갖고 기사를 정확하게 써달라고 미리 보도자료를 배포한 뒤 일정 기간 엠바고를 거는 과학, 의학저널의 엠바고도 이 경우에 속한다.

② 조건부 엠바고

뉴스가치가 있는 사건이 일어난다는 것을 확실하게 예견할 수 있으나 정확한 시간을 예측하기 어려운 경우 그 사건이 일어난 이후에 기사화한다는 조건으로 보도자료를 미리 제공받는 것이다. 예를 들어 기업 합병 소식의 경우, 모든 사전 협상이 순조롭게 마쳐져 어느 날 오후 합병안 서명식만 남겨놓고 서명식에서 기자들과의 회견이 준비되어 있다고 치자. 합병이 막판에 결렬될 가능성이 5%라도 남아 있기 때문에 각 언론사에 정식 서명식 이전에 기사를 미리 쓰지 말아달라는 요청과 함께 보도자료를 낼 수 있다.

같은 맥락에서 사망기사(obituary)는 일종의 자율적 엠바고로 볼 수 있다. 예를 들어 고인이 됐지만 사망하기 전 오랜 투병생활을 했던 로널드 레이건 전 대통령이나 요한 바오로 2세 교황 같은 인물의 경우 사망하기 전에 이미 전 세계 거의 모든 언론이 이들의 사망기사를 다 써놓고 있었다. 사망기사에서 사망 일시만 비워놓고 기다린 것이다. 그런데 통신에서 "교황 위독"이라는 급전이 들어왔다고 치자. 아무리 특종 욕심이 많은 기자라도 이 급전을 토대로 교황사망 기사를 내보내는 무모한 짓은 하지 않는다는 말이다. 이런 의미에서 자율적 엠바고인 셈이다.

③ 보안, 공공이익을 위한 엠바고

국가안전 또는 이익과 직결되거나 인명에 해를 끼칠 수 있는 사건이 진행 중일 경우에 사건이 해결될 때까지 특정한 정보를 보도하지 않는 시한부 보도중

지. 2003년 조지 W. 부시 대통령이 추수감사절에 전쟁 중인 이라크에 파병되
어 있는 미군들을 위문하러 이라크를 전격 방문한다는 사실이 엠바고가 부쳐
진 채 백악관 출입기자들에게 전달되었다. 엠바고는 지켜졌고, 부시대통령은
이라크를 예정대로 방문했다. 만약 엠바고가 지켜지지 않았을 경우 부시 대통
령의 이라크 방문은 안전문제 때문에 취소되었을 수 있다.

④ 관례적 엠바고

　외교관례를 존중해 재외 공관장의 인사이동에 관한 사항을 미리 취재했더라
도 주재국 정부가 아그레망을 부여할 때까지는 보도를 보류한다. 예를 들어
홍길동씨가 주미대사로 내정된 사실은 기자들과 정치권에 다 알려진 사실이
라고 치자. 하지만 미국 정부로부터 홍씨를 자국 주재 대사로 받아들이겠다는
아그레망이 떨어지고, 우리 정부에서 이를 공식발표하기 전에는 기사화하지
않는다. 마찬가지로 일본의 신임 주한 대사로 어떤 인물이 내정되어 있는지,
일본에 있는 주일 한국특파원들이 취재를 통해 알고 있다 해도 이 인사가 한
국 정부로부터 아그레망을 받고 이를 일본 정부가 공식발표하기 전에는 보도
하지 않는다. 한미 정상회담 일정 발표도 청와대와 백악관이 동시에 공식발
표하면 그때 기사로 쓴다. 출입기자들은 정상회담이 예정되어 있다는 사실을
이미 알고 있지만 공식발표가 있기 전에는 이를 기사화하지 않는다. 외교적
관례 때문이다.

**과학 전문지들의
엠바고 관행**　　　**① 정확한 보도를 유도하기 위한 엠바고**

　　세계적인 의학,과학 전문 저널들의 경우 엠바고가
관행처럼 굳어져 있다. 과학전문지 사이언스(Science)를 비롯해 의학전문지

뉴잉글랜드(New England of Medicine), 미국의학협회지(Journal of the American Medical Association), 랜셋(Lancet)등이 게재되는 논문에 대해 엠바고 제도를 실시하고 있다. 획기적인 업적을 담은 논문을 자기 저널에 싣기로 예정되어 있을 경우, 각언론사의 담당 기자들에게 보도자료를 보내기는 하지만, 저널이 출판되기 전까지는 보도를 유예해 달라고 요청하는 것이다.

과학전문지들의 엠바고 관행은 두 가지 목적에 따라 시행되고 있다. 첫째, 보도 시점보다 앞서 기자들에게 보도자료를 제공함으로써 기자들에게 보도 내용에 대한 보다 전문적인 이해를 가진 뒤 보도할 수 있도록 시간 여유를 주자는 것이다. 정확한 보도를 유도하기 위한 방안으로 시행되는 엠바고인 셈이다. 두번째는 기자들이 엠바고가 걸린 보도자료를 가지고 전문가들의 검증을 받는 과정에서 전문가들의 이해와 견해를 폭넓게 수용한다는 취지다. 하지만 이들의 엠바고 관행에 대해 자신들의 제한적인 이익을 지키기 위해 일반 독자들의 알 권리를 지나치게 제한하는 처사라는 비난도 만만치 않게 제기되고 있다.

② 국내 엠바고 파기 사례

2004년 2월 세계 최초로 사람 난자로 줄기세포를 만드는 데 성공한 서울대 황우석·문신용 교수팀의 연구결과에 대해 중앙일보가 국제적인 '보도제한 협약'(엠바고)을 무시하고 공식 기자회견 전에 성급하게 보도함으로써 국제 과학계에 큰 파문을 일으킨 바 있다. 과학계에서 국제적인 엠바고가 깨지는 것은 극히 이례적인 일로, 과학계에서 한국의 위상을 추락시켰다는 지적을 받았고 담당 기자는 과학기자회에서 징계를 받았다. (이후 이 논문이 황우석박사팀에 의해 조작된 자료에 기초해 쓰여진 사실이 드러남에 따라 사이언스는 이 논문과 2005년에 쓰여진 황교수의 논문 등 두 건을 사이언스에서 직권삭제

조치했다. 황우석 사태로 권위를 자랑하던 사이언스의 검증 시스템은 신뢰성에 큰 타격을 입었다.)

다음은 엠바고와 관련된 기사. 2004년 중앙일보의 홍혜걸 당시 의학전문기자가 사이언스와 미국과학진흥회(AAAS)의 엠바고 요청을 깨고 중앙일보에 1면톱기사로 황우석박사팀의 줄기세포 배양기술 관련 기사를 보도한 전후사정을 보도한 조선일보 기사다.

제목:국제 엠바고 깨버린 중앙일보 보도 '물의'
소제목:세계적 성과내고 공식회견 불투명
　　　　NYT "한국의 한 신문 때문" 꼬집어

▲ 2004년 2월 12일자 중앙일보 1면

황 교수팀은 자신의 연구결과가 12일자 중앙일보에 대서특필된 직후 배포한 공식보도자료를 통해 "이번 연구 내용은 사이언스지와 미국 국가과학진흥회(AAAS)에 의해 한국시각 13일 오전 4시까지 엠바고가 설정돼 있었는데 이것이 깨졌다"며 "중앙일보가 연구 당사자인 우리에게 아무런 확인절차도 없이 일방적으로 연구내용을 보도함으로써 한국 과학계의 국제적 위신이 크게 추락됐다"고 밝혔다.(중략)

공동 연구자인 문신용 교수는 "어제까지 각국 과학자들과 기자들의 축하가 쇄도했으나, 엠바고가 깨어지자 전 세계서 몰려든 많은 기자들이 예정된 기자회견에 참석하지 않겠다고 통보해 오거나 돌아갔다"고 말했다. 사이언스지는 공식 기자회견을 가진 뒤 뉴욕타임스, 워싱턴포스트, ABC 등 국제 유수의 언론과 1대1 인터뷰를 가질 예정이었으나 현재로선 이것이 불투명한 상태다.

이날 뉴욕타임스 등 외국 언론들은 이번 연구 결과를 주요 뉴스로 소개하면서도 "한국의 한 신문이 엠바고를 지키지 않았다"고 꼬집었다. 영국의 BBC는 이번 발표를 위해 시애틀에 스튜디오까지 차렸다가 황 교수와 간단한 인터뷰만 하고 돌아간 것으로 알려졌다.

사이언스지와 미국국가과학진흥원은 이날 공식 기자회견 취소 여부를 놓고 약 3시간에 걸쳐 대책회의를 가졌으며, 엠바고가 파기된 경위 조사에 착수했다.

논문 게재 규정에는 엠바고가 지켜지지 않을 경우 연구 논문의 게재를 취소할 수 있다고 명시돼 있다. 황 교수는 "어떤 불이익을 받을지 아직 통보받지 못한 상태"라고 말했다. 사이언스지는 황 교수의 논문을 표지 논문으로 게재할 예정이었다. 한편 한국과학기자협회(회장 이찬휘)는 성명을 통해 "한국 과학계의 쾌거를 세계에 알릴 기회가 한 언론의 성급한 보도로 깨어져 유감스럽다"며 "조만간 임시 이사회를 열어 해당 언론사 징계 등을 강구키로 했다"고 밝혔다. (김철중 의학전문기자/임호준기자 조선일보 2004년 2월 13일)

10강
기자회견과 연설문 기사 쓰기

1 기자회견의 정의

　기자회견(news conference 혹은 press conference)은 뉴스 메이커들이 기자들 앞에서 주요 정보를 발표하고 질문을 받고 답변하는 행사를 말한다. 기자회견을 요청하는 측에서 요청한 이유를 설명하고 기자들의 질문에 답변을 하는 경우도 있고, 주최 측의 발표 없이 곧바로 기자들의 질문을 받는 경우도 있다. 발표한 내용보다는 질의응답 과정에서 뉴스가치가 높은 정보가 공개되는 경우도 많다. 이는 우선 기자들이 기사거리가 될 만한 정보를 찾아 질문을 하기 때문이다. 민감한 사안일 경우 기자회견자가 자신의 입으로 직접 발표하는 대신 기자들의 질문을 유도하기도 한다.

소극적 기자회견
기자회견을 하는 목적은 시점을 기준으로 크게 두 가지로 나눌 수 있다. 첫째는 뉴스 메이커가 사람들의 주요 관심사가 된 사안에 대해 공개적으로 밝히는 것이 좋다고 판단해서 실시하는 적극적인 기자회견이고 다른 하나는 마지못해 하는 해명 등 소극적인 기자회견이다.

이런저런 억측으로 불필요한 불이익을 받을 필요가 없다고 판단한 경우, 그리고 업무가 마비될 정도로 기자들이 전화로 혹은 직접 찾아와 질문공세를 펼치는 것보다는 한꺼번에 사실을 발표하는 것이 더 유리하다고 판단하는 경우에 기자회견을 자청한다. 소극적 기자회견에 해당된다. 경찰이나 검찰에서 이미 사람들의 주요 관심사가 된 사건에 대해 사건 전말이나 뒤늦게 수사 경과를 발표하는 경우가 이에 해당된다. 스캔들에 휘말린 연예인이 진상을 밝히기 위해 하는 기자회견도 이 경우에 해당된다. 억측을 피하고 정확한 정보를 알리기 위한 목적도 있지만 기자들을 일일이 상대하는 번거로움을 피하기 위한 것도 회견을 하는 주요 목적이다.

적극적 기자회견
새로운 사실을 기자회견을 통해 발표하는 경우이다. 정부의 정책발표나 과학자들이 새로운 학문적 업적을 발표하는 기자회견, 프로 운동선수들의 영입 계약, 이적 사실을 발표하는 기자회견 등이 적극적 기자회견에 해당된다. 기업의 신제품 발표 기자회견, 백악관의 정오 브리핑(noon briefing),각국 외교부에서 내외신 기자들을 상대로 진행하는 정례 브리핑 등도 새로운 정보를 기자들에게 알리기 위해 열리는 적극적인 기자회견에 속한다. 정례 브리핑은 한주에 한 번씩 특정 요일을 정해서 하는 경우가 많다.

이밖에 탈북자지원 비정부기구(NGO)나 환경보호단체 등 각종 민간단체, 그리고 특정 사실을 언론에 알리고 싶은 개인도 언제든지 기자들에게 회견요청을 할 수 있다. 예를들어 우리나라 젊은 남녀들의 결혼관에 대해 여론조사를 실시한 결혼정보업체가 이 사실을 언론에 알리기 위해 기자회견을 자청할 수 있고, 정치인이 특정 사안에 대해 자신의 입장을 밝히기 위해 기자회견을 자청할 수도 있다.

취재요청이 담긴 보도자료를 보고 기자는 우선 기자회견의 주제가 뉴스성이 있는지 여부를 판단한다. 취재하기로 결정이 내려지면 다음 사항을 점검한다.

① 보도자료에 들어 있는 주최측의 주장 및 배경정보를 철저히 분석한다
② 신문 파일 등을 통해 현안과 관련된 각종 자료를 찾아본다.
③ 관련 단체 및 정부 당국의 입장은 무엇인지 등 관련 정보를 미리 취재한다.
④ 이렇게 분석하고 모은 정보를 토대로 질문거리를 미리 만든다. 기자회견장에서 주최측의 주장에 궁금한 점,반박할 점 등을 질문해서 취재의 완성도를 높인다.

기자회견은 언제 어디서나 열릴 수 있다 기자회견이 가장 자주 열리는 곳은 역시 백악관 프레스 룸, 청와대 춘추관, 기타 정부 각부처에 설치된 기자회견장처럼 고정된 기자회견 장소이다. 하지만 기자회견은 어

떤 곳에서나 열릴 수 있다. 길거리 범죄 현장에서 경찰이 즉석 기자회견을 가질 수도 있고, 서울시청 옆 국가인권위원회 사무실 앞에서 시위중인 철거지역 주민 대표가 노상에서 즉석 기자회견을 가질 수도 있다. 또한 수뢰혐의를 받거나 아니면 성희롱 발언으로 코너에 몰린 유명 정치인이 운동복 차림으로 아침운동을 하기 위해 집을 나서다가 집 앞에 기다리는 기자들 몇 명한테 둘러싸이면 하는 수 없이 새벽 노상 기자회견을 하게 된다.

2 기자회견 취재에 임하는 태도

현안에 대한 이해   최근 문제가 되고 있는 현안에 대해 충분한 이해가 되어 있어야 한다. 기자들이 흐름과 관련 없이 뜬금없는 질문을 하는 경우가 있는데, 이는 현안에 대한 사전 지식이 없고 준비가 안 되어 있음을 스스로 드러내는 것이다.

사전 취재   회견자는 가급적 문제가 될 정보는 감추고 일반적인 정보만 제공하려고 한다. 따라서 사전 취재를 통해 정곡을 찌르는 질문으로 회견자를 난처하게 만들어서 답변을 유도해야 한다. 예를 들어 지난 주말 우리 외교부장관이 방한 중인 미국 국무장관과 한미 외무장관 회담을 가졌다고 치자. "지난 주 외무장관 회담에서 어떤 이야기를 나누었습니까?"라는 질문은 하나마나 한 것이다. 이런 질문에 민감한 사안을 구체적으로 답해 주는 회견자는 없다.

대신 "지난 주 외무장관 회담 때 미 국무장관이 북한이 6자회담에 나오기만
하면 핵문제와 관련, 중대한 양보를 할 의사가 있다고 말한 것으로 아는데 구
체적인 내용을 확인해 주실 수 있습니까?"는 식으로 질문을 했다고 치자. 사
실일 경우 회견자는 속으로 '이걸 어떻게 알았지?' 하며 당황하게 된다. 그럴
경우 "확인해 줄 수 없다."든지, 아니면 "그런 발언을 하기는 했지만 구체적인
내용은 양국 합의로 공개할 수 없다."는 식의 답변이 나올 수 있다. 기자들로
서는 이 정도의 뉘앙스라면 장관이 시인한 것으로 간주하고 기사를 써도 괜찮
다는 판단을 할 수 있다.

회견자의 동정에 관한 사전 지식

회견자의 최근 일정 등을 철저히 체크한다.
고위관리 등 유명인의 경우는 일정이 공개되
어 있기 때문에 비교적 쉽게 체크가 된다. 회견자가 관훈클럽, 방송기자클럽
등 어떤 모임에 초대받아 가서 연설한 내용이나, 최근 방송에 출연해서 발언
한 내용 중에서 문제가 될 내용이 있는지 체크해 두었다가 관련 질문을 던져
서 추가 정보를 얻어내는 것도 좋은 방법이다.

질문 예절

기자회견장에서 질문을 독점하는 것은 피해야 할 에티켓이
다. 꼭 필요한 경우 한두 차례 추가질문(followup
questions)을 할 수는 있겠지만 그 이상은 다른 질문자를 위해 양보하는 게 도
리다. 대신 다른 질문자들과의 사이에 벌어지는 질문, 답변 내용을 꼼꼼히 듣
고 거기서 정보를 얻어내도록 한다. 반드시 자기 입으로 질문해야 정보가 되
는 것은 아니다. 다른 사람이 한 질문 내용을 근거로 해서 추가질문을 던지는

방법도 있다.

취재 메모 컴퓨터를 능숙하게 다루는 기자들이 많아서인지 기자회견장에서 회견내용을 컴퓨터에 곧바로 입력하는 이들이 많아졌다. 회견내용을 들으면서도 손으로 입력하는 데 아무런 불편을 느끼지 않는다면 그건 개인적인 취향이라고 볼 수 있다. 하지만 가능하다면 회견내용을 듣는 데 좀 더 관심을 기울이고 중요한 내용만 연필로 메모를 하는 것이 더 효율적이다. 컴퓨터 입력을 병행하다 보면 아무래도 회견내용에 집중력이 떨어질 수 있기 때문이다. 공보실이나 홍보실을 통해 녹음이 허용되는지 여부를 확인한 다음, 허용된다면 녹음기를 사용하고, 기자 본인은 회견내용에 충실하는 방식이 좋다.

외국어로 진행되는 회견일 경우에는 동시통역이 제공되는 경우가 많지만 절대로 통역만 믿어서는 안 된다. 동시통역은 속도 면에서 외국어 발언자를 따라가지 못해서 내용의 많은 부분을 빠뜨리는 경우가 많다. 민감한 사안일 경우, 전문용어나 전후 맥락에 대한 이해 부족으로 정확한 통역이 안 되는 경우도 허다하다. 따라서 외국어 회견의 경우에는 녹음기를 가지고 가서 녹음을 한 뒤 기사를 쓸 때 불분명한 대목은 다시 들어가며 정확한 발언내용을 확인하도록 한다.

기자회견 기사 작성 시 점검할 사항 ① 가장 핵심적인 발언 내용
② 발표자의 이름과 신분
③ 회견의 목적, 시간, 장소, 회견에 걸린 시간 등 5W 1H

④ 핵심 사항의 배경 정보

⑤ 발표 내용과 질의응답에서 나온 주요 내용

⑥ 회견이 미칠 파장. 이 기사로 누가 이득을 보고 누가 피해를 볼지를 따져본다. 기사가치 판단에 필요하기 때문이다.

이밖에도 다음과 같이 지켜야 할 주요 수칙이 있다.

① 메모를 충실히 한다.

② 면밀히 관찰한다. 회견자의 표정, 의상, 몸짓 하나도 놓치지 않는다.

③ 뉴스거리를 찾는다. 회견내용 중에서 무엇이 뉴스거리가 되는지 파악한다.

④ 회견일정이 사전에 공개되기 때문에 질문거리를 미리 준비한다.

⑤ 가장 핵심 내용이 무엇인지 파악한다. 무엇을 리드로 내세울지를 미리 생각한다.

⑥ 인용할만한 내용은 특별히 메모한다.

주요내용 발표와 질의응답

기자회견은 두 가지 단계로 나누어진다. 첫째는 발표자가 발표내용을 읽는 것이다. 기자회견을 요청한 이유와 목적 등 핵심 정보가 여기에 담긴다. 두 번째는 질의응답이다. 여기서는 발표내용과 무관한 주제가 주요 사안으로 등장하기도 한다. 예를 들어 빌 클린턴 대통령이 르윈스키와의 성추문 관련 보도가 한창일 당시에는 클린턴 대통령이 어디서 무슨 사안을 주제로 기자회견을 하든 상관없이 기자들은 이 성추문 관련 질문을 끈질기게 파고들었다. 아프리카 국가를 방문해서 정상회담을 마친 뒤 가진 기자회견장에서도 기자들은 르윈스키 문제를 들고 나왔다.

성명발표는 평범한 내용인데 반해 질의응답 과정에서 뉴스거리가 불거지는 경우가 많다. 다음은 로널드 레이건 대통령의 기자회견 때 있었던 일화이다. 질의응답 과정에서 미국이 사우디아라비아에 판매하기로 결정한 극비 항공기에 관한 질문이 나왔다. 한 기자가 손을 들고 사우디아라비아 정부가 전복될 경우 이 항공기가 적대 세력의 손에 들어갈 위험은 없는가라는 질문을 던졌다. 레이건 대통령은 사우디 정부가 무너지도록 미국이 손을 놓고 지켜보는 일은 "절대로 없을 것"(no way)이라고 단호히 말했다.

회견에서 사우디 항공기 판매 이야기가 차지한 시간은 20분의 1도 채 안됐지만 신문들은 이 내용을 리드로 처리했다. 기자들은 백악관 대변인을 통해 추가내용도 취재해 덧붙였다. 당시 보스톤 글로브(Boston Globe) 기사는 이렇게 시작됐다.

> 로널드 레이건 대통령은 어제 사우디아라비아 왕국을 전복하고 서방으로 가는 석유흐름을 차단하려는 어떤 위협도 막아낼 것이라고 말했다.
> 레이건 대통령은 이날 실시된 기자회견의 질의응답 과정에서 나온 한 돌출질문에 대한 답변에서 이같은 주요 외교정책을 밝혔다. 대통령 보좌관들은 이후 기자들의 질문에 이같은 방침이 주요 외교정책으로 채택되었음을 시인했다…

레이건 대통령의 이같은 외교방침은 이 회견이 있은 지 4년 뒤 이라크가 쿠웨이트를 침공하고 나서 남으로 사우디아라비아를 향해 진격하자 현실화됐다. 미 행정부는 이라크군을 쿠웨이트에서 몰아내기로 결정하고 미군을 파병했던 것이다. 기자회견에서 질의응답이 갖는 중요성을 보여주는 한 예이다.

3 연설문 기사 쓰기 ✒

연설문 기사 문장의 특성

연설 취재 시 가장 중요한 점은 연설자가 주장한 핵심 내용을 찾아낸 다음 이를 뒷받침해 줄 연설 대목을 추려내는 것이다. 핵심 내용은 리드로 배치하고 연설자의 말을 그대로 옮겨서 써 준다. 직접 인용문도 좋고, 풀어 써도 괜찮다. 기사의 뼈대가 되는 직접 인용 대목들은 기사의 본문에 본격적으로, 그리고 상세히 써 준다. 연설이 길고 여러 개의 주제가 들어 있을 경우에는 기자가 우선순위를 정해 중요한 주제를 선별한다. 주요 정책을 발표하는 연설문의 경우는 상세하게 써 주지만 그렇지 않을 경우 연설문 스트레이트는 200자 원고지 2~3장을 넘지 않도록 쓴다. 스트레이트를 간략하게 쓰고 연설문 내용요약을 별도로 덧붙일 수도 있다.

① 강연문 스트레이트 기사의 리드

"누가(who) 무슨 말을(what) 했다."를 써 주는 것이다. 전형적인 주어 + 동사 + 목적의 단문 형태다. 다음은 방송인 김제동씨가 신문읽기를 주제로 한 강연내용을 소개하는 스트레이트 기사다. 김제동씨가 한 강연내용 중에서 재미있는 인용문 한 토막을 골라 리드로 내세웠다. 대표적인 연예계 재치꾼으로 통하는 김제동씨가 한 말 중 대표적인 대목을 직접 옮겨 줌으로써 강연내용을 함축하는 기법을 쓴 것이다.

김제동씨의 경우처럼 재치있는 개그맨이거나 지명도가 높은 인물인 경우를 제외하고는 리드에서 직접 인용문을 쓰는 경우는 흔하지 않다. 리드에서는 연설자의 말을 풀어서(paraphrase) 쓰는 경우가 많다. 직접 인용은 가능한 한 본문에서 많이 써 준다. 리드에는 연설자의 신분,핵심 내용과 함께 언제(when),어디서(where), 그리고 청중에 관한 정보를 써 준다. 아울러 본문에서는 직접인용문을 과감하게 많이 쓰고 있음을 알 수 있다.

제목:"신문은 가장 잘 차려진 아침밥상"… 김제동 씨 특별강연

"신문 없이는 불안하고 찝찝해서 아침에 화장실도 못 가요."

방송인 김제동 씨는 자신의 '신문 중독' 증세를 이렇게 표현했다. 한국신문협회로부터 '올해의 신문 읽기 스타'로 선정된 그는 10일 서울 중구 태평로 한국프레스센터에서 열린 '2006 전국 NIE 대회'에서 '나는 신문을 이렇게 읽는다'는 내용으로 특별강연을 했다.

김 씨는 신문을 "기자들이 전 세계에서 일어난 중요한 일과 각 분야의 정보를 취재해 모아 오면 데스크가 다시 핵심만 뽑아 집 앞까지 보내 주는 최고의 아침 밥상"에 비유했다. 그는 "문만 열면 조지 W 부시 대통령이나 노무현 대통령, 평생 만나기 힘든 아프가니스탄의 어느 소녀와 석학들까지 나를 찾아와 세상을 말해 주는 것이 바로 신문"이라며 세상을 만나는 '창'으로서 신문의 효용성을 강조했다.

그는 또 조선시대 학자 최한기의 예를 들며 "책을 많이 사서 가산을 탕진하면서도 '책장 문을 열면 공자와 맹자, 서역의 학자들을 볼 수 있는데 책을 사지 않고 이들을 직접 만나러 다니려면 얼마나 돈이 많이 들겠느냐'고 했는데 신문도 마찬가지"라고 말했다.

김 씨는 "전문대를 11년 동안 다녀 어머니가 '의대 다니냐'며 핀잔을 줄 정도로 공부를 안 했다"면서 "그럼에도 방송에서 이나마 말을 할 수 있는 이유가 바로 매일 아침 신문을 챙겨 읽었기 때문"이라고 털어놓았다. (이하 생략)

② 본문의 인용문 쓰기

김제동씨의 기사보기에서는 첫 번째 단락을 리드로 사용한 다음 두 번째 단락부터 시작되는 본문에 들어가서는 김씨의 말을 가능한 한 많이 직접 인용문으로 소개했다. 전체적으로는 5W 1H를 앞 단락에 배치한 역피라미드 구조를 갖고 있고 발언내용을 중요도 순으로 처리했다. 연설문 기사는 인용문을 적절히 나열하는 것으로 보면 된다. 기사의 큰 흐름 및 주제와 관련이 없는 인용은 독자들을 혼란스럽게 만들 수 있기 때문에 과감하게 버린다.

③ 보충 취재

　기자들은 연설내용만 가지고 기사를 쓰는 게 아니라 연설이 끝난 뒤 연설내용 중에서 배경설명이 필요한 대목이나 의미 전달이 명확하지 않는 대목에 대해 강연자를 상대로 보충취재를 한다. 그래서 추가로 취재된 내용을 강연문 내용과 함께 기사에 반영한다.

　보충취재가 불가능한 경우에는 "이러이러한 대목에서 강연자의 발언의도가 명확치 않아 추가 취재를 시도했으나 연설자는 답변을 거부했다."는 식으로 덧붙여 준다. 그래야 글 쓴 기자가 독자들한테 욕을 먹지 않는다.

　AP통신 기사의 경우를 소개한다. 아시아인구대회에 참석한 이란 대표가 이란 정부가 윤락여성 11만 4000명을 소탕했다고 한 발언내용을 기사로 쓰면서 AP 통신은 "윤락여성들을 어떻게 소탕했느냐는 질문에 이란 대표는 답변을 거부했다."고 덧붙였다. 기자는 독자들이 궁금해 할 내용에 대해 독자들을 대신해 질문하는 것이다. 만약에 그러한 노력조차 하지 않고 미흡한 기사를 내보냈다면 그것을 보는 독자는 짜증이 난다.

강연 취재 시 점검할 사항

①강연자의 이름, 신분
②강연의 핵심 주제
③핵심 주제를 뒷받침하는 인용문들
④강연의 목적, 시간과 장소 등 5W 1H
⑤청중의 특성. 몇 명이 모였는지, 청중 중에 유명인사가 참석했는지 등
⑥청중들의 반응. 강연 도중 해프닝은 없었는지 등
⑦핵심 사항의 배경정보
⑧강연자의 의상, 몸짓 등에 특이점이 있는지

⑨강연자가 연설 시작 전과 마친 뒤 특별한 언급을 했는지

⑩강연 내용 중에서 부차적으로 언급한 내용

⑪질의응답 시간에 나온 중요 내용

⑫강연 내용을 사전 입수해 미리 내용을 파악해 둔다. 질문거리를 미리 준비한다.

4 강연 및 세미나 기사 보기

강연 기사 보기

◎폴 케네디교수 「21세기 한국」 강연/한국,강대국과 「다층적 외교」 펼쳐야/중국 세기말 초강대국화⋯ 주시토록

세계경제연구원과 한국국제교류재단 초청으로 내한한 폴 케네디교수는 5일 롯데호텔에서 「21세기 준비 어떻게 할것인가 - 세계속의 한국,오늘과 내일」을 주제로 강연회를 가졌다.

6백여명의 각계인사가 참석한 강연에서 케네디교수는 『냉전체제가 무너진 오늘날 세계는 과거 어느 때보다도 엄청난 범세계적인 변화의 소용돌이를 겪고 있다』고 전제,『이같은 도전을 극복하기 위해서는 새로운 변신이 필요하며 기술이 그와 같은 변화와 발전을 계속 주도하게 될 것』이라고 진단했다.

21세기의 변화조류와 관련,그는 『앞으로의 도전은 초강대국간 대결이 아니라 새로운 두 거대 세력간의 구조적 긴장,즉 빈곤지역의 지속적인 인구폭발과 부국들의 기술폭발간 균열에서 나타나게 될 것』이라고 내다봤다.

지정학적인 특수성을 가진 한국으로서는 북한과의 관계설정이 긴급한 과제라고 밝힌 그는 특히 『중국이 경제의 괄목할만한 성장과 국방력의 꾸준한 증가로 금세기말쯤에는 동아시아의 초강대국으로 부상할 것』으로 전망하고 『한국은 앞으로 자국에

가장 큰 영향력을 미칠 수 있는 중국을 주시해야 될 것」이라고 강조했다.

　케네디교수의 특별강연 요지는 다음과 같다.

　거센 변화의 소용돌이에 싸여있는 오늘의 세계는 「도전」과 「발전」이라는 용어로 집약될 수 있다.이는 과학·기업경영·기술·새로운발명·통신과 뉴스송수신등의 분야에 있어서 변화속도가 더욱 빨라지고 있음을 의미한다.

　이러한 급속하고 복잡한 변화속에서 어떤 국가는 그들의 지리적 입지와 그들이 직면한 다각적 도전으로 인해 특별한 위치에 놓이게 된다.여기에는 물론 한국이 포함된다.

　한국이 21세기를 준비하는데 직면하게 될 도전은 무엇인가.개략적으로 단기적도전,중기적도전,장기적·세계적도전 3가지로 분류할 수 있다.

　우선 한국이 직면한 직접적이고도 단기적인 도전은 예측하기 힘든 북한과의 관계설정이다.외교적 분쟁을 가능한 한 배제하고 적절한 관계를 유지하는 것이 바람직하다.윈스턴 처칠경이 말한 『싸움보다는 대화』가 좋다.(이하 생략)

　□약력
　▲1945년 영국출생 ▲영국 옥스퍼드대 역사학박사 ▲독일 본대학 미국 프린스턴대 독일 훔볼트재단 알렉산더연구소 초청연구원 ▲영국 왕립역사학회 회원 ▲현재 미국 예일대 교수

취재노트 : 주요 사실 정리하기

　① 강연 주요내용

　-냉전후 시대 지구촌은 큰 변화. 기술력이 변화 주도

　-인구폭발 빈국과 기술력 폭발 부국들간의 갈등 예견

　-한국은 동아시아 초강대국으로 부상할 중국 주시해야

　② 연설자의 이름과 신분

　폴 케네디 예일대 교수

　③ 강연회의 목적, 시간과 장소,연설에 걸린 시간

세계경제연구원과 한국국제교류재단 초청으로 내한한 폴 케네디교수는 5일 롯데호텔에서 「21세기 준비 어떻게 할것인가 - 세계속의 한국, 오늘과 내일」을 주제로 강연회를 가졌다.

④ 주요내용의 배경정보. 인용문

본문의 주요내용

⑤ 청중 반응. 질의응답의 핵심내용

600명의 각계인사 참석. 질의내용 과정에서 흥미로운 문답이 오갔을 경우 이를 기사에 덧붙인다.

⑥ 강연내용 요약

강연의 주요내용을 스트레이트 기사로 처리하는 외에 관심있는 독자들을 위해 강연내용을 요약해서 기사 말미에 별도로 덧붙였다. 세미나나 연설문 기사 쓰기에서 흔히 쓰는 기법이다.

⑦ 강연내용이 가져올 파장

일반적인 학술강연의 경우에는 파장을 생략한다. 다만 민감한 이슈를 제기한 정치적 연설의 경우 예상되는 정치적 파장을 덧붙인다.

세미나 기사 보기　　　세미나 기사는 여러 개의 발표문 중에서 가장 뉴스가 치가 높은 발표문 하나를 선택해서 기사화하는 경우도 있고, 다음의 기사처럼 주요 발표문 여러 개를 종합해서 쓸 수도 있다. 종합해서 기사를 쓰는 경우에는 여러 발표문에서 공통되는 주제나 주장을 뽑아내서 리드에 쓰고, 본문은 이 리드를 뒷받침하는 발표문 내용으로 구성한다.

제목:자동차공업協 '대내외 환경변화와 대응' 세미나
고비용 노사관계 · 환율 하락 · 내수 위축/현상황 93년 日과 비슷…타산지석 삼아야

　한국 자동차산업이 고비용 노사관계, 환율 하락, 내수 위축 등 3대 경영위기에 내몰렸다는 경고가 나왔다. 이에 따라 노조의 생산성 향상노력, 정부의 내수진작정책 등 위기상황을 돌파하기 위한 특단의 대책이 시급한 과제로 제기됐다.

　한국자동차공업협회가 10일 서울 대한상의회관 의원회의실에서 주최한 '201X년 대내외 환경변화와 자동차산업의 대응' 세미나에서 학계 및 업계 전문가들은 한국 자동차산업이 경직된 노사관계와 환율하락에 따른 수익성 추락, 고점대비 30%나 축소된 내수시장 등 사면초가에 휩싸여 있다고 입을 모았다. (중략)

　김기찬 가톨릭대 경영학부 교수는 "국내공장의 낮은 생산성으로 원고시대의 세계 경쟁에서 승리한다는 것은 꿈같은 이야기"라며 경직된 노사관계와 생산성의 위기를 가장 큰 문제점으로 제기했다. 김 교수는 현대 · 기아차의 경우 베이징이나 슬로바키아 현지공장의 생산성이 국내보다 훨씬 높다며 기아차의 생산성 증가율은 지난 4년간 불과 3.7%에 머무르고 있다고 꼬집었다. (중략)

　김 교수는 또 급격한 환율 하락으로 업계의 수익성이 크게 떨어지면서 연구개발(R&D) 투자재원마저 부족한 실정이라며 이 같은 상황이 지속될 경우 차세대 글로벌 신차경쟁에서 탈락할 수밖에 없다고 우려했다. 김 교수는 때문에 "정부와 산업계, 학계가 지혜를 모아 국민산업으로 성장한 자동차산업의 위기를 진지하게 재점검해야 한다"고 충고했다. (이하 생략)

취재노트 : 주요 사실 정리하기

　① 발표된 주요내용

-한국자동차산업 노사관계,환율하락,내수 위축의 3대 경영위기에 봉착

-경직된 노사관계와 생산성 위기 큰 문제로 부각

-수익성 하락으로 연구개발 투자 저조. 글로벌 신차경쟁에서 낙오될 위기

-세재개편등 내수진착책 필요

-노사관계 안정이 시급

② 발표자의 이름과 신분:김기찬 가톨릭대 경영학부 교수 외

③ 세미나의 목적,시간과 장소,회견에 걸린 시간

한국자동차공업협회가 10일 서울 대한상의회관 의원회의실에서 주최한 '201X년 대내외 환경변화와 자동차산업의 대응' 세미나

④ 주요내용의 배경정보, 인용문

⑤ 청중 반응. 질의응답의 핵심내용

- 참석자들의 질의응답중에 나온 내용(세미나 참석자들은 이에 대해 과도하게 높은 자동차 세제를 전면 개편하는 등 내수 진작책이 시급하다며 사회 각계의 의견을 모아 하루빨리 위기해결 메커니즘을 만들어야 한다고 입을 모았다.)

-허근 자동차협회 상근부회장 인사말(노사관계 안정 필요성 역설)

사전 배포된 원고　　　중요한 연설이나 세미나 발표문의 경우 원고가 사전에 언론사에 배포되는 경우가 많다. 세미나 발표 논문의 경우는 양이 많다. 요약문이 별도로 제공되더라도 정확한 기사를 쓰기 위해서는 원문을 반드시 읽도록 한다. 정부의 주요 정책발표나 학술논문의 경우처럼 언론사에서 원고를 미리 검토해서 정확한 보도를 하도록 유도하기 위해서다. 주최측에서 미리 언론사에 배포해 주는 경우도 있고, 그렇지 않을 경우에는 기자가 주최측에 원고를 사전에 보여 줄 것을 적극적으로 요청할 수도 있다.

사전 배포된 원고는 엠바고 요청이 없을 경우에는 실제로 연설이 행해지기 하루 이틀 전에 원고내용을 언론에 보도해도 무방하다. 이 경우에는 "홍길동 씨는 사전 배포된 원고를 통해 ~라고 주장했다."는 식으로 사전 배포된 원고를 토대로 기사를 썼다는 사실을 밝힌다.

11강
인터뷰 기사 쓰기

1 인터뷰의 정의

취재를 하는 데는 여러 가지 방법이 있다. 뉴스 현장을 직접 가서 확인하고 보도자료 등 여러 문서를 통해 정보를 얻고, 사람들을 만나 인터뷰를 할 수도 있다. 이중에서도 인터뷰는 뉴스 보도에 있어서 특히 빼놓을 수 없이 중요한 부분을 차지한다. 인터뷰는 사람을 직접 만나서 하는 경우가 대부분이지만 전화로 하는 인터뷰도 대단히 많이 이용되고 있고 요즘에는 이메일 인터뷰도 흔하게 이용된다. 어떤 형식을 취하든 뉴스 문장을 쓰는 데 있어서 인터뷰를 한

번도 하지 않고 보도자료나 다른 문서에 의존해서만 쓰는 경우는 거의 없다고 보면 된다.

　사건 관련자이건 아니면 전문가이건, 혹은 문서에 적힌 내용을 확인하기 위해서라도 언론문장을 쓰는 데 있어서 인터뷰는 반드시 거쳐야 하는 필수 코스라고 할 수 있다. 인터뷰의 형식도 인터뷰에 응하는 사람과 인터뷰를 하는 사람이 마주 앉아 서너 시간씩 진행하는 본격적인 인터뷰도 있고, 핵심 사항 몇 마디만 물어보는 간단한 인터뷰도 있다. 인터뷰는 이처럼 기사를 쓰는 데 필요한 정보를 얻기 위해서 간단하게 하는 약식 인터뷰(spot interviews)와 인터뷰하는 상대를 주 취재원으로 활용하는 심층 인터뷰(depth interviews)로 크게 나눌 수 있다. 인물 소개 인터뷰 같은 것이 후자의 경우에 해당된다.

약식 인터뷰　　　**① 시간, 장소에 구애받지 않는다**

　　　　　모든 보도 문장은 부분적으로 혹은 전적으로 인터뷰를 해서 얻은 정보를 활용해서 쓴다. 약식 인터뷰는 하나의 기사를 구성하는 여러 정보를 얻기 위해서 행해지는 경우를 가리킨다. 사건사고 기사를 쓰기 위해 경찰의 수사 책임자를 만나서 수사상황을 듣는 경우, 환경문제를 주제로 한 기사를 취재하면서 환경 전문가들을 만나서 전문가의 입장을 듣는 경우 등을 가리킨다. 인터뷰가 행해지는 장소도 길거리 사건현장, 전문가의 사무실 등 어디나 될 수 있다. 프로야구 시합이 끝난 뒤 운동장에서 감독을 붙잡고 인터뷰를 할 수도 있고, 선수 탈의실로 찾아가 그날의 수훈 선수를 인터뷰 할 수도 있다(locker room interviews). 이렇게 해서 얻은 정보는 모두 그날의 경기상황을 정리하는 기사의 재료가 된다.

② 인물 대신 사건에 초점을 맞춘다

약식 인터뷰의 특징은 인터뷰에 임하는 상대가 아니라 사건의 정보에 초점을 맞춘다는 것이다. 물론 상대방의 인간적인 면모, 그가 보고 들은 극적인 요소가 사건을 구성하는 데 중요한 요소가 될 수도 있지만 이것 역시 전체 사건의 큰 그림을 그리는 데 하나의 조연 역할을 할뿐이지, 인터뷰를 하는 목적은 어디까지나 사건 관련 정보를 얻기 위한 것이다. 다음은 용인 에버랜드에서 일어난 안전사고를 다룬 스트레이트 기사이다.

잠실 롯데월드가 시설안전 문제로 전면 폐장된 가운데 가족과 함께 용인 에버랜드를 찾았던 30대 주부가 놀이공원측의 안전조치 소홀로 놀이기구에서 떨어져 현장에서 숨졌다.

14일 오후 5시35분쯤 경기 용인 에버랜드에서 놀이기구 '가고일의 매직배틀'에 탑승했던 안모씨(38)가 탑승객용 좌석에 앉지 않은 상태에서 기구가 작동하는 바람에 3m가량 되는 높이에서 떨어져 목숨을 잃었다. 안씨는 이날 남편, 아들들과 함께 에버랜드를 찾았다가 변을 당했다. 에버랜드 놀이기구에서 안전사고가 나 이용객이 숨진 경우는 이번이 처음이다.

안씨가 탑승한 놀이기구는 안전벨트로 고정된 좌석이 시계추처럼 30~40도 각도로 앞뒤로 움직이고 주변에 있는 원통형 스크린이 별도로 360도 회전을 하는 장치다. 사고 당시 안씨의 남편과 아들들은 좌석에 앉아 안전벨트를 착용했던 것으로 알려졌다. 그러나 이 놀이기구가 좌석이 움직이는 것과 별도로 원통이 회전하는 기구임을 알지 못한 안씨가 원통 부분에 섰다가 갑자기 원통이 돌아가는 바람에 떨어진 뒤 원통과 벽면 사이에 끼여 숨졌다고 경찰은 밝혔다. 경찰에 따르면 당시 놀이기구에는 안전요원이 배치됐으나 놀이기구 밖에서 기구를 통제하는 안전요원은 안씨가 좌석에 앉았는지 여부를 제대로 확인하지 않은 상태에서 기구를 작동시킨 것으로 조사됐다.

경찰은 당시 현장에 있던 안전요원을 불러 안씨가 좌석에 앉지 않은 상태에서 기구를 작동한 정확한 경위와 안전조치 준수 여부 등을 조사 중이다.

남편의 직장 동료들은 "안씨가 가족들과 함께 놀이기구에 올라 의자에 앉았으나 무섭다면서 일어서더니 비상구 쪽으로 이동했다"며 "이후 기구가 갑자기 작동하면서 안씨가 떨어졌다"고 전했다.

　　에버랜드 관계자는 "에버랜드에서 놀이기구 이용객이 사망하기는 이번이 처음"이라며 "최종 확인을 못한 것은 우리측 잘못"이라고 말했다.

　　가고일의 매직배틀은 지난해 9월 설치된 가족형 놀이기구로, '움직이는 집'과 '바이킹'이 결합된 형태의 장치다.

　　기자들은 이 기사를 쓰기 위해 최소한 3명 이상과 인터뷰를 했음을 알 수 있다.

① 경찰 관계자:사건경위와 수사상황을 취재했다.

　　기사 첫 머리 두 단락에 포함된 5W 1H를 비롯한 사건경위는 경찰 관계자로부터 공식취재한 정보를 토대로 작성되었다. 그리고 경찰을 통해 수사상황도 취재했음을 알 수 있다.

　　"경찰은 당시 현장에 있던 안전요원을 불러 안씨가 좌석에 앉지 않은 상태에서 기구를 작동한 정확한 경위와 안전조치 준수 여부 등을 조사 중이다."

② 사망자 남편의 직장 동료:현장 목격자 증언을 들었다.

　　남편의 직장 동료들은 "안씨가 가족들과 함께 놀이기구에 올라 의자에 앉았으나 무섭다면서 일어서더니 비상구 쪽으로 이동했다"며 "이후 기구가 갑자기 작동하면서 안씨가 떨어졌다"고 전했다.

③ 에버랜드 관계자:사고책임이 누구한테 있는지를 취재했다.

　　에버랜드 관계자는 "에버랜드에서 놀이기구 이용객이 사망하기는 이번이 처음"이라며 "최종 확인을 못한 것은 우리 측 잘못"이라고 말했다.

　　약식 인터뷰에서 질문의 초점은 이처럼 사건의 핵심 정보를 얻는 데 모아진다. 앞의 사건의 경우 기자는 먼저 희생자의 신원(이름과 주소),사고 원인, 사건 장소, 사건발생 시간 등을 파악하는 데 주력한다. 그 다음으로는 사건의 보다 구체적이고 상세한 내용, 사고를 낸 놀이기구의 구조 등을 파악하고 목격자를 찾아 사건 당시의 상황을 듣는다. 이 과정에서 핵심 정보와 관련된 구체적인 묘사가 나오면 직접 인용문으로 소개한다.

심층 인터뷰　　　　인물소개(profiles) 혹은 심층 인터뷰(depth interviews)로 부른다. 갑자기 대선 불출마를 선언한 유력 정치인, 맨손으로 강도를 잡은 시민, 이혼 혹은 결혼을 발표한 인기 배우, 20년만에 무대로 복귀한 왕년의 인기 여가수, 휠체어로 국토를 종단한 장애 청년 등등 독자들의 관심을 사로잡을 인물 이야기는 우리 주위에 넘쳐난다. 이들을 만나 이들의 살아가는 이야기와 내면을 들춰내 보여주면 독자들은 그 이야기에 빠져든다. 심층 인터뷰가 가장 자주 이용되는 게 바로 이 인물소개 기사이다.

인물 인터뷰를 할 때 가장 중요한 것은 상대 인물의 진면목을 포착하는 것이다. 그것은 상대가 한 발언 내용 중에서 직접 인용을 통해 찾을 수도 있고,그가 설명하는 상황 설명에서 포착할 수도 있다. 이런 내용 중에서 감동적인 대목과 마주치면 독자들은 잠시 신문을 내려놓고 감동에 젖는다.

2 인터뷰 요령 🖋

인터뷰를 할 때 지켜야 할 가장 중요한 수칙을 분야별로 정리해 본다.

철저한 준비　　　**① 인터뷰의 시작은 준비**

비비안 리와 인터뷰하러 간 기자가 '바람과 함께 사라지다'(Gone With the Wind)에서 맡은 역이 무엇이었느냐는 질문으로 인터뷰를 시작했다고 치자. 그 인터뷰는 제대로 시작도 못하고 끝났을 것이다. 반면 다른 기자는 이 여배우가 헤어스타일을 바꾼 것을 알아보고 "바뀐 헤어스타일이 예쁜데 왜 바꿨느냐?"는 질문부터 시작했다면 그는 인터뷰를 훌륭하게 마칠 수 있었을 것이다. 무슨 차이인가? 한 사람은 인터뷰에 임하기 전에 준비를 잘했고, 다른 사람은 준비가 전혀 안 된 차이다. 신문기사 파일 등 인터뷰 주제나 인물과 관련된 정보를 두루 찾아본다. 일부 중요한 정보는 암기한다.

② 준비 안 된 기자는 상대가 얕본다

철저한 준비로 인터뷰 상대방에게 기자가 자신에 대해 무엇인가를 알고 있고, 만만한 상대가 아니라는 인상을 주어야 한다. 이를 '인터뷰 상대 연구'(priming the interviewee)라고 한다. 예를 들면 "홍길동 선생님, 이번에 개봉될 영화 '구름의 파이터'에서 대단한 액션신을 보여 주셨는데, 대역을 전혀 안 쓰셨더군요?" 같은 식의 질문이다. 아울러 인터뷰 상대가 말하는 모든 팩트와 자료를 전문가답게 받아들여야 한다. 기초적인 사실부터 따지려 들거나, 지나치게 놀라는 표정을 지으면 상대가 우습게 본다.

준비를 잘하면 좋은 질문을 할 수 있다. 준비가 잘 된 질문자는 상대방에게 만만하게 대할 상대가 아니라는 느낌을 안겨 준다. 미국 작가 톰 로젠틸의 말을 소개한다. "주제에 대한 지식이 바로 기자와 인터뷰에 임하는 상대방 사이에 친밀감을 만들어낸다." 준비가 철저히 되어서 소위 '서로 말이 통하는' 인터뷰를 하고 나면 인터뷰를 한 사람이나 인터뷰를 당한 사람 모두 기분이 좋다. 기자는 인터뷰 상대로부터 "당신처럼 깊이 있는 질문을 하는 사람은 처음 봤다."는 등의 찬사를 들을 때 기분이 제일 좋다.

③ 녹음기 사용

필요하다고 판단되면 녹음기를 사용한다. 민감한 사안이고 마감시간 전에 녹음기를 다시 들을 만한 시간 여유가 있는 경우에 해당된다. 하지만 상대가 녹음기 때문에 말을 아낄 우려는 없는지 등을 잘 판단해야 한다. 녹음기를 사용할 때는 상대의 허락을 미리 받고 탁자 한가운데 두는 것보다는 가급적 한쪽으로 치워놓는 게 좋다. 자기가 하는 말이 눈앞에서 한마디도 남김없이 녹음되고 있다는 사실이 말을 아끼게 만들 수도 있기 때문이다. 하지만 눈에 띄는 곳에 두어서 녹음기가 제대로 작동되는지 여부를 수시로 확인한다. 녹음기는 기사를 쓸 때 취재수첩에 메모한 내용의 보충자료로 활용하고 나중에 보도 내용이 문제가 될 경우, 증거자료로 쓸 수 있다. 그렇더라도 녹음기에 전적으로 의존해서는 안 된다. 배터리가 떨어질 수도 있고, 녹음이 제대로 안된 경우도 있다. 녹음기를 켜놓더라도 직접 받아 적어야 한다.

④ 속기술

속기술은 필수다. 대부분의 기자들이 나름대로 간단한 속기법을 개발해서 쓴다. 예를 들면 외교부장관을 '외장', 청와대대변인 '청대', 외교통상위원회를 '외통'이라고 하는 식이다. 영문 인터뷰의 경우에는 without을 'w/o', incomplete를 'inc'라고 하는 식이다. 단체 이름이나 직함 등에는 이니셜이나 특징을 나타내는 그림을 만들어 사용할 수 있다.

주제 설정　　　**① 질문을 미리 준비한다**

　　　　　　　먼저 무엇을 쓸 것인가 하는 주제 파악을 한 다음 그에 맞
춰서 질문 목록을 만든다. 즉석 문답을 잘하기 위한 최선의 방법은 질문거리
를 미리 만들어 기억해두는 것이다. 그렇게 하면 느긋한 마음으로 인터뷰에
임할 수 있고, 중요한 질문을 놓치지 않는다. 취재원이 미리 알아서 기자가 듣
고 싶어 하는 정보를 술술 말해 줄 것이라는 기대는 하지 말라. 질문거리를 미
리 준비하다 보면 스스로 해당 문제에 대한 생각을 정리하는 기회가 된다. 아
울러 질문을 다듬다 보면 어떤 문제에 대해 반드시 답을 들어야 할지에 대해
서도 생각이 날 수 있다.

② 주관식 질문과 객관식 질문을 적절히 혼합

　객관식 질문(closed-ended questions)과 주관식 질문(open-ended
questions)을 적절히 혼합한다. "금년에 연세가 얼마이십니까?"같은 객관식
질문은 기본적인 정보를 얻는 데 쓴다. 반면 "이번 아파트 분양가 공개 방침에
대해 어떻게 생각하십니까?" 같은 주관식 질문은 질문자가 예상치 못한 답변,
많은 사례와 자신의 의견을 밝히도록 유도하는 데 유용하다. "그래서 어떻게
하셨나요?" "왜 그런 일이 일어났다고 생각하십니까?"등의 추가질문을 가급적
많이 한다. 단답형으로 끝낼 수 있는 질문은 가급적 하지 않는다. 예를 들어
"아직 그런 소식은 없습니까?"라는 질문처럼 상대방이 "없다"라고 한마디로
자를 수 있는 질문은 피한다.

③ 직접 인용할 사례를 많이 이끌어낸다

독자들은 직접 인용문을 통해 언론에 소개되는 사람의 육성을 듣는다. 직접 인용문은 기자가 실제로 들을 말을 그대로 옮겨줌으로써 기사의 객관성을 높여 주는 효과도 낸다. 아울러 재미있는 기사 쓰기는 재미있는 사례가 많이 들어가야 가능하다. 따라서 흥미롭고 생생한 사례를 많이 이끌어내도록 노력한다. "예를 한 번 들어 주실 수 있습니까?"라든지 "실제로 그런 일이 일어난 적이 있습니까?"라고 물고 늘어지는 식이다. 하지만 직접 인용문은 100% 정확한 것이 생명이다. 인용문의 내용이 정확한지 확신이 서지 않을 때는 과감하게 인용부호를 떼고, 설명체로 풀어서 쓴다.

친밀감   ① 약속시간을 지킨다

미리 인터뷰 약속을 하지 않은 채 바쁜 사람의 사무실로 불쑥 찾아가 30분이고 한 시간이고 시간을 뺏을 수는 없다. 약속을 했으면 반드시 약속시간을 지키도록 한다. 약속시간에 늦어서 허겁지겁 취재원의 사무실에 나타났다고 가정해 보자. 들어서면서 미안하다는 말부터 해야 한다면 벌써 기 싸움에서 밀린 것이다. 진땀부터 흘려서야 어찌 그 사람을 코너로 몰 질문을 제대로 할 수 있겠는가.

② 복장은 단정하게

단정한 복장으로 나타나 취재원에 대한 예의를 지키도록 한다. 좋은 인상을 주어서 인간적으로 호감을 받도록 하는 게 인터뷰를 부드럽게 하는 데 도움이 된다. 물론 프로야구선수를 만나러 갈 때와 서울시장을 인터뷰하러 갈 때 복장이 다를 수 있다. 하지만 상대방이 무례를 당했다고 느끼게 만드는 복장, 너무 튀거나 단정치 못한 복장은 피한다.

③ 편안한 대화 분위기

인터뷰는 격식을 갖춰서 딱딱하게 하는 게 아니라 편안한 대화처럼 이끄는 게 좋다. 체계적인 준비를 갖추고 임하되 대화는 편안하게 내가 할 말을 하고 상대의 말을 들어 주는 기분으로 한다. 공식적이고 격식을 갖춘 분위기에서 인터뷰를 하는 것은 비효율적이다. 인터뷰는 쉽게 말해 특정 주제를 놓고 어떤 사람과 이야기를 나누는 것이다.

④ 친밀감을 만든다

만나자마자 다짜고짜 질문부터 하지 말고 먼저 편안한 분위기를 만든다. 날씨 이야기도 좋고, 상대가 골프광이라는 사실을 미리 알면 골프 이야기를 하는 것도 좋고, 하여튼 두 사람 사이에 친밀감을 만드는 게 중요하다. 이 친밀감이 인터뷰의 성패를 좌우한다.

⑤ 여유를 보여라

수시로 상대의 눈을 응시하면서 여유를 보인다. 기자가 받아적느라고 바빠서 상대한테 자신의 머리통과 바삐 움직이는 손가락끝만 보여 주는 것은 좋지 않다. 상대에 따라서는 자기가 하는 말이 남김없이 받아적힌다는 데 대해 불안감을 가질 수도 있다. 귀를 귀울여 들되, 중요하지 않은 내용까지 메모한다고 힘을 빼지는 말 것. 상대의 말을 진지하게 경청하면서 표정을 부드럽게 하고 가급적 많이 웃는다. 미소는 상대는 물론 자신의 마음도 함께 편안하게 만드는 윤활유 역할을 한다.

⑥ 맞장구를 치라

상대가 말할 때는 머리를 끄덕이거나 맞장구를 쳐서 내가 주의 깊게 듣고 있다는 신호를 보낸다. 가급적 의자를 앞으로 바짝 당겨서 몸을 앞으로 기울인 채 진지한 표정을 짓는다.

⑦ 보도를 전제로 한 인터뷰임을 분명히 밝힌다

보도(on the record)를 전제로 한 인터뷰임을 미리 밝혀둔다. 상대방이 비보도(off the record)를 요구할 경우에는 비보도의 대상을 분명히 확인한다. 자기 이름을 밝히지 말아달라는 것인지, 아니면 자기가 말하는 정보 자체를 기사에 쓰지 말라는 것인지 등등 비보도의 대상과 범위를 분명히 한다. 다른 사람한테서도 들을 수 있는 내용을 비보도로 해달라고 요구할 때는 사정을 설명하고 보도 허락을 받아내도록 한다.

⑧ 보도 약속은 금물

인터뷰한 내용을 언제 어떤 식으로 보도하겠다는 약속은 하지 않는다. 인터뷰한 사람에게 인터뷰 내용이 신문에 실리기 전에 먼저 보여주겠다는 약속도 해서는 안 된다. 원고를 미리 보여 달라고 요구하는 사람들도 더러 있지만, 신문에 게재되기 전에 기사 내용을 외부에 유출하지 않는 게 회사의 방침이라고 말하면 대부분 수긍한다.

철저한 관찰　　　**① 상대의 일거수일투족을 주시한다**

말투, 몸짓, 의상, 신체적 특징 등 상대의 일거수일투족을 놓쳐서는 안 된다. 말로 나타내지 않은 의사표현이 이런 데 담겨 있으며 이런 것을 기사작성 때 소화할 수 있다. 그밖에 인터뷰 장소 주위의 새소리 바람 소리까지 놓치지 말고 노트에 기록한다.

② 질문보다 듣는 데 신경을 더 집중한다

다음 질문을 생각하느라 상대의 답변 내용을 건성으로 들어선 안 된다. 항상 반박할 자세를 갖춘다. 상대가 하는 말의 의미가 분명치 않을 경우에는 "무슨 뜻인지 구체적으로 설명해 달라"거나 "다시 한 번 말해 달라"고 부탁한다. 불분명한 부분을 절대로 그냥 넘겨서는 안 된다. 상대가 특정 주제에 대해 말하기를 회피한다는 느낌이 들면 집요하게 묻고 늘어진다.

③ 상대의 말을 끊지 말 것

상대의 말을 끊지 말고, 질문을 장황하게 하지 말 것. 질문자는 가급적 말을 줄인다. 들으려고 갔지 가르치려고 간 것이 아니지 않은가. 너무 초기에 상대를 자극하지 말 것. 특정 사안에 대해 자신의 생각을 솔직하게 털어놓는 게 상대방과 인간적 친밀감을 만드는 데 도움이 될 수 있다. 하지만 간단하게 말해야 한다.

대화의 기술 　　　**① 쉬운 질문으로 시작한다**

신변잡담 등 가벼운 대화를 이끌어 나가되 수시로 질문 목록으로 되돌아간다. 롤링 스톤(Rolling Stone) 편집인을 지낸 앤터니 드커티스(Anthony deCurtis)의 말을 소개한다. "인터뷰는 환담을 하는 것이다. 다른 점이 있다면 여러분이 대화의 방향을 주도하라는 것이다. 원하는 답변을 얻어낼 수 있도록 방향을 잃지 말아야 한다." 쉬운 질문부터 시작한다. 상대방이 긴장하지 않도록 인사치례 같은 질문으로 시작하도록 한다. 답하기 어려운 문제는 뒤로 미룬다.

② 대화를 주도하라

인터뷰 할 때 3대 준비물은 필기구, 메모지, 그리고 약간의 소금이라는 말이 있다. 여기서 소금이란 비판적이고 회의적인 태도를 말한다. 상대가 말하는 것을 절대로 곧이곧대로 받아들이지 말라는 뜻이다. 상대가 인터뷰를 엉뚱한 곳으로 끌고 가려고 하면 따라가는 시늉은 하되 대화의 주도권을 놓아서는 안 된다. 필요하면 단호하게 자르고 원래의 주제로 대화를 되돌려놓아야 한다. 하지만 미리 결론을 내려놓고 질문하는 듯한 태도는 안 된다. 기자 자신의 생각에 따라 질문의 요점을 끌고 가려는 태도는 피해야 한다.

③ 확인 또 확인

제대로 못 알아들은 말을 제대로 알아들은 것처럼 행세해서는 안 된다. 발언 내용이든 철자든 의심 가는 부분은 망설이지 말고 다시 묻는다. "그러니까 현재로서는 사의를 표명하실 의향이 없다는 말씀입니까?"라고 분명하게 확인하지 않은 채 '누구누구 사의 표명' 하는 식으로 기사를 써 버리면 안 된다. 상대의 이름과 직함은 정확하게 확인한다. 상대의 이름, 한자어, 특히 외국인일 경우 철자를 잘못 쓰면 큰 결례일뿐 아니라, 기사 전체의 신뢰도가 타격을 입게 된다. 이미 다른 매체에 난 그 사람의 이름이나 직함을 절대로 그대로 쓰지 말고, 본인에게 직접 물어서 확인한다.

④ 속마음을 드러내지 말 것

상대방이 내가 자기 생각에 동의하지 않는다는 낌새를 채는 순간 인터뷰의 성공은 장담할 수 없게 된다. 속에서 부글부글 끓어오르더라도 속내를 감추고 끝까지 상대의 말을 듣는다.

⑤ 기 싸움에서 이겨야 한다

인터뷰는 기자와 인터뷰에 임하는 사람 사이에 벌이는 기 싸움과 같다. 내가 원하는 정보를 갖고 있으나 그것을 쉽게 내 주지 않으려는 사람한테서 그 정보를 빼앗아내는 작업이 바로 인터뷰이기 때문이다. 이를 위해서 때로는 아첨과 굴욕도 감수해야 한다.

⑥ '실체적 진실'(actual reality)을 찾아내라

'실체적 진실'을 찾아내 보도하는 게 기자의 임무다. 인터뷰는 대화를 통해 그 실체적 진실을 찾아내는 작업이다. 진실에도 여러 가지 종류가 있다. 상대가 기자에게 알려 주어서 보도될 수 있도록 하는 정보는 '보도 가능한 진실' (reportable reality)이다. 상대가 기자에게 알려 줄 수는 있지만 보도는 못하게 막는 정보는 '사적인 진실'(private reality)이다. 반면 상대가 알고 있으면서 보도는 커녕 기자에게 알려 주지도 않으려는 정보가 있는데 이것이 바로 '실체적 진실'(actual reality)이다. 일부에서 보도되지 않도록 막으려는 이 실체적 진실을 찾아내 보도하는 게 바로 언론의 임무다.

⑦ 추가 취재

인터뷰 말미에 궁금한 점이 생기면 다시 전화해도 좋겠느냐고 허락을 얻고 나중에 미심쩍은 부분이 생기면 실제로 추가 전화 취재를 한다. 기사작성을 끝낸 다음에도 미흡한 부분이 있으면 전화로 보충 취재를 한다. 이를 위해 사무실 전화 외에 핸드폰 번호 등 긴급히 연락할 수 있는 전화번호를 받아둔다.

인터뷰 중에 언급된 날짜나 수치 등은 반드시 이중 확인한다. 어리석은 질문이라고 치부하지 말고, 아무리 기본적인 사항이라도 반드시 확인해서 정확한 정보를 받아적도록 한다.

3 오리아나 팔라치(Oriana Fallaci)의 인터뷰 기술

철저한 준비

오리아나 팔라치는 수많은 역사적 인물들을 상대로 인터뷰를 하며 기자들의 부러움을 한 몸에 받은 인물이다. 그는 인터뷰마다 여러 다른 기법을 사용했지만 바탕에 깔린 가장 중요한 원칙은 바로 철저한 준비였다. 책, 신문 스크랩, 다른 사람이 한 인터뷰 등 모든 수단과 자료를 총동원해 인터뷰 준비를 했다. 그래서 어떻게 인터뷰를 이끌어갈지 어떤 질문을 할 것인지 완벽한 그림을 머릿속에 그려놓고 인터뷰에 임했다. 팔라치는 자신의 인터뷰 모음집 서문에 "나는 수천 가지 분노를 가지고 인터뷰에 임했다. 그 수천 가지 분노는 수천 개 질문이 되어 내가 상대에게 공격을 퍼붓기 전에 먼저 나를 공격했다."고 썼다. 미리 꼼꼼하게 준비한 자료를 토대로 인터뷰 상대를 다루었다는 말이다.

**상대방의 약점
파고들기**

준비를 하는 과정에서 팔라치는 상대의 약점, 취약점을 파악했다. 헨리 키신저 국무장관이 현직에 있을 당시 인터뷰를 하면서 있었던 일화는 유명하다. 외교문제에 관한 한 대통령을 능가하는 실권을 휘두른다는 말을 들을 정도로 그의 위세가 등등하던 때였다.

팔라치는 키신저의 자긍심을 약점으로 파고들었다. "키신저 박사님, 박사님이 인기 영화배우보다 더 높은 인기를 누리는 사실을 도대체 어떻게 설명해야 할까요? 박사님이 대통령보다도 더 유명하고 인기가 더 많은 이유가 무엇 때문이라고 생각하시나요?" 우쭐해진 키신저가 이 미끼를 덥석 물었다. "물론 알고 있지요. 나는 항상 혼자서 결정합니다. 미국민들은 그런 면을 매우 좋아합니다. 미국민들은 역마차 대열을 이끌고 맨 앞에 혼자 앞장서서 마을로 들어가는 카우보이를 좋아하지요. 카우보이는 타고 가는 말밖에는 지닌 것이 없지요. 총도 안 차고 있을지 몰라요. 왜냐하면 그는 총을 쏘지 않으니까요. 그는 꼭 필요한 때, 있어야 할 장소에 나타나기만 하면 됩니다." 자신을 카우보이에 빗댄 키신저의 이 말은 전 세계 언론에 대서특필되었고, 대통령도 무시하고 혼자 잘난척한다는 비난이 쏟아졌다. 키신저는 "팔라치를 만난 것이 평생 가장 멍청한 일이었다."고 후회했다.

화를 돋군다   이란혁명 직후인 1979년 팔라치가 최고지도자 아야툴라 호메이니를 만났다. 팔라치는 호메이니의 화를 있는 대로 돋구어서 말을 하게 만드는 수법을 썼다. 여성에 대한 차별 문제를 따지면서 도발적으로 물었다. "차도르를 입고 어떻게 수영을 합니까?" "당신은 광신자가 맞지요?" 호메이니는 팔라치에게 차도르는 젊은 여성이나 쓰는 것이니 쓰기 싫으면 쓰지 말라고 역공을 했다. 그 말을 들은 팔라치는 "중세에나 쓰던 이 걸레조각을 왜 쓰는지 모르겠다"며 차도르를 휙 벗어던져 버렸다. 화가 머리끝까지 난 호메이니는 벌떡 일어나 방을 나가 버렸다. 뒤에다 대고 팔라치는 이렇게 소리쳤다. "어디 가시나요? 오줌 누러 가시나요?" 그리고 나서 팔라치는 호메이니가 다시 돌아오기 전에는 한발짝도 안 움직이겠다며 버텼다. 결국 호메이니는 돌아와서 인터뷰를 마쳤다.

팔라치는 모든 지도자는 자신의 행동에 책임을 져야 하고, 그렇기 때문에 자신의 행동에 대해 대중에게 설명해야 할 책임이 있다고 믿었다. 팔라치가 리비아 독재자 무아마르 카다피와 벌인 설전 한 토막을 소개한다. 카다피가 자신은 절대로 실수를 하지 않는다고 으스대자 팔라치는 "당신은 신을 믿나요?"라고 물었다. "물론 믿지. 그런 걸 왜 물으시오?" 팔라치는 "당신이 신인 줄 알았으니까요."라고 되받아쳤다. 물론 누구나 이런 수법을 쓴다고 되는 것은 아니다. 팔라치는 워낙 이런 불같은 성격으로 소문이 난 사람이고 인터뷰를 응낙하는 상대도 그런 사실을 알면서 그렇게 하는 것이기 때문에 그녀는 성공할 수 있었다.

4 일문일답식과 풀어쓰기

심층 인터뷰 기사를 작성하는 방법에는 두 가지가 있다. 하나는 일문일답 위주로 쓰는 것이고, 하나는 기사처럼 풀어서 쓰면서 직접 인용문을 혼합하는 식이다. 두 가지 방법으로 쓴 기사를 각각 분석해 본다. 첫번째는 르몽드 사장과의 인터뷰를 통해 르몽드가 어떻게 세계적인 권위지의 명성을 이어가는지 그 비결을 알아보는 일문일답 위주의 기사이다. 두 번째는 역시 르몽드 기자협회장과의 인터뷰를 통해 기자가 대주주인 르몽드가 어떻게 권력과 금력으로부터 독립해서 독립 신문으로서의 위상을 지켜나가는지를 알아보는 서술식 인터뷰 기사이다.

"외부의 모든 압력에서 르몽드는 자유롭다"

르몽드는 프랑스 언론에서 매우 독특한 위치를 차지하고 있는 신문이다. 1944년 나치로부터 해방과 함께 창간돼 초기에는 드골주의 편에 섰다. 그러나 드골이 장기집권 하면서 반(反)드골주의 진영에 섰고 이후 어떤 정치 권력에 대해서도 비판의 날을 거두지 않음으로써 독립언론으로서의 확고한 명성을 쌓았다.

장 마리 콜롱바니 사장은 1994년 기자들에 의해 사장에 선출된 뒤 과감한 지면혁신과 경영능력으로 르몽드의 오늘을 일군 장본인이다. 2000년 재신임을 받아 8년째 유럽 최고 권위지 르몽드의 경영과 편집을 책임지고 있다. 콜롱바니 사장을 만나 서울신문보다 앞서 독립언론의 확고한 길을 지켜온 르몽드의 오늘, 그리고 독립언론이 지켜나가야 할 사명과 비전이 무엇인지에 대해 들어보았다.

◆ **르몽드는 권력과 자본으로부터의 독립을 실천하는 신문이다. 자본으로부터의 독립이 신문제작에서 갖는 의미는.**
자본의 영향력에서 벗어난다는 것은 우리가 원하는 대로 신문을 만들 수 있는 자유를 의미한다. 르몽드의 윤리강령에 나타나 있듯이 우리는 사외 주주들에게 편집권에는 절대 간섭할 수 없다는 점을 분명하게 밝혀놓았다. 그들이 관심을 가질 수 있는 것은 회사 경영상태에 관해서뿐이다. 외부의 모든 압력에서 우리는 자유롭다.

◆ **그걸 알면서도 기업들이 주주로 참여하는 이유는.**
외부 주주들의 참여는 1994년 이후 심화된 르몽드의 경영난을 타개하는 데 큰 힘이 됐다. 40.79%의 지분을 갖고 있는 사원조합과 함께 외부 기업들의 참여는 큰 보탬이 됐다. 그들의 신뢰가 있어 우리는 재기할 수 있었다. 그들 중 다수는 르몽드에 대한 애정 때문에 참여했다. 물론 일부는 다른 생각을 품고 들어왔을 수 있다. 하지만 그들이 영향력을 행사할 여지는 전혀 없다. 현재 외부 주주들이 르몽드에 대해 바라는 것은 경영이 잘돼 투자금이 이익을 내도록 해주기를 바라는 것뿐이다.

◆ 르몽드의 경영과 신문제작에서 가장 중요하게 추구하는 원칙은.

나의 임무는 지금의 르몽드를 계속 유지하는 것이다. 계속해서 자유롭게 신문을 제작하는 것이다. 아주 까다로운 요구를 계속하는 독자들을 위해, 그리고 사회의 오피니언 리더들인 독자들이 요구하는 바가 무엇인지를 파악해서 그것에 맞게 신문을 만드는 것이다.

◆ '새로운 르몽드'를 기치로 내걸고 대대적인 지면혁신작업을 추진해왔다. 지면혁신의 방향은.

1994년 취임 직후 처음 지면혁신을 시작할 때 나는 우리의 강점과 단점이 무엇인지를 우선 점검했다. 단점은 보완하고 장점은 더욱 강화하기 위한 것이다. 우리는 외교, 국제, 국내정치가 강했고 나머지는 모두 약했다.

그래서 외교, 국제는 단순한 사실보도가 아니라 외국 사회를 바라보는 눈을 제공하는 방향으로 강화했다. 국내정치도 순수 정치 뉴스가 아니라 프랑스 사회 전반을 보는 눈을 보여주도록 강화시켰다. 그리고 이 뉴스들을 앞 페이지에 배치했다.

이와 함께 기업, 금융, 과학, 기술, 문화면을 강화하고 스포츠면을 신설했다. 우리의 약점으로 파악된 분야들이었다. 이 분야들은 신문 뒤쪽 페이지들에 배치했다. 그리고 이 양자 가운데에 오피니언, 해설, 사설, 앙케트면을 배치했다. 오피니언 분야를 강화하면서 당시 내가 주문한 첫째 규칙은 정보 전달과 코멘트를 구분하라는 것이었다. 뉴스에 기자들의 주관적인 생각을 집어넣지 말라는 주문이었다.

◆ 기사에 주관적인 요소가 강한 것은 프랑스 언론의 오랜 전통 아닌가. 르몽드의 장점으로 평가되기도 했는데 왜 굳이 그런 주문을 했나.

독자들이 그것을 원했기 때문이다. 신문은 독자들이 의견을 갖는데 필요한 정보를 제공해 주는 것이다. 이를 위해 정보도 주고 우리의 입장, 우리와 생각이 다른 외부의 입장을 다양하게 독자들에게 제공해 주면 되는 것이다. 이러이러하게 생각해야 한다고 독자들에게 강요하는 게 아니라 최대한 다양한 정보와 의견들을 제공해 주어 그들이 스스로 의견을 형성하는 데 도움을 주라는 것이다. 프랑스 신문들은 자기 주장과 독자층이 너무 분명하다.

예를 들어 르피가로의 독자들은 98%가 우파이고 리베라시옹 독자는 99%가 좌파다. 우리는 이 양자의 가운데쯤으로 보면 된다. 약간 좌파가 많지만 우파, 중도우파도 많다. 그리고 독자의 45~46%가 여성이다. 나의 이러한 의도는 잘 실현되고 있고 지금 은 필요한 부분만 보충해 나가면 된다.

◆ 신문 제작에서 사장의 역할은 무엇인가. 예를 들어 1면 톱과 사설 주제를 정 하는 데 사장이 직접 관여하나.

모든 일에 항상 나는 관여한다. 낮 12시, 오후 5시 회의는 편집국장이 주재한다. 그러나 오전 최종 편집회의인 7시 30분 회의는 내가 주재한다. 여기서 1면톱과 사설 주제가 정해진다. 내가 파리에 없는 경우에도 편집국장이 항상 나와 연락을 취해 나의 입장을 듣는다. 내가 읽어보지 않은 사설은 르몽드에 실리지 못한다. 사설 제목도 내가 최종결 정한다. (이하 생략)

기사분석

① 인터뷰 상대의 신분: 장 마리 콜롱바니 르몽드 사장

② 인터뷰를 한 목적(news peg): 서울신문 창간 98주년 기념으로 콜롱바니 사장을 만나 르몽드가 어떻게 독립 언론으로서 권력과 금력의 간섭을 받지 않고 세계적인 권위지의 명성을 이어가고 있는지 비결을 들어보기 위해서.

③ 인터뷰 상대의 배경정보: 콜롱바니 사장은 1994년 기자들에 의해 사장에 선출된 뒤 과감한 지면혁신과 경영능력으로 르몽드의 오늘을 일군 장본인이 다. 2000년 재신임을 받아 8년째 유럽 최고 권위지 르몽드의 경영과 편집을 책임지고 있다.

④ 상대의 인물 됨됨이에 관해 취재한 핵심정보들: 르몽드 경영과 편집에 대 한 콜롱바니 사장의 발언 내용

⑤ 다른 취재원으로부터 취재한 내용: 인물 인터뷰의 경우 친구나 가족 등과 의 보충 인터뷰를 통해 그의 인물 됨됨이를 보여 주는 일화들이 취재되었을 경우 기사에 포함시킨다.

⑥ 인터뷰 상대의 외모 특징:외모, 언행상의 특이점.

⑦ 인상적인 글마무리: 여기서는 가장 중요한 문제 중 하나라고 생각한 정치 권력과 언론의 관계에 대한 질문으로 마무리를 지었다. 인터뷰를 풀어서 정리하는 경우에는 가장 인상적인 대목을 기자가 풀어서 쓴다.

최보식 기자는 산악인 엄홍길과의 인터뷰 기사를 다음과 같이 마무리 짓는다. 목숨을 걸어야 하는 산악인이라는 숙명과 소중한 가정이라는 산행을 대비시켜서 엄홍길의 인간적인 면모를 독자들에게 각인시키는 마무리 기법을 썼다.

> 그는 다음달 '에베레스트 초등(初登) 50주년'을 기념해, 다시 에베레스트 원정을 떠난다. 또 히말라야의 8000m급 위성봉 2개를 오를 계획이다. 그런 그에게는 뒤늦게 본 7살의 딸, 5살의 아들이 있다. 이 단단한 사내의 약점은 가정이다. "나이가 들수록 가정의 소중함이 절실해져요. 하지만 정신과 육체의 한계에 부딪치면서 도전하지 않으면 저는 죽은 것과 다를 게 없어요."
>
> 귀가할 시각, 그는 "사실 히말라야 등반도 어렵지만 가정을 꾸리고 인간관계에 얽히는 것이야말로 진정 어려운 산행"이라며 어둠 속으로 걸어갔다.

서술형과 직접 인용문을 혼합한 인터뷰 쓰기

이 글은 인터뷰 상대인 르몽드 기자협회장의 말 한마디 한마디, 그의 개인적 입장이 독자들의 주요 관심사가 아니라, 그가 자신의 입을 통해 설명하는 르몽드의 전반적인 운영상황, 정책이 관심사이기 때문에 꼭 필요한 경우만 직접 인용으로 처리하고 나머지는 풀어서 처리했다.

기자들이 사장을 직접 선출하는 르몽드의 정신은 한마디로 '모든 권력과 금력으로부터 르몽드의 독립을 지키기 위한 노력'에 모아지고 있다.독립신문이라는 목표를 지키기 위해 엘리트 르몽드인들이 만들어낸 안전장치들은 너무나 정교하게 시스템화돼 있어 마치 하나의 예술작품을 보는 것 같은 느낌을 갖게 한다.르몽드 기자들의 모임인 기자협회는 사장 선임에 거의 절대적인 권한을 갖고 있다.기자협회의 동의 없이는 사장의 선임도 해임도 불가능하다.

그러나 일단 선임된 사장은 신문의 경영,편집,발행에 모든 전권을 부여받는다."우리는 독립언론의 대의를 지키기 위해 모든 관심과 노력을 기울이지만 우리가 요구하는 게 신문의 공동경영은 절대 아니다."고 강조하는 미셸 노블르쿠 르몽드 기자협회장의 말은 이 엘르트 기자집단의 지혜와 고민을 함께 담고 있다.노블르쿠 회장은 기자경력 20년에 경제부장을 지낸 베테랑이다.지금은 정치부 고참기자로 근무하고 있지만 그는 프랑스 최고 권위지 르몽드의 사장 선출에 절대권한을 가진 사람이다. (이하 생략)

기사분석

① 인터뷰 상대의 신분: 미셸 노블르쿠 르몽드 기자협회장

② 인터뷰를 한 목적(news peg):르몽드가 권력과 금력으로부터 독립을 유지하기 위해 어떤 안전장치들을 만들어놓고 있는지 알아보기 위해

③ 인터뷰 상대의 배경정보:노블르쿠 회장은 기자경력 20년에 경제부장을 지낸 베테랑이다. 지금은 정치부 고참기자로 근무하고 있지만 그는 프랑스 최고 권위지 르몽드의 사장 선출에 절대 권한을 가진 사람이다.

④ 상대의 인물 됨됨이에 관해 취재한 인물관련정보들:노블루크의 발언내용 중 핵심정보들

⑤ 다른 취재원으로부터 취재한 내용:인물 인터뷰의 경우 친구나 가족 등과의 보충 인터뷰를 통해 그의 인물 됨됨이를 보여 주는 일화들을 함께 소개한다.

⑥ 인터뷰 상대의 외모 특징:외모,언행상의 특이점들

⑦ 직접 인용문: 서술형 인터뷰 기사의 경우 어떤 말을 직접 인용으로 처리할
지 결정한다.

⑧ 인상적인 글마무리: 앞의 글에서는 가장 핵심 내용인 편집국장 임명권을
사장이 갖는다는 내용을 글마무리로 처리했다. 가장 중요한 내용, 가장 인상
적인 인용문으로 마무리짓는 것이 좋다. 이 글에서는 당시 서울신문이 편집국
장 임면권을 사장이 갖도록 할 것인지 여부가 첨예한 사내 이슈이던 시점이
었기 때문에 이 문제와 관련된 다음의 대목을 글마무리로 삼았다.

편집국장의 임면권은 전적으로 사장이 갖는다. 이에 대해 기자협회는 어떤 의사표시도 하지
않는다. 편집인을 겸하는 사장이 신문의 모든 책임과 권한을 지고 자신이 신임하는 유능한 편집
국장에게 신문 제작의 실무를 맡기는 것이다.

12강
외신기사 쓰기

1 간접 취재 외신기사

　외신기사는 기자가 외국으로 단기 출장을 나가거나 상주 특파원으로서 직접 취재해서 쓰는 직접 취재 기사와 국내에서 외국 통신, 방송, 신문,잡지 등의 자료를 토대로 쓰는 간접 취재 기사로 크게 나눌 수 있다. 외신기사라고 해서 문장구조면에서 국내 취재 기사와 큰 차이가 있는 것은 아니다. 두 경우 모두 일반 언론문장의 요건을 충실히 갖추어야 하는 것은 물론이다. 다만 출처 인용 등에서 외신기사와 국내기사 사이에 몇 가지 차이점은 있다.

외신기사의 재료

① 통신 기사

과거에는 외신기사의 출처가 AP, AFP, 로이터(Reuters),UPI 의 세계 4대 통신사에 집중되어 있었다. 각 언론사 외신부에 설치된 텔레타이프를 통해 쏟아져 들어오는 4대 통신의 뉴스를 원재료로 삼아 그중에서 뉴스 가치가 있는 정보를 선별해서 한글로 기사화해 실었다. 텔레비전,인터넷의 활용도가 크게 높아진 요즘에도 외신기사 작성 때 가장 활용도가 높은 것은 바로 이 통신기사다. 신참 기자들은 국제부에 배치되면 제일 먼저 통신기사를 체크하고 뉴스를 선별하는 훈련부터 받는다. 하루에 수백 건씩 쏟아져 들어오는 통신기사 중에서 지리적 근접성과 정치, 문화적 근접성, 충격성, 흥미성, 특이성 등 뉴스가치 선별 기준에 맞추어 뉴스를 골라내는 연습을 하는 것이다.

-AP(Associated Press)

미국 통신사로 전 세계 신문, 방송 등에 뉴스를 공급하는 세계 최대 통신사다. 2010년 기준으로 AP는 전 세계 1700여 개의 신문과 5000여 개의 텔레비전, 라디오 방송과 뉴스 공급계약을 체결하고 있다. 그리고 121개국에 모두 242개의 지국을 설치해놓고 취재활동을 벌이고 있다. 한때 UPI통신과 경쟁관계였으나 UPI가 몰락하면서 미국 내에서 뉴스공급업계의 독점적인 선두자리를 고수하고 있다. AP 기사는 전형적인 역피라미드 문장구조를 보여주는 기사들로 유명하다. 하지만 인터넷 매체 시대가 도래하며 통신의 단문 기사에 대한 수요가 줄어들면서 입지가 다소 줄어들고 있다. 우리나라에서는 연합뉴스와 독점공급계약을 맺고 있기 때문에 국내 매체들은 연합뉴스와의 계약을 통해 구독할 수 있다.

다음은 AP통신이 프랑크푸르트발로 보내온 영문기사를 연합뉴스가 받아서 한글 기사를 만들어 국내 회원사들에게 보낸 것이다.

제목: 유럽서 온라인 '익명성' 규제 추진-사생활 침해 논란..법제화 여부는 미지수
　　(프랑크푸르트 AP=연합뉴스) 일부 유럽 국가들이 이메일 계정 또는 웹사이트 개설시 가명 사용자의 신원을 보다 쉽게 확인하기 위한 법적 장치를 강구하고 있어 주목된다.
　　독일과 네덜란드 정부는 이메일 계정 개설시 허위 정보 사용 행위를 불법으로 규정하는 한편 전화회사에 고객의 통화 시점과 대상,장소 등 상세한 기록을 보관토록 의무화하는 방안을 추진 중이다.(이하 생략)

- 로이터(Reuters)

　런던에 본부를 두고 전 세계 신문,방송에 뉴스를 공급하고 있다. 뉴스공급 보다 전 세계 기업들을 상대로 전 세계 주식시황,환율 정보, 기업 정보 등 시장 정보를 제공해 주고 받는 수입이 더 크다. 현재 전 세계 94개국 200개 도시에 지국을 운영하고 있으며 19개 언어로 뉴스를 공급한다.

제목:英, 내년부터 '정크푸드' TV광고 금지
(런던 로이터=연합뉴스) 영국의 어린이 TV 프로그램 시간대에 '정크푸드' 광고가 사라질 전망이다. 정크푸드는 패스트푸드 처럼 칼로리만 높고 영양가가 낮은 음식.
영국의 방송 · 통신 규제기구인 오프컴(Ofcom)은 내년부터 15세 청소년 프로그램 시간대에 소금, 설탕, 지방 등이 많이 함유된 식품과 음료수의 TV 광고를 금지할 방침이라고 22일 밝혔다.
　이는 지난해 발표한 정크푸드 TV 광고 금지 방안을 확대한 것이다. 앞서 지난해 11월 오프컴은 오는 4월부터 4~9세 어린이 TV 시청 시간대에 정크푸드 광고를 금지하는 방안을 내놓았었다.(이하 생략)

-AFP(Agence France-Presse)

파리에 본부를 둔 프랑스 통신사이며 1835년에 설립된 세계에서 가장 오래된 통신사다. 110개국에 지국을 운영하고 있으며 프랑스어,영어,아랍어,독일어,스페인어,러시아,포르투갈어 등 모두 7개 국어로 뉴스를 공급한다. 현재 AP,로이터와 함께 세계 3대 통신사로 꼽힌다.

-UPI(United Press International)

한때 미국 내에서 AP와 경쟁하던 통신사였으나 경쟁에서 밀리면서 1992년부터 2000년 사이에 주인이 7번이나 바뀌는 우여곡절 끝에 지금은 몰락했다. 현재는 직원 50명이 채 안 되는 미니 통신사로 겨우 명맥을 유지하고 있다.

-연합뉴스

우리나라 언론은 외국 통신사와 직접 구독계약을 체결하는 대신 연합뉴스를 통한 간접계약을 통해 뉴스, 사진 등을 공급받는다. 연합뉴스는 국내 취재 기사 외에 외국 통신의 원문기사 제공과 함께 연합뉴스 기자들이 외국 통신을 토대로 작성한 한글기사를 계약사들에게 제공한다. 계약사들은 연합뉴스를 그대로 쓸 수도 있고, 자사 기자들이 외국통신 기사를 토대로 직접 기사를 작성해서 실을 수도 있다. 이밖에 중국의 신화통신, 러시아 인테르팍스통신, 독일 dpa통신, 블룸버그 통신 등 전 세계 60여 개 언론매체와 계약을 맺고 기사를 공급하고 있다.

-뉴시스

현재 로이터, 다우존스 등과 계약을 통해 뉴스, 사진을 국내 계약사들에게 공급하고 있으나 외신의 경우 아직은 공급되는 정보의 양이나 이용률 면에서 연합뉴스에 비해 크게 뒤떨어진다.

② 방송

CNN, BBC 방송을 비롯해 일본의 NHK 등은 외신을 다루는 기자들이 모니터해야 하는 필수 매체이다. 특히 CNN 방송은 속보면에서 AP, 로이터와 맞먹는 위력을 갖고 있어 언론사 외신 관련 부서에서는 반드시 시청해야 하는 방송이다. 동유럽 변혁 과정, 그리고 냉전 후에는 보스니아 내전, 9.11테러와 뒤이은 아프가니스탄, 이라크전쟁 보도에서 독보적인 입지를 차지해 전 세계 오피니언 리더와 국가 지도자들이 CNN을 보고 정책을 입안한다는 'CNN 효과'(CNN effect)라는 용어까지 등장했다.

-CNN(Cable News Network)

세계 언론사상 최초로 24시간 뉴스 전문 텔레비전 방송 개념을 도입했다. 1980년 테드 터너가 창설했으며 타임 워너(Time Warner)사 소유다. 미국 조지아주 아틀랜타에 본사를 두고 있으며 현재 미국 내에서만 8000여 만 가구, 90만 개의 호텔객실에서 CNN 시청계약을 맺고 있다. 210여 개 나라와 영토에서 CNN을 시청한다. 2001년 9/11테러 때는 전 세계 방송사 중에서 최초로 현장 보도를 내보내 주가를 높였다.

다음은 북한의 핵실험 소식 1보를 전하는 CNN방송, AP통신 보도를 연합뉴스가 종합해서 보도한 기사다.

9일 오전 북한의 핵실험 감행 직후 미국의 CNN방송이 긴급뉴스로
그 사실을 계속해서 보도하고 있다.(서울=연합뉴스)

(제목)美언론, 北핵실험 긴급 보도

　AP통신과 CNN방송 등 미국 언론은 8일(현지시간) 오후 북한의 핵실험 소식을 연합뉴스를 인용, 긴급 뉴스로 보도했다.

　CNN방송은 이어 조선중앙통신이 핵실험 성공을 발표했다고 전하는 등 북한의 핵실험 사실을 긴급 뉴스로 계속 전하고 있다.

　CNN과 폭스뉴스 등 미국 방송들은 서울과 도쿄, 베이징 특파원과 미 국방부 출입기자 등을 잇따라 연결하며 북한 핵실험 소식을 생방송으로 보도하고 있다. (워싱턴=연합뉴스)

-BBC(The British Broadcasting Corporation)

　시청자 수로 따져 세계 최대 방송사다. CNN도 국제뉴스의 경우 시청자 수가 BBC의 절반에 불과하다. 영국 국내에만 2만 6000명의 직원이 일하고 있고 연간 40억 파운드가 넘는 예산을 쓴다. 공적기금인 BBC Trust가 경영을 책임지는 공영방송이면서도 '정치권력과 금력의 영향력으로부터 자유로우며 오직 시청자들에게만 책임진다'는 정신을 사규에 규정하고 있다. CNN이 해외 특파원으로 현지 기자를 많이 채용하는데 반해 BBC는 본사에서 특파원을 직접 내보내는 방식을 고수하고 있다.

-NHK(日本放送協會, Nippon Hoso Kyokai)

영국의 BBC방송을 모델로 해서 1926년 공영방송으로 출발했다. 현재 지상파 2개 채널과 3개의 위성채널, 라디오방송 채널 3개를 내보내고 있다. 해외 시청자들을 위한 프로그램으로 NHK World가 있다. 시청자들의 시청료로 운영되고 있다.

-기타

우리나라 기자들의 경우 영어를 제외한 다른 제2외국어를 실제 취재활동에 활용할 수 있는 경우는 극히 예외적인 것이 사실이다. 따라서 자료로 활용하는 방송, 신문이 불가피하게 영미 언론에 치중되고 있다. 가능한 한 아시아, 유럽, 라틴 아메리카 언론 등의 웹사이트에 들어가 영문으로 제공되는 정보를 읽어보는 노력을 하는 게 좋다. 예를 들어 이라크전쟁 보도를 할 때 아랍권의 입장을 대변하는 알 자지라 방송 웹사이트(aljazeera.net)의 영문기사를 참고하면 CNN, BBC와는 크게 다른 새로운 시각과 정보를 접할 수 있다.

③ 신문

인터넷을 통해 전 세계 주요 일간지들의 기사를 실시간으로 검색할 수 있다. 국내에서 외신을 다루는 기자들은 각국의 시차를 감안해서 각국 주요 일간지들에 실리는 새로운 기사와 사설, 주요 칼럼을 반드시 체크해야 한다. 워싱턴, 뉴욕, 파리, 런던, 모스크바 등 주요 도시에는 특파원이 상주하는 언론사들이 많이 있지만 인터넷을 통한 신문 뉴스 체크는 국내 외신 담당 기자들이 챙길 수가 있다. 그래야 특파원은 특파원 나름의 다른 취재활동에 전념할 수 있기 때문이다. 외신 기자들이 반드시 체크해야 할 주요 해외 신문은 다음과 같다.

-미국:뉴욕타임스, 워싱턴 포스트, LA타임스, 인터내셔널 헤럴드 트리뷴(IHT)
-유럽:영국의 더 타임스(The Times),파이낸셜 타임스(Financial Times),프랑스의 르몽드(Le Monde)
-일본: 요미우리(讀賣新聞), 아사히(朝日新聞), 니혼게이자이(日經)
-중국:(人民日報/중국공산당 기관지 인민일보), 북경일보(北京日報)

다음은 뉴욕타임스 기사를 토대로 뉴욕특파원이 한글 기사를 작성한 것이다.

제목:NYT:국제결혼 통해 한국사회 변화상 조명
(뉴욕=연합뉴스) 김계환 특파원 = 뉴욕타임스가 한국 내에서 나타나고 있는 국제결혼의 증가세를 통해 급격한 사회, 경제, 문화적 변화를 겪고 있는 한국 사회의 한 단면을 소개했다.
　뉴욕타임스는 22일 1면 머리기사를 통해 베트남으로 배우자를 찾기 위한 '결혼여행'에 나선 사람들의 사례를 소개하면서 단일민족의 정체성이 강한 한국인들 사이에서 국제결혼이 늘어나고 있는 이유를 분석했다.
　이 신문은 남아선호사상에 따른 남초현상, 여성의 사회적 지위 향상, 이로 인한 이혼과 독신 남성의 증가, 상대적은 높은 경제수준과 한류로 인한 한국 남성에 대한 호감도 등이 맞물리면서 한국 내 국제결혼이 증가하고 있다고 진단했다.(이하 생략)

④ 잡지 및 학술저널
-주간: 타임, 이코노미스트(Economist), 파이스턴 이코노믹 리뷰(Far Eastern

Economic Review). 이코노미스트는 앞쪽에 실리는 시사 브리핑만 읽어도 전 세계에서 일어난 한 주간의 동향은 파악할 수 있다는 말이 있을 정도로 권위 있는 시사잡지이다.

-월간:르몽드 디플로마틱(Le Monde Diplomatique). 르몽드에서 발행하는 진보 성향의 외교전문지로 프랑스어 외에 영문판으로도 읽을 수 있다. 文藝春秋 (일본어 종합월간지)

-격월간: 포린 어페어즈(Foreign Affairs). 외교전문지로 지구촌 곳곳에서 벌어지는 각종 외교적 현안에 대해 심층 분석을 제공한다. 내셔널 인터레스트 (National Interest)는 격월간 외교전문지이며 계간지로 발간하던 1989년 여름호에 프랜시스 후쿠야마(Francis Fukuyama) 교수의 논문 'The end of history'(역사의 종언)를 실어 세계적인 화제를 불러일으켰다. 당시 국내언론들도 이 논문을 요약해 실었다.

　다음은 미국의 한반도 문제 전문가인 셸리그 해리슨(Selig Harrison)이 포린 어페어스에 기고한 글 '미,대북 관계정상화가 우선'을 소개한 기사이다. 포린 어페어스에 실린 기고문을 읽고 뉴욕특파원이 작성한 기사다.

　셸리그 해리슨의 "포린 어페어스" 3·4월호 기고문은 남북한 화해의 기본 해결책으로 먼저 미국의 대북 자세 변화를 요구하는 내용을 담고 있어 주목된다. 최근의 남북한 화해협력에도 불구하고 북한이 재래무기의 전진배치와 미사일개발을 변경 또는 중단하지 않고 있어 문제라는 지적이 많은 가운데 그 반대 입장을 제시해 시선을 끌고 있다. 다음은 주요 내용 요약이다.

　남북한 간 화해를 막고 있는 가장 큰 난제는 "38도선의 군사적 긴장"이다. 이 문제는 남북한간 군사 균형을 한국측에게 유리하게 만들어주는 미군의 존재 때문에 미국의 직접 개입으로 연결된다. 북한은 오로지 미국이 한국전을 종결 시킬 평화협정에 동의하고 주한미군과 한국군의 재배치 및 주한미군의 철수가 고려될 수 있는 광범위

⑤ 싱크탱크

권위 있는 싱크탱크들의 홈페이지에 들어가면 지구촌의 각종 현안에 대해 해박한 분석과 전망을 담은 논문들을 접할 수 있다. 일일이 다 읽을 수는 없다 하더라도 수시로 웹사이트에 들어가서 제목을 일별하고, 그중에서 뉴스가치가 있을 법한 글이 눈에 띄면 본격적으로 읽어 보는 식으로 하면 된다. 랜드연구소(Rand Corporation), 헤리티지재단(Heritage Foundation), 브루킹스연구소(Brookings Institute), 미국기업연구소(AEI:American Enterprise Institute), 전략국제문제연구소(CSIS:Center for Strategic and International Studies).

외국 저널에 실린 글을 단순 소개하는 차원을 넘어서 기자가 복수의 저널에 실린 논문을 토대로 보다 종합적인 결론을 이끌어내는 경우도 있다. 다음은 부시 행정부가 아랍권의 민주주의 확산이란 명분으로 실시한 자유선거가 오히려 과격세력 확장이란 부정적인 결과를 초래했다는 요지의 기사이다. 이러한 주장을 뒷받침하기 위해 기자는 '포린 어페어스'와 '내셔널 인터레스트'에 실린 논문과 후버연구소에서 발간하는 '폴리시 리뷰'에 실린 기고문을 관련 자료로 활용했다.

트 총선 당선자의 20%가 무슬림형제단 소속 과격파였다. 1월 팔레스타인 총선 결과
는 무장단체 하마스의 승리로 끝났다. 이런 결과는 미국 조지 W 부시 행정부의 '민주
주의 확산' 정책이 낳은 부산물이다. (중략)

지난해 9월 "민주주의 증진으로 테러를 막을 순 없다"는 글을 격월간 '포린 어페어
즈'에 기고한 그레고리 고즈 버몬트대 교수는 다시 그 후기를 통해 "미국은 이제 자
유선거가 이슬람주의 그룹을 키울 뿐이라는 현실을 직시해야 한다"고 지적했다. (중
략)

에드워드 맨스필드 펜실베이니아대 교수와 잭 스나이더 컬럼비아대 교수는 '내셔
널 인터레스트' 기고문에서 "부시 대통령의 강압적 민주화 정책은 그에 필요한 정치
제도가 마련되지 않은 나라들에서 전쟁과 분열, 테러를 조장하는 재앙을 초래하고 있
다"고 지적했다. (이하 생략)

자료 처리 요령　　　① 지역별로 담당자를 나눈다

과거에 외신을 담당하는 기자들은 4대 통신기사만 충
실히 챙기면 되었으나 이제는 텔레비전은 물론 인터넷을 통해 온갖 매체들을
다 살펴야 하니 그만큼 더 힘들게 되었다. 예를 들어 어느 신문에서 외국 연구
소 홈페이지에 들어가 한반도 관련 흥미로운 논문을 찾아내 단독으로 보도한
다면 다른 경쟁지들은 낙종을 하게 되는 셈이기 때문이다. 그렇다고 앞에 열
거한 수많은 외국 자료와 인터넷 사이트를 다 체크한다는 것은 보통 힘든 일
이 아니다.

우리나라 신문의 경우 외신 기사를 담당하는 국제부의 인원은 신문사 사정
에 따라 차이는 있으나 7~10명 내외다. 따라서 미국 담당, 유럽 담당, 아시아
담당 하는 식으로 지역별로 담당자를 따로 정해서 관련 자료를 체크하는 방식
을 많이 쓰고 있다. 예를 들어 유럽을 담당하는 기자는 유럽 관련 자료를 꾸준
히 챙겨서 유럽에 관한 기사를 집중적으로 쓰는 것이다. 유럽지역에 출장취재

를 갈 경우가 생기면 이 유럽 담당자가 주로 나가게 된다. 그렇게 쌓은 경험과 지식을 바탕으로 기회가 되면 유럽 쪽으로 상주 특파원을 나가기도 하고 해서 이 담당자는 유럽 전문기자로 성장해 나가는 것이다.

외신 담당 기자의 경우 처음부터 국제부에 배치되어 계속 일하는 경우는 드물다. 대부분 사회부 등지에서 몇 년간 취재경험을 쌓은 다음 국제부로 와서 국제전문기자가 된다. 전 세계의 뉴스를 다루다 보니 일 자체가 지구촌 전체를 커버하고 정치, 사회, 문화, 경제 등 모든 분야의 기사를 다 취급하게 되기 때문에 글쓰기 훈련을 하기에는 대단히 좋은 기회를 제공해 주는 게 또한 국제부 일이다.

② 전문성을 기른다

특정 지역 담당자는 해당 지역에 관한 정치, 경제, 문화, 사건에 관해서는 가능한 한 모든 정보를 놓치지 않고 체크하는 것은 물론, 과거의 기사를 스크랩 등을 통해 축적해놓고 나중에 기사를 쓸 때 참고할 수 있도록 한다. 특히 외국어의 경우 영어는 물론이고 일본어, 중국어, 프랑스어, 러시아 등 자신이 담당한 지역의 현지어를 꾸준히 공부해서 해외 취재나 상주 특파원으로 나갈 기회를 잡을 수도 있다. 기사거리를 찾는 것 외에도 틈틈이 자기가 맡은 지역 관련 세미나도 찾아다니고 전문서적도 읽으며 전문성을 키우는 노력을 해야 한다. 인맥을 쌓는 노력도 중요하다. 예를 들어 중국을 담당하는 기자라면 주한 중국대사관 직원들을 비롯해 한국에 나와 있는 중국 유학생, 학자, 언론인들과 친분을 쌓을 수 있는 기회를 적극적으로 찾아다니는 게 좋다. 취재활동이나 인터뷰를 통해 자연스럽게 친해질 수도 있고, 학술 세미나나 리셉션 참석도 좋은 기회를 제공해 준다.

2 간접 취재 외신기사의 특징

**출처를 반드시
밝힌다**

외신기사 역시 문장구조는 일반 언론문장과 다를 바가
없다. 국내에서 외국 통신이나 신문 기사를 원재료로
삼아 쓰는 외신기사의 경우 가장 중요한 것은 출처를 정확하게 밝히는 일이
다. 우리 언론 매체들이 신문윤리위원회 심의자료에서 자주 지적받는 사항이
바로 이 출처 처리를 제대로 하지 않는 경우다.

다음은 한국신문윤리위원회의 심의결정문 중 문제가 된 기사들의 윤리규정
위반사실을 지적한 이유문이다. 외신의 출처를 명시하지 않음으로써 신문의
신뢰성을 훼손했다고 지적하고 있다.

주문

경향신문 20XX년 11월 30일자 12면「이라크 난민 행렬 요르단 '비명'」제하의 기사, 머니투데이
11월 30일자 13면「다국적 금융사 '친디아 올인'」제하의 기사, 서울경제 11월 30일자 A10면
「BoA 美 최고가치 은행」으로」제하의 기사, 한국일보 11월 30일자 14면「교황 터키서 종교 초월
'화해 발걸음'」제하의 기사, 헤럴드경제 12월 1일자 6면「잘나가는 인도 고성장 행진」제하의 기
사, 국민일보 12월 5일자 12면「차베스 개혁은 계속된다」제하의 기사, (이하 생략) 제하의 기사에
대하여 각각 주의를 환기한다.

이유

위 기사들은 요르단, 중국, 인도, 미국, 터키, 베네수엘라, 피지 등 세계 각지에서 발생한 사건·
사고나 화젯거리들을 국내 기자 명의로 자세하게 보도하고 있는데, 인터넷 사이트의 자료나 외
신 원문 등을 토대로 기사를 작성한 경우에도 출처를 명시하는 것이 원칙인 만큼 현장을 직접
취재하지 않고서는 알 수 없는 내용을 국내의 자사 기자 명의로 보도한 제작형태는 신문의 신뢰
성을 훼손할 우려가 있으므로 신문윤리실천요강 제8조「출판물의 전재와 인용」②항(타 언론사
보도 등의 표절금지)을 위반했다고 인정하여 주문과 같이 결정한다.

다음은 신문윤리실천요강 8조 내용이다.

제8조 출판물의 전재와 인용

언론사와 언론인은 신문, 통신, 잡지 등 기타 정기간행물, 저작권 있는 출판물, 사진, 그림, 음악, 기타 시청각물의 내용을 표절해서는 안되며 내용을 전재 또는 인용할 때에는 그 출처를 밝혀야 한다.

①(통신기사의 출처명시) 언론사와 언론인은 통신기사를 자사 기사와 구별하여 출처를 밝혀 사용하여야 하며 사소한 내용을 변경하여 자사 기사로 바꿔서는 안된다.

②(타언론사 보도 등의 표절금지) 언론사와 언론인은 타언론사의 보도와 평론을 표절해서는 안되며 출처를 명시하지 않고 실체적 내용을 인용해서는 안된다.

③(타출판물의 표절금지) 언론사와 언론인은 타인의 저작권을 침해해서는 안되며 저작자의 동의 아래 인용할 경우 그 출처를 밝혀야 한다.

④(사진 및 기타 시청각물의 저작권보호) 언론사와 언론인은 개인이나 단체의 사진, 그림, 음악, 기타 시청각물의 저작권을 보호해야 하며 보도나 평론에 사용할 경우 그 출처를 밝혀야 한다.

출처 처리 방법   외신기사의 원 출처와 연합뉴스 공급기사임을 모두 밝힌다.

가장 보편적인 출처 처리 방법이다. AP, 로이터 등 통신기사를 그대로 한글기사로 바꾸는 경우, 특히 스트레이트 기사의 경우에 많이 쓰는 방법이다. 기사 첫머리나 끝에 (뉴욕AP연합) 식으로 크레딧을 덧붙인다. 연합뉴스에서 AP, 로이터 두 통신기사를 종합해서 한글기사를 만들었을 경우에는 (뉴욕AP로이터연합)하는 식으로 크레딧을 단다.

다음은 로이터가 뉴욕발로 쓴 원 기사를 연합뉴스가 한글기사로 만들어서 회원사에 공급했고, 이를 어느 조간신문이 게재한 것이다. 이 조간신문은 이 같은 사실을 기사 끝 크레딧을 통해 밝히고 있다.

제목:포브스, '가장 비싼 집' 매물 소개

"안락한 방 103개에 대리석 사유차도, 헬기장까지 갖춘 영국의 전원주택이 단돈 1억3천800만달러"

포브스 웹사이트(Forbes.com)에 게재된 2007년 세계에서 가장 비싼 집 연례 보고서의 수위를 차지한 매물이다.

잉글랜드 남동부 서리주에 있는 이 집은 58에이커의 정원과 숲, 수영장 5개, 대리석 욕실 22개, 5만제곱피트 넓이의 거주 공간과 볼링레인까지 갖추고 있다. 포브스는 판매자가 누구인지는 밝히지 않았다. (이하 생략) (뉴욕 로이터=연합뉴스)

-출처를 밝히지 않은 기사

다음 기사는 영국 국방부의 브리핑 내용을 전하는 기사이면서 출처를 밝히지 않은 경우다. 기사 작성자가 런던 특파원이 아니고 서울에 있는 기자인데 마치 브리핑 현장에 직접 참석한 것처럼 보이도록 써서 독자들의 의구심을 사고 있다. 아울러 신문윤리실천요강 8조 1항에서 금지하고 있는 통신기사를 "사소한 내용을 변경하여 자사 기사로 바꿔서는 안된다"는 사항을 위반했다.

영국 왕위 계승 서열 3위인 해리 왕자가 이라크에 투입된다고 영국 국방부가 21일 밝혔다. 국방부 대변인은 "이라크 주둔 병력의 순환 복무 계획에 따라 해리 왕자가 블루스 앤 로열 연대 소속으로 앞으로 몇 달 안에 이라크에 파견될 것"이라고 밝혔다. 영국 왕실 가족이 참전하는 것은 1982년 포클랜드 전쟁에 헬기 조종사로 참전했던 해리의 작은 아버지 앤드루 왕자(듀크공) 이후 처음이다. 이라크 전쟁에 소위로 참전하는 해리 왕자는 작년 4월 샌드허스트 사관학교를 졸업했으며, 10월에 무장 정찰 임무를 이끄는 지휘관 훈련을 마쳤다. 그는 경무장 시미터 탱크 4대와 정찰병 11명을 이끌고 정찰 임무를 수행할 수 있다. (이하 생략)

위의 기사를 이 기사가 보도되기 전 연합뉴스가 회원사에 공급한 다음 기사와 비교해 보자. 자사 기자 이름을 붙였지만 앞의 기사는 연합뉴스 기사를 약간 손질해 만든 것임을 금방 알 수 있다. 다음에 소개하는 연합뉴스는 기사 출처가 BBC 인터넷판임을 밝히고 있어 기사 흐름에 문제가 없다.

영국 왕위 계승 서열 3위인 해리 왕자가 오는 4월 이라크에 투입된다.해리 왕자와 왕자가 속한 블루스 앤드 로열스 연대는 이라크 주둔 병력의 순환 복무 계획에 따라 4월쯤 이라크에 파견될 것이라고 BBC 인터넷판이 22일 전했다. 해리 왕자는 1982년 포클랜드 전쟁에 헬기 조종사로 참전했던 작은 아버지 앤드루 왕자 이래 전선에서 복무하는 첫 번째 고위 왕실 가족이 될 것이라고 BBC는 말했다.왕자의 부대원들은 영국군 주둔지인 이라크 남부 바스라에서 4월부터 시작해 6개월 동안 복무할 것이라는 통보를 이미 비공식적으로 받은 것으로 알려지고 있다.(이하 생략)

-직접 외신을 종합한 기사

연합뉴스에서 제공하는 기사를 그대로 쓰지 않고 신문사에서 외국통신기사를 종합해서 직접 기사를 만들었을 경우에는 (뉴욕=외신종합)하는 식으로 밝혀 준다. 전쟁이나 북한 핵 등 민감한 사안의 경우 리드로 내세울 내용에 대한 판단이 연합뉴스와 개별 신문, 방송사가 다를 수가 있다. 이럴 경우에 개별 언론사들이 외국통신을 토대로 기사를 직접 작성하고 외신을 종합했다는 사실을 독자들에게 밝히는 것이다. (바그다드=AP로이터연합특약) 혹은 (바그다드=외신종합)처럼 해당 언론에서 외국통신을 직접 종합해서 만든 기사임을 밝혀 준다.

② 출처를 본문에 녹여 쓰는 경우

앞에서 예로 든 형국 해리 왕자의 이라크 파병 기사의 경우가 이에 해당된다. 출처가 BBC 인터넷판임을 기사 첫머리나 끝에 덧붙이지 않고 본문에 처리했다. 외국통신 기사 여럿을 종합한 경우에도 이 같은 사실을 본문에서 밝히는 방법이 있다. 특히 최근 들어서는 각 언론사들이 통신기사를 가능하면 그대로 쓰는 대신 이를 종합해서 쓰고 출처는 본문에서 밝힌 다음, 기사 작성자의 이름을 떳떳하게 붙이는 방법을 많이 쓰고 있다.

다음은 경제잡지 포천 기사를 바탕으로 작성한 박스 기사이다. 기자가 포천 기사내용을 철저히 분석한 다음, 자기 나름의 글맛을 내서 작성함으로써 출처를 밝히면서도 직접 취재한 기사에 버금가는 효과를 내고 있다.

> 제목:美 MBA 진학 '남는 장사'...첫해 연봉 10만 弗 훌쩍
> 미국 유수 대학 경영학석사(MBA) 과정에 진학하는 것은 경제적으로 보아 크게 남는 장사인 것으로 나타났다.
> 미국 경제잡지 포천은 22일 미국내 상위 10위권 대학 MBA 졸업생의 평균 연봉은 10만달러(약 9500만원)를 훨씬 넘는 것으로 나왔다고 밝혔다. 포천 조사에서 졸업생들이 가장 비싸게 팔리는 대학 1위인 펜실베이니아대 와튼스쿨의 경우 보너스를 포함한 입사 첫해 연봉이 13만7000달러, 2위인 하버드대 비즈니스스쿨은 12만8000달러였다.
> 하버드대 MBA 2년 과정을 마치려면 수업료와 생활비·책값을 포함해 약 9만달러(약 8600만원)가 드는 것을 고려하면, 졸업 후 1년 만에 '본전'을 다 뽑을 수 있다는 계산이 나온다. 와튼스쿨이나 하버드는 졸업생의 93%가 졸업 3개월 이내에 일자리를 잡았다. (이하 생략)

다음은 로이터통신과 ABC방송 보도내용을 토대로 종합 스트레이트 기사를 작성한 경우다. 출처는 기사 내용에 밝히고 크레딧은 기사를 종합 작성한 워

싱턴특파원으로 했다.

제목:힐 "초기 이행단계서 북한의 HEU 프로그램 철저 추궁"

　지난주 중국 베이징(北京) 6자 회담 합의에 따라 북한이 신고할 핵 프로그램에 고농축우라늄(HEU) 프로그램이 포함되지 않을 경우 협상이 좌초될 수도 있다고 로이터통신이 21일 미국 행정부 관리의 말을 인용해 보도했다.

　이 관리는 "HEU 문제가 (협상 진전의) 주요한 도전이 될 것"이라며 이 같이 말했다.

　또 다른 관리도 "북한의 핵프로그램에 대한 명확한 파악이 필요하다"며 "이 문제를 덮고 갈수는 없다"고 말했다.

　앞서 크리스토퍼 힐 미 국무부 차관보도 20일 ABC방송과의 인터뷰에서 "앞으로 60일 사이에 북한의 핵프로그램 리스트를 논의할 것"이라며 "우리는 북한의 HEU 프로그램에 관해 우리가 알고 있는 것을 철저히 추궁할(run to ground)"이라고 말했다.

　그는 또 "북한이 지금까지 생산한 플루토늄 양을 50여kg이라고 추산하고 있다"며 "이를 모두 파악해 그 전부를 북한에서 반출해 국제감시에 맡겨야 한다"고 말했다.

(워싱턴=홍길동 특파원)

3 직접 취재 해외기사

해외 취재 기사의 종류　외신기사는 이렇듯 간접 취재를 통해 쓰는 경우가 대부분이다. 하지만 우리 기자가 외국으로 단기간 취재출장을 나가거나 상주 특파원으로 나가면 직접 취재를 하게 된다.

① 해외 출장 취재

굵직한 국제뉴스를 취재하기 위해 수시로 해외출장을 다니는 것은 신나는 일이다. 하지만 국제뉴스 취재는 외국어 구사능력과 현지 상황에 대한 전문지식 등 평소에 준비가 갖추어져 있지 않으면 제대로 해내기 힘든 일이다. 해외 출장 취재에 필요한 기본 요건으로는 외국어, 특히 영어를 정확하게 읽고 해독할 수 있는 능력, 해당 국가에 대한 전문지식, 인터넷 검색 능력, 기타 일반적인 취재력을 꼽을 수 있다.

여권과 비자는 유효한지 항상 점검해두는 것이 필요하다. 예를 들어 로스앤젤레스에 큰 지진이 발생해서 우리 교민들의 피해가 많이 생겼다고 치자. 그곳에 상주 특파원이 없는 경우 서울에서 기자를 급파해야 한다. 그런데 꼭 가야 할 담당 기자가 여권기한이 만료되거나 미국 입국비자가 없다면 어떻게 되겠는가. 미국 비자가 있는 다른 기자가 대신 가는 수밖에 없다. 기자는 항상 현장에 뛰어들 준비가 되어 있어야 한다.

② 상주 특파원

주요 신문사와 방송, 통신사들은 모두 해외에 특파원을 두고 있다. 요즘은 해외 특파원의 연령이 많이 젊어졌지만 그래도 대개는 최소한 5년 이상의 경력기자들이 해외로 파견된다. 해외 특파원의 자격은 신문사마다 차이가 있지만 대개는 파견 지역에 대한 전문성이 우선적으로 고려된다. 해당 지역 언어 구사능력도 물론 여기에 포함된다. 그 다음 사회부, 정치부 등 여러 취재 부서에서 다양한 취재경험을 쌓은 경력이 유리하다. 담당 데스크, 편집국장 등으로부터 '이 기자는 외국에 내보내면 어려운 취재 여건 하에서도 잘해낼 것' 이라는 신뢰를 받는 것이 중요하다. 특파원으로 나가면 아무래도 해당 국가와 우리나라와의 외교관계가 주 취재대상이 된다. 따라서 국내에서 외무부를 출입하면서 외교관계에 대해 실제로 취재해서 기사를 써 본 경험이 도움이 된다.

상주 특파원으로 부임하면 일차적인 취재대상 중 하나는 해당 지역에 나가 있는 우리 대사관이다. 주재국과의 외교정책을 수행하는 일선 창구이기 때문이다. 수시로 대사관의 움직임을 체크해서 주재국과 무슨 현안이 다루어지고 있는지 파악한다. 그 다음은 주재국의 동향을 면밀히 파악하는 일이다. 예를 들어 미국의 경우 백악관 정오 브리핑(noon briefing), 외무부, 국방부 정례 브리핑 등을 취재하는 것이다. 물론 주요 신문, 방송의 뉴스를 모니터하는 것은 기본적인 일과에 속한다. 특종 기사를 빼내거나 특정 기사의 배경정보를 추가 취재하고 사실확인이 필요한 경우에 도움을 받을 수 있도록 현지 관리, 언론인, 전문가 그룹과의 친분 관계를 유지하는 것도 대단히 중요하다.

해외 취재 기사의 특징　　**① 스트레이트 기사**

외국에서 발생한 중요한 사건이나 회담취재를 위해 단기 특파되는 경우 기사작성방법은 국내 기사와 크게 다를 바가 없다. 주로 역피라미드 구조에 입각해서 5W 1H를 포함, 중요한 정보부터 리드에서부터 써내려 가면 된다. 다만 뉴스가치를 판단할 때 가능한 한 국내 독자의 입장에서 접근하는 자세가 중요하다.

다음은 베이징에서 열린 6자회담 취재를 위해 특파된 외무부 출입기자가 송고해 온 스트레이트 기사다. 회담 타결 소식을 리드로 앉힌 다음 합의내용 요지를 먼저 소개했다. 그 다음 회담개최와 관련된 5W1H를 적었다. 회담 타결과 타결 내용이 가장 중요한 정보이기 때문에 가장 앞쪽에 배치한 것이다. 이후 중요한 정보 순서대로 배치한 역피라미드 문장구조를 보여주고 있다.

| 베이징 김XX특파원 | 북한 핵문제 해결을 위한 제5차 3단계 6자회담이 13일 6일간의 릴레이 협상 끝에 극적으로 타결됐다.

북한은 일단 영변 원자로 등 핵시설을 60일내 폐쇄하면 5만t 상당의 중유를 받는다. 이후 핵시설·프로그램 신고 및 불능화까지 이행할 경우 추가로 중유 95만t 상당의 에너지·경제·인도적 지원을 받는 등 비핵화 조치 속도에 따라 모두 100만t의 에너지를 받게 된다.

남북한과 미국, 중국, 러시아, 일본 등 6개국은 13일 댜오위타이(釣魚臺)에서 전체회의를 겸한 폐막식을 갖고 이같은 내용의 합의문을 발표했다.

우리측 수석대표인 천영우 한반도평화교섭본부장은 이날 합의문 발표 이후 "댜오위타이에서 보기 좋은 대어를 낚았다."며 "초기조치 행동계획에 우리가 원하는 것을 빠짐없이 다 넣었으며, 합의가 차질 없이 적시에 순탄하게 이행되도록 노력할 것"이라고 말했다.(이하 생략)

② 현장감을 살린다

특집 및 기획취재의 경우에는 일반적인 특집문장 구조를 따르되 현장감을 살리는 것이 중요하다. 흔히 특집취재 준비를 하면서 스크랩 등 자료를 잔뜩 준비해 가지고 가서는 호텔방에 앉아 그것을 줄줄 풀어 쓰는 기자들이 있다. 그런 기사를 보면 아까운 돈 들여 왜 외국까지 나갔나 하는 생각이 든다.

다음은 1993년 나고르노 카라바흐 자치구를 둘러싼 아제르바이잔과 아르메니아간의 영토분쟁을 취재하러 현지에 가서 쓴 특집 시리즈 중 첫 번째 기사의 앞부분이다. 기자가 현지에서 목격한 전장의 참상을 가능한 한 생생하게 독자들에게 전달하기 위해 현장 분위기를 최대한 살리고 있다.

> 35도를 오르내리는 폭염,폭격으로 불타는 마을들,죽은 가족과 재산을 남겨두고 통곡하며 마을을 떠나는 피란민들,가재도구를 닥치는대로 실은 차량행렬,후퇴하는 병사들,영문도 모른 채 피란대열에 합류한 양떼들. 지난달 23일 아르메니아군의 공격에 무너진 아제르바이잔의 전략요충지 아그담시 외곽은 연옥을 방불케 했다. (이하 생략)

시리즈 및 해외 특집기사 쓰기

해외 시리즈물 취재를 할 때는 무엇보다도 철저한 사전 준비가 생명이다. 회화를 능숙히 하지 못해도 상관없지만 텍스트를 정확하게 이해하고 우리말로 번역할 수 있는 정도의 외국어 실력은 갖추어야 한다. 주제가 정해지고 나면 몇 회에 나누어 실을 것인지 시리즈의 횟수를 정한 다음 각회마다 쓸 작은 주제가 정해져야 한다. 그런 다음 각회마다 어떤 곳을 가고, 어떤 사람을 만날지 세밀한 일정을 잡는다.

① 철저한 사전 준비

출장을 떠나기 전 영어사전, 가는 곳의 전국지도, 주요 도시 지도, 그리고 세계지도를 반드시 챙기고 노트북 컴퓨터에 중요한 웹사이트는 북마크 표시를 해두고 취재 때 쉽게 찾아볼 수 있도록 한다. 해당 국가의 연감도 가지고 간다. 해당 지역의 주요 전국지, 지방지, 방송 웹사이트로 들어가 취재할 내용과 관련해서 보도된 기사를 미리 찾아 읽고 주요 내용을 메모한다.

현지 언론 외에 뉴욕타임스,인터내셔널 헤럴드 트리뷴, 런던 타임스, 월스트리트 저널, 파이낸셜 타임스 같은 주요 신문의 보도 내용을 참고한다. 국가 관련, 특히 유적지 등에 관한 기사를 작성할 때는 세계관광기구(World Tourism Organization), 유엔, 세계보건기구(WHO)등 국제기구로부터 정보

취득의 도움을 받는다. 예를 들어 World Tourism Figures는 특정 지역의 역사에 관해 중요한 정보를 제공한다. 해당 국가의 전국 통신사 웹사이트를 찾는다. 그밖에 AP, 로이터 등 국제 통신사도 헤드라인 뉴스 사이트가 있고 유료 무료로 정보를 이용할 수 있다.

시차를 정확히 알고 가야 비행기 스케줄, 약속시간, 텔레비전 프로 등을 볼 때 혼란을 겪지 않는다. 많은 채널에서 정부 관계자와 유명인사 심층 인터뷰를 한다. 이를 통해 직접 인터뷰하는 것 못지않은 많은 정보를 얻을 수 있다. 특정 국가에 거주한 경험이나 여행한 경험이 있을 경우 그때 확보해 둔 취재원을 통해 인터뷰를 직접 할 수 있다. 해외 주재원이나 국제네트워킹 사이트를 통해 이메일 인터뷰 할 사람을 물색할 수도 있다. 혹은 특정 매체의 언론인과 인터뷰 할 수도 있다. 언론인들과 인터뷰 할 때는 정보를 묻는 것은 피한다.(정보는 다른 경로를 통해 확보해놓고 있어야 한다.) 언론인들한테는 특정 사안에 대한 의견이나 전망 등을 물어본다. 이메일 인터뷰를 하거나 전화 인터뷰를 할 수도 있다.

② 취재목록과 취재일정 짜기

다음은 1995년 8월부터 2개월 동안 25회에 걸쳐 서울신문에 연재되었던 특집 시리즈 '시베리아 횡단열차'의 기사목록이다. 사전에 준비한 취재목록과 실제로 보도된 기사목록에 큰 차이가 없을 정도로 사전 준비를 철저히 했다. 모스크바에서 출발해 17박 18일의 여행 끝에 종착역 블라디보스토크에 도착하기까지 열차 예약, 도중에 내려서 취재할 도시 선정, 숙박 호텔 예약, 취재 도시에서 찾아갈 장소, 인터뷰 예약 등의 취재일정이 최소한 출발 보름 전에는 확정되어야 한다. 짧은 기간에 효과적인 취재를 위해서는 이러한 준비 작업이 반드시 필요하다.

시베리아 횡단열차 시리즈 목록

(1)시베리아 횡단열차 (2)황금의 관광코스 골든 링 (3)볼가강 (4)고도 키로프
(5)우랄의 시작 (6)우랄의 옛도시 페름시 (7)우랄산맥을 넘어 (8)에카테린부르
크 (9)최대의 정유도시 옴스크 (10)낙농의 중심지 바라빈스크 (11)시베리아의
수도 노보시비르스크 (12)과학기술의 산실 아카뎀 고로독 (13)쿠즈바스 탄전
(14)전기의 도시 크라스노야르스크 (15)크라스노야르스크 (16)BAM철도 시발
지 타이셰트 (17)평양행 철도 (18)BAM철도 (19)유형의 수도 이르쿠츠크 (20)
세계최대 담수호 바이칼호 (21)자바이칼 지방 (22)부랴트공 수도 울란우데
(23)치타의 보따리 장수 (24)극동의 관문 하바로프스크 (25)17일간의 종착역
블라디보스톡

③ 취재는 충분히

신문 한 면을 모두 차지하는 시리즈 한 회분 분량은 200자 원고지 25매 내외
다. 따라서 주제별로 철저한 취재가 이루어져야 한다. 내용이 중첩되고 하다
보면 몇 회 쓰고 나면 쓸 내용이 없어서 허겁지겁하는 경우가 일어난다. 항상
쓸 분량을 염두에 두고 현장취재와 인터뷰, 사진촬영을 해야 한다. 가능한 한
많은 사람을 만나 다양한 이야기를 듣는다. 사진도 마찬가지다. 한 회에 보통
2~3장의 사진이 들어가기 때문에 시리즈를 끌어가기 위해서는 사진이 충분
히 확보되어야 한다. 사전 준비가 철저히 되어 있는 경우에는 문서나 인터넷
자료를 통해 사전 준비를 하면서 미흡했던 부분과 문서 자료에 없는 새로운
내용을 취재하는 데 시간을 배정한다.

모든 취재가 사전에 준비한 일정에 따라 일사분란하게 이루어지는 것은 아
니다. 그게 바람직한 것도 아니다. 기사에 재미와 생명을 불어넣어 주는 것은
역시 여행의 예측불가성이다. 예기치 못한 재미와 에피소드, 위험이 여행에

참맛을 주고 기사내용을 풍부하게 만들어 주기 때문이다. 따라서 항상 이런 예측 못한 정보와 분위기, 에피소드를 놓치지 말고 취재노트에 세밀하게 담아야 한다.

다음은 시베리아 횡단열차 시리즈 (23) '치타의 보따리 장수' 기사의 일부다. 우연히 이루어진 취재가 훌륭한 기사의 소재가 되었음을 보여준다.

이곳 시간으로 밤 9시20분 치타행 열차를 탔다. 침대칸을 못 구해 칸막이도 없는 객차에 80여명이 꽉 들어찬 3등 열차를 탔다. 통로의자도 펴서 침대로 쓰도록 해놓았기 때문에 사람이 지나다닐 때마다 몸을 빼 비켜주어야 했다. 밤새도록 가래소리를 쿨룩거리는 노인, 끊임없이 먹고 마셔대는 사람, 라디오 소리, 서민 특유의 부산함 등 때문에 좀체 잠을 이룰 수가 없다.

장사하러 왔다는 20대 후반의 연변 여인을 기찻간에서 만났다. 결혼하고 10일만에 남편과 함께 중국돈 3만원을 빌려 『목돈을 벌려고』 왔는데 남편은 한 달도 못돼 이혼하고 돌아가 버렸다고 한다. 조선족은 주로 치타·이르쿠츠크·울란우데에 많이 모여 사는데 이 여인이 들려 준 이들의 사는 모습이 마음을 아프게 했다.

우선 국경에서 보름짜리 입국비자를 얻는데 1백만 루블이 든다. 그러니 한번 들어왔다 하면 모두 불법체류로 눌러앉는다. 이걸 아는 러시아당국에게 이들은 「밥」이나 다름없다. 수시로 돈을 뜯어가고 물건을 팔면 거기서도 20%는 꼬박꼬박 자릿세를 뜯긴다. 더 큰 문제는 루블시세가 계속 떨어지는 것. 힘들게 벌어놓으면 루블값이 떨어져 본전에도 못 미친다는 것이다. 고향으로 돌아가는 길에 숨겨갖고 가던 달러를 세관에서 몽땅 뺏기는 일도 허다하다고 한다.

멀리 떨어져 살아도 동족은 어쩔 수 없는가 보다. 연변 보따리장수의 삶이 궁금해 치타에 도착한 뒤 그들이 산다는 변두리의 여인숙을 찾아 보았다. 가스타흐여관이라고 이름을 대니 택시운전사는 금방 그곳을 찾아냈다. 워낙 중국상인이 많이 드나들고 험하기로 이름난 곳이기 때문이었다. 5층짜리 공동주택인데 모두 일하러 나가고 몸이 아파 쉬는 중국인 부인네 몇 명만 집을 지키고 있었다. 녹물이 뚝뚝 떨어지는 공동취사장, 방마다 발디딜 틈도 없이 꽉 들어찬 침대들… 하루 방값이 1만 루블, 우리 돈으로 2천원 미만의 노무자 숙소였다. (이하 생략)

④ 해외 특집 및 탐사보도의 문장 요건

특집기사는 분량이 많기 때문에 우선 읽는 재미가 있어야 한다. 그러기 위해서는 독자들의 흥미를 유발할 에피소드와 장소, 사람들의 이야기가 많이 담겨야 한다. 그리고 유익한 정보가 담겨야 한다. 예를 들어 스페인 바스크 지방을 소개하는 기사를 쓴다면 분리주의 무장단체(ETA)의 테러가 위험한 수준인지, 테러가 자주 일어나는 장소는 어떤 곳인지(예를 들어 은행들이 테러의 주요 타깃이 되고 대부분 밤에 폭발사고가 일어나니 그곳을 찾는 관광객들은 은행에 돈을 찾으러 갈 때 낮시간을 이용하는 게 좋다는 식으로 써 준다면 독자들에게 유익한 정보가 된다.) 테러 위험 때문에 공항 검색대 앞에서 줄을 서서 기다리는 시간이 길고 검색이 까다롭다는 등의 이야기도 기사에 녹여 주면 그곳으로 여행할 계획이 있는 독자들에게 도움이 된다. 이와 함께 교통편,숙박편등 실질적인 여행정보를 별도 기사로 덧붙이기도 한다.

상주 특파원 기사 　　상주 특파원은 우선 주재국 정부의 외무부나 공보처로부터 상주 특파원 신분 인정(accreditation)을 받은 다음 취재활동을 하게 된다. 상주 특파원 허가와 기타 정착에 필요한 지원은 주재국 대사관에 나가 있는 우리 공보관과 주재국 정부의 담당 관리한테서 도움을 받는다. 상주 특파원이 쓰는 기사의 문장은 국내 취재기사의 문장과 다를 바가 없다. 다만 리드 작성 때 주재국의 누가, 무슨 말을 했는지 등 주재국 관련 정보가 주요 내용으로 기사 앞쪽에 배치되는 경우가 많다는 점이 다르다고 할 수 있다.

① 특파원 기사의 특징

특파원이 누리는 이점 중 하나는 주재국 당국자, 전문가, 언론인 등 국내에서는 쉽게 접하기 힘든 '고급 취재원'들을 상대로 취재가 가능하고 친분을 쌓을 수 있다는 점이다. 이들을 통해서 얻는 고급 정보를 자주 기사화할수록 해당 특파원의 이름은 물론, 지면은 빛이 나게 된다. 다음은 서울신문 모스크바특파원이 특종보도한 한국전 관련 러시아 비밀문서 스트레이트 기사이다. 이 비밀문서는 한국전쟁이 김일성, 스탈린, 모택동 3인이 합작해 일으킨 남침전쟁임을 움직일 수 없는 사실로 입증해 준 최초의 역사적 문서가 되었다. 이 비밀문서를 입수한데는 러시아 정부 내 인사들과의 친분이 큰 도움이 되었다. 당시 기자는 이 비밀문서 입수에 도움을 준 한 러시아 정부 인사와 몇 개월에 걸친 극비작업 끝에 이 기사를 세상에 내놓을 수 있었다. 그 러시아 인사는 작업이 탄로 날 경우 자신의 신분에 큰 위험을 감수해야 한다는 점을 알면서도 작업을 도와주었고 기자는 그의 신분을 끝까지 비밀로 유지했다. 1면 톱 스트레이트 기사와 함께 비밀문서 내용은 1995년 5월부터 3개월간 30회에 걸쳐 서울신문에 연재되었다.

제목:스탈린 「6·25승인」뒤 전쟁 전권행사/서울신문,蘇 「극비문서」 9백50건 입수/전황불리하자 평양정권 中망명 계획

【모스크바=이XX 특파원】한국전쟁과 관련, 러시아측에 보관돼 있는 방대한 양의 미공개 비밀문서가 최근 서울신문에 의해 입수돼 그동안 외부세계에 알려지지 않은 6·25내막을 밝히는데 중요한 사료로 활용할 수 있게 됐다.

총9백50건,3천여쪽에 달하는 이들 문서는 38도선에서 남북한간 잦은 충돌이 벌어진 47년초부터 전쟁을 거쳐 휴전협정체결에 이르기까지 평양·북경주재 옛소련대사관과 본국 사이에 오간 전문과 크렘린에서 이루어진 전쟁관련 회합의 기록문 등으로 이

루어져 있다. 그중에는 최초로 공개되는 김일성이 49년3월5일 모스크바를 극비방문했을 때 당시 스탈린수상과 나눈 대화록도 포함돼 있다.

이들 문서는 모스크바에 있는 러시아정부의 주요국가문서보관소인 대통령문서소·외무부문서소·옛소련공산당 중앙위문서소·국방부산하 군사문서소 등지에 보관돼 있는 미공개 6·25 관련문서들이 모두 망라된 것이다. (이하 생략)

② 특파원 칼럼의 특징

해외 상주 특파원들은 뉴스 기사 외에 칼럼도 많이 쓴다. 대부분의 중앙 일간지들이 모두 특파원들이 쓰는 칼럼란을 운영하고 있다. 특파원 칼럼은 몇 가지 요건을 갖추어야 하는데 첫째로 가장 중요한 요소가 바로 전문성이다. 특파원은 현지에 장기 체류하면서 취재활동을 하기 때문에 독자들은 특파원의 글에서 전문적인 정보와 시각을 기대하기 때문이다. 둘째, 현장감각을 살려야 한다. 독자들이 보기에 '현지에 살고 있기 때문에 쓸 수 있는 글'이라는 느낌을 주어야 한다. 특파원이 쓰는 글의 소재가 한국에 사는 사람도 다 아는 평범한 소재라면 굳이 읽고 싶은 마음이 들지 않을 것이다. 셋째는 독특한 시각이다. 상주 특파원은 외국에 체류하면서 많은 취재원을 만나고 많은 것을 보고 듣는다. 따라서 외교, 정치, 문화 등 다양한 분야에서 국내 독자들에게 도움이 되는 독특한 시각을 제공해야 한다.

다음은 조선일보 베이징특파원의 칼럼이다. 중국에서 방영중인 TV 역사드라마와 서점가 분위기를 통해 중국인들의 제국주의 정서를 경고하는 글이다. 이 글을 읽는 독자들은 필자가 중국에 살고 있고, 중국 TV드라마를 볼 수 있는 중국어 실력을 갖추고 있을 것이라는 믿음을 갖게 된다. 한마디로 중국 특파원 아니고는 쓰기 힘든 글의 소재라는 점이 잘 드러나 있는 칼럼이다.

다음은 유엔에 진출하는 데 영어의 중요성을 소재로 쓴 동아일보 뉴욕특파원의 칼럼이다. 유엔에서 일하기 위해 영어가 얼마나 중요한지를 현장에서 보고 느낀 바를 적고 있다. 유엔에서 직접 취재활동을 하고 있기 때문에 앞으로 유엔 진출을 꿈꾸는 우리 젊은이들이나 정책 당국자들에게 중요한 자료가 될 정보를 칼럼을 통해 제공해 줄 수 있게 된 것이다.

13강
사설 쓰기

1 사설이란? 🖋

　사설은 어떤 사안에 대해 신문의 입장을 나타내는 글이다. 방송, 통신에도 논설위원 혹은 해설위원이 같은 기능을 가진 글을 쓰고 방송을 한다. 사설은 논설위원실 회의를 통해, 그리고 발행인 등 최고위 경영진의 동의를 얻어서 확정된 사설 논지에 맞춰 담당 분야 논설위원이 설득력 있고 논리적으로 집필한다. 따라서 사설은 신문사의 입장을 대변하는 글이기 때문에 다음과 같은 요건을 갖추도록 신중하게 작성한다.

①논지를 심사숙고해서 사려 깊게 쓴다.

②간단명료하게 쓰고 감정에 치우친 표현은 피한다.

③주제로 다루는 사건 및 상황의 모든 측면을 고려하여 균형 잡힌 시각을 보여 준다.

④독자들의 흥미와 관심을 유발할 중요한 주제를 다루며, 또한 사회 저변에 깔린 문제를 드러내 주제로 삼는다.

사설의 종류

사설은 기능에 따라 다음의 4가지로 나눌 수 있다.

① 주장형 사설과 설득형 사설

특정 주제에 대해 분명한 입장을 취한다. 주제에 관해 확고한 입장을 제시함으로써 독자들이 사설과 같은 입장을 갖도록 유도한다. 해결책을 제시하고 이를 위한 행동을 촉구한다. 비판보다는 해결책 제시에 일차적 목적을 두며 이를 통해 독자들에게 구체적인 행동 및 정책방향을 제시한다.

다음은 기후재앙 전망을 담은 정부 간 패널 보고서 내용을 설명하면서 이 문제에 대한 독자들의 경각심과 행동을 촉구하는 사설이다.

제목: 지구 온난화, 이제는 행동이다

유엔 산하 '기후 변화에 관한 정부 간 패널' (IPCC)이 지난 주말 발표한 '기후 변화 보고서'는 지구 온난화가 21세기 인류가 직면한 최대의 도전임을 극명하게 보여줬다. 이 문제에 제대로 대처하지 못할 경우 지구촌의 지속 가능한 발전은 물론이고 인류의 존립마저 위태로워진다는 것이 보고서의 섬뜩한 경고다.

보고서에 따르면 금세기 말까지 지구의 평균기온은 섭씨 1.8~6.4도 올라가 인류는 심각한 물 부족과 가뭄.폭염에 시달릴 전망이다. 또 100년 내 북극의 빙하가 지도에서 사라지면서 해수면이 평균 18~59㎝ 상승, 태평양의 섬나라뿐만 아니라 중국의 상하이, 아르헨티나의 부에노스아이레스 같은 도시가 침수될 가능성이 있다고 한다. (중략)

지구온난화는 말로만 걱정할 일이 아니다. 당장 행동이 필요한 절박한 문제다. 최근 폐막한 다보스 포럼에서는 기후 변화로 향후 10년간 최대 2500억 달러의 경제 손실이 예상된다는 경고도 나왔다. 교토의정서는 2012년까지 온실가스 배출량을 1990년 기준으로 5% 감축하는 것으로 규정하고 있지만 전체 온실가스 배출량의 4분의 1을 차지하는 미국의 탈퇴로 실효성을 잃었다. 교토의정서를 대체할 새로운 국제협약 마련이 시급한 이유다. 세계 10위의 온실가스 배출국인 한국으로서도 지구온난화는 강 건너 불이 아니다. 바이오연료 같은 대체에너지 개발 등을 통해 온실가스 배출량 감축에 발 벗고 나서야 한다.

② 정보전달형 사설과 해설형 사설

기사에서 다룬 민감하고 논란이 많은 주제에 대해 보다 분명한 설명을 독자들에게 해 주기 위해 사설을 이용하는 경우다. 먼저 현상의 심각성을 소개한다. 관련 정보를 통해 사설의 입장을 뒷받침한다. 관련 당국과 개인에게 필요한 행동을 제시한다.

다음은 해외 펀드의 심각한 실태를 상세히 소개하고 관련 당국과 개인의 주의를 환기하는 사설이다. 해외 펀드의 실태는 일반 기사를 통해서도 소개되었겠지만 사설을 통해 한 번 더 위험성을 경고함으로써 독자들의 주의를 환기시키는 효과를 낸다. 일반 기사를 읽지 않은 독자들도 사설을 통해 해외 펀드의 실태에 관해 제대로 알게 된다.

제목:경고등 켜지고 있는 해외 펀드

　국제금융센터가 지난 주말 우리나라 해외 펀드의 특정 지역 편중현상을 경고하는
보고서를 냈다. 그렇지 않아도 최근 이와 관련한 펀드 투자 전문가들의 우려가 잇따
랐는데 해외금융시장을 전문적으로 분석하는 기관까지 경고 대열에 합류한 것이어
서 눈길을 끈다.

　보고서는 우리나라 투자자들의 해외 펀드 투자가 중국·인도·베트남 등 신흥시장
에 지나치게 쏠려있으며 이들 시장의 단기적인 위험성이 커지고 있다는 것이 요지다.
이들 나라에서 돈의 힘으로 주가가 뛰는 유동성 장세가 펼쳐지고 있어 자금유입이 크
게 둔화되거나 빠져나갈 경우 주가가 급락할 수 있다는 것이다.(중략)

　해외 펀드든 국내 펀드든 투자에 대한 책임은 전적으로 투자자 개인의 몫이다. 하지
만 정부가 하필이면 이때 해외투자를 장려하고 나서 무분별한 투자를 부채질할 우려
가 커 보인다. 정부가 할 수 있는 역할에 한계가 있기는 하지만 보다 적극적으로 경고
를 발하고, 금융회사들도 투자자에게 위험성을 충분히 알리면서 당분간 투자권유를
자제토록 하는 등의 조치가 필요하다.

③ 비판형 사설

　사설의 주제가 된 사건이나 정책, 상황에 대해 비판하며 가능하면 건설적인
해결책을 제시한다. 일차적인 기능은 독자들에게 해당 사안에 대해 비판적인
시각을 제공하는 것이다. 많은 언론학자들은 사설의 생명은 역시 비판기능에
있다고 주장한다.

　다음은 검찰의 피의자 허위진술 강요행위를 질타한 전형적인 비판 사설의
예이다.

제목:거짓 진술 강요한 검찰 제 정신인가

　　검찰이 피의자를 조사하면서 허위 진술을 강요한 기막힌 사실이 드러났다. 지난 해 제이유그룹 수사 과정에서 서울동부지검 검사가 표적으로 삼은 특정 인사를 연루시키기 위해 집요하게 거짓 진술을 요구했다는 것이다.

　　"내가 시키는 대로 도와 줘, 깨끗하게" "(여기서) 거짓말 하고, 법원에 가서도 거짓말 하세요"-시정잡배나 다름없는 흥정과 반말은 검사의 입에서 나온 것이라고는 믿어지지 않는다.

　　녹취 테이프가 있으니 검찰로선 변명할 여지도 없다. 무엇보다 예전 권위주의 시대에나 횡행했을 수사 당국자의 사건 조작 기도가 지금도 버젓이 자행되고 있다는 점에서 충격이다. 더구나 수사 과정을 포괄하는 전반적 사법시스템에 대한 개혁 논의가 안팎으로 치열한 시점이다. 도대체 검찰은 제 정신인가. (중략)

　　검찰은 엄정한 조사를 통해 응당한 조치를 취하되, 아직도 구시대적 수사 편의주의에 젖어 있는 조직 문화를 일신하는 데 발 벗고 나서야 한다. 그렇지 않고서는 아무리 법원과 영장 다툼을 벌이고 판결에 불만을 터뜨린들 검찰의 손을 선뜻 들어줄 국민은 별로 없으리라는 점을 분명히 인식해야 할 것이다.

④ **칭찬형 사설** 선행을 행한 인물이나 단체를 칭찬하기 위한 사설이다. 칭찬하는 이유를 정당화할 수 있어야 한다.("그 사건이 아니었더라면 보스니아의 평화는 불가능했을 것이다.") 사설 주제로 자주 채택되지는 않는다.

　다음은 서울숲 개장을 맞이하며 서울숲이 얼마나 소중한지 그 의미를 세 가지로 뒷받침한 사설이다. 숲을 잘 가꾸기 위한 시민의 행동도 촉구했다.

제목:뚝섬 '서울숲' 의 세 가지 의미

　서울 뚝섬 35만여 평의 땅이 '서울숲' 이라는 이름의 자연공원이 되어 시민의 품에 돌아왔다. 그제 개장한 서울숲은 단순히 공원 하나가 늘었다는 것 이상의 의미를 지닌다. 첫째는 여의도공원의 다섯 배나 되는 크기다. 100만 평에 이르는 미국 뉴욕의 센트럴 파크에는 미치지 못하지만, 일찍이 우리가 가져보지 못한 규모의 공원이 시민들에게 주어진 것이다.

　둘째는 자연공원이라는 점이다. 서울숲에서는 종래 공원이라면 으레 들어섰던 유흥시설을 찾아볼 수 없다. 물론 벤치도 있고, 방문자센터와 화장실, 축구장, 문화행사를 할 수 있는 노천극장도 있지만, 시설은 자연을 즐기는 시민에게 필요한 최소한의 것으로 제한됐다. 도시생활에 지친 현대인의 심신을 치유하는 데 '녹색의 자연' 만한 보약이 없음을 직시한 것이다. 자연상태에서 고라니와 사슴이 뛰노는 생태숲도 조성됐다. 사람들은 안에 직접 들어갈 수 없고, 그 위를 가로 지르는 보행다리 위에서 '도시 속의 자연' 을 내려다볼 수 있다.

　셋째는 서울시에 의해서 일방적으로 건설된 게 아니라, 시민들이 주도하고 참여하여 만들어졌다는 점이다. 서울숲 건설의 주체는 서울그린트러스트라는 반관반민 단체다. 녹지를 늘려야 한다는 시민들의 요구를 받아들여 서울시는 35만평의 땅을 내놨고, 시민 쪽은 기업들의 참여를 유도해 모금을 하고 자원봉사를 조직해 서울숲 조성에 참여했다. 서울숲의 관리도 시는 시설관리 등 하드웨어만 맡고, 생태교육, 홍보ㆍ마케팅프로그램 등 소프트웨어는 '서울숲 사랑모임' 이라는 시민조직이 맡는다고 한다.

　자연공원을 2년 반 사이에 속성으로 건설해낸 방식에 문제가 없는 건 아니지만, 아름다운 공원이 생태적ㆍ제도적으로 자리잡게 하는 것은 이제 시민들의 몫이다.

　이밖에 오락형 사설을 5번째로 추가하는 경우도 있다. 심각한 주제를 가벼운 문체로 다루는 경우, 그리고 가벼운 주제를 다루는 경우가 이에 해당된다. 심각한 주제를 위주로 쓰이는 우리나라 사설 풍토에서는 찾아보기 드문 유형이다.

사시(社是)와 사설

김호준의 책 《사설이란》은 사시를 이렇게 정의한다. "신문사에서 신문제작의 기본 원칙을 명문화한 것이 사시다. 신문사의 성문헌법인 셈이다. 사시는 제작, 논평의 기본 강령으로서 사설뿐만 아니라 그 매체가 제작하는 모든 기사와 프로그램을 지배한다. 사설이 펴는 주장은 기본적으로 사시에 입각한다. 사설은 사시를 적극적으로 대변하고 논리적 공감을 얻기 위한 노력을 경주하는 데 특별한 사명이 있다."

하지만 한국 언론사들의 사시는 다음의 표에 보듯이 너무 추상적이다. 신문에서 일상적으로 구체화해야 할 실천 규범이라기보다는 언론이 보편적으로 추구해야 할 기본 모럴과 가치관을 미사여구처럼 나열한 것이 대부분이다. 따라서 사시가 사설을 쓸 때 구체적인 지침 역할을 하는 경우는 드물다. 대신 해당 언론사의 전반적인 분위기, 진보냐 보수냐의 일반적인 성향, 그리고 사주의 의중이 종합적으로 고려되어서 사설의 논지가 결정된다. 경영진 선임에 정부의 입김이 강한 경우에는 정부와의 관계가 사설 논지를 결정하는 데 중요한 고려사항이 되는 것은 물론이다.

주요 신문 방송의 사시 및 경영철학

언론사	사시 및 경영철학
경향신문	(경향신문의 약속) 읽는 국민을 생각하는 신문, 바른 일등을 생각하는 신문, 독자와 사원이 주인인 신문, 국민을 섬기는 겸손한 신문
국민일보	사랑 진실 인간
동아일보	민족의 표현기관으로 자임함, 민주주의를 지지함, 문화주의를 제창함
서울신문	(서울신문의 다짐) 바른 보도로 미래를 밝힌다, 공공이익과 민족화합에 앞장선다
세계일보	애천(愛天) 애인(愛人) 애국(愛國)
조선일보	사시:불편부당 산업발전 문화건설 정의옹호 기업이념:정확한 신문, 공정한 신문, 신뢰받는 신문

중앙일보	중앙일보의 길(2000.9.22 제정) 사람을 받든다, 사회를 밝힌다, 세계로 향한다, 미래를 펼친다
한겨레신문	3대 창간정신:민주 민족 통일
한국일보	춘추필법의 정신, 정정당당한 보도, 불편부당의 자세
문화일보	밝은 신문, 생각하는 신문, 행복을 느끼는 신문
MBC	사시이면서 경영방침:자유 책임 품격 단합

언론의 사명, 책무와 관련해서 언론매체들이 표방하는 바는 이처럼 대단히 추상적이지만 지향하는 가치에 있어서는 서로 큰 차이가 없음을 알 수 있다. 닐 리포트(Neil Report)는 언론이 지향하는 기본 가치를 5가지로 정리한다.

① 진실 추구와 정확한 보도
② 공공의 이익에 봉사한다
③ 불편부당과 여론의 다양성을 추구한다
④ 독립적인 보도 태도를 지향한다
⑤ 사회적 책임을 다한다

닐 리포트는 언론기관으로서 자신의 보도태도를 반성하고 강화하기 위한 목적으로 2004년 6월 BBC방송이 펴낸 자체 보고서다. 27쪽으로 구성되었고 BBC방송의 뉴스 및 시사 담당 국장을 지낸 로널드 닐(Ronald Neil)이 집필책임을 맡았다. BBC방송이 방송 저널리즘을 강화하기 위해 취해야 할 다양한 충고와 가이드라인을 담고 있다.

닐 리포트는 이러한 기본 가치를 실천하기 위해 "BBC 기자들은 사실을 최우선으로 보도하고 그 다음 보도내용을 분석, 설명한다. 그리고 필요할 경우 전문적인 판단을 시청자들에게 제공한다. 하지만 절대로 보도하는 사람의 개인적인 의견을 내세우지는 말아야 한다."고 주문하고 있다. 방송에서도 사실

전달 외에 특정 사안에 대한 소속 언론사의 입장을 대변하는 역할은 해설위원이나 논설위원들에게 맡긴다. 기자들은 시청자들에게 사실을 전달하기 위해 취재활동을 통해 정보를 입수한다. 해설위원과 논설위원들도 취재를 하지만 이는 정보 전달이 목적이 아니라 시청자들을 설득하기 위한 뒷받침 자료로 정보를 수집하는 것이다.

2 사설 문장의 구조 ✐

뉴스 보도는 역피라미드 문장구조를 전형으로 간주한다. 하지만 사설의 경우는 크게 보아 서론, 본론, 해결책 제시 및 결론으로 구성된다고 볼 수 있다. 먼저 서론에 이어 주제에 대한 객관적인 설명을 하고, 그 다음 주제에 대해 시사성 있는 시각을 제시한다. 이 경우 터무니없이 엉뚱한 시각은 곤란하다. 그리고 사설이 제시하려고 하는 입장과 상반되는 주장을 소개한 다음 이를 강력한 논조로 비판하고 자신의 주장을 내세우며 마무리를 짓는다. 다음은 팀 홈즈(Tim Holms)가 제시하는 사설 문장의 6단계 구조다.

도입부   독자들에게 강한 인상을 줄 수 있는 도입문이 필요하다. 독자의 시선을 한눈에 사로잡을 강렬한 단어와 인상적인 문장(punchline)으로 시작한다. 주제를 객관적으로 소개하되 간결하고 충격적인 설명으로 독자를 글 속으로 끌어들인다. 일반적으로 서술형이 쓰이나 독자들을 겨냥한 직접화법 혹은 사례 소개도 효과적일 때가 있다. 일단 독자의 눈길을 사로잡은 다음 주제와 사설의 입장을 은근히 내세운다.

남양유업 사태가 점입가경의 양상으로 번지고 있다. 피해 대리점주의 모임인 남양유업대리점협의회(이하 피해자협의회)와 똑같은 이름의 단체가 그제 발족하면서다. 피해자협의회 측은 어제 "남양유업이 '어용단체'를 설립했다"며 오늘로 예정된 남양유업과의 2차 협상을 거부했다. 남양유업 측은 대리점협의회 결성에 관여했다는 의혹을 부인하고 피해자협의회의 요구안을 비롯해 1000여명의 현직 대리점주까지 수용할 수 있는 협의안을 제시할 예정이라고 한다…

주제 설명 일단 독자의 시선을 사로잡은 다음에는 주제를 소개한다. 가능한 명쾌하면서도 충분한 설명이 되어야 한다. 5W 1H를 포함한다. 쓰고자 하는 주제가 무엇인지 반드시 알고서 논지를 진행한다.

반대 입장 소개 반대 입장을 소개하는 것은 글쓰는 사람이 주제를 둘러싸고 진행되는 여러 논란을 파악하고 있음을 독자들에게 알리는 효과를 갖는다. 반대 입장 역시 논리적으로 상당한 설득력이 있음을 객관적인 사실과 통계수치와 함께 소개한다. 반대 주장이 터무니없다면 굳이 사설에서 다룰 가치조차 없다.

물론 이번 개선안 중 일부는 선진국에 비해 짧은 노동기간 등 우리 사회가 처한 여건상 검토해 볼 필요가 있다. 군 복무기간 단축이 그중 하나다. 국회를 통과한 국방개혁법에 따르면 육군 사병은 2020년까지 21만 명이 줄어들게 돼 있다. 개선안도 '6개월 단축'을 8년6개월에 걸쳐 단계적으로 추진키로 했다. 또 2011년 이후엔 현역 가용 자원이 군 소요보다 많게 된다. 의무복무 기간 단축이 현역 자원 충당에 심각한 문제를 초래할 가능성이 작은 것이다. 그러나 반드시 뒷받침돼야 할 대목이 있다. 전투력 확보에 어떤 지장을 주어서도 안 된다는 점이다.

**반대 입장 반박과
사설 입장 제시**

반대 입장을 객관적으로 당당하게 평가한 다음 비판해야 그 비판은 힘을 가질 수 있다. 옆길로 새거나 초점을 흐려서는 안 된다. 반대 입장도 다소 일리 있음을 인정함으로써 자신이 합리적이며 고집불통이 아님을 부각시킨다.

**사설 입장을 분명하게
강조한다**

강력한 논리를 동원해 사설의 입장을 옹호한다. 독창적이고 지적인 비유문을 통해 사설이 내세우는 주장의 타당성을 웅변한다. (예:"카이사르 것은 카이사르에게 돌려주라고 했지 않은가") 추가 논거를 제시할 수도 있으나 절대로 옆길로 새나가지 말아야 한다는 점을 명심해야 한다.

**강렬한
마무리**

해결책을 제시하거나 독자들에게 사태의 심각성과 위험성 등을 강력히 주지시키는 문장이다. 권위 있는 소스의 말을 인용할 수 있다. 멋진 문장으로 끝내도 좋고 반어적인 의문문으로 끝낼 수도 있다. (예:"정부가 국민의 먹거리를 챙기지 않는다면, 국민은 도대체 누구를 믿으란 말인가")

① 대통령은 이제 말은 그만하고 침묵과 성찰과 실천의 세계로 들어가라
② 장학사업이니까 교육부 출신이 좋겠다는 식의 유치한 발상으로는 성공하기 어렵다. 좋은 취지에 쓰라고 한 기부의 결과가 고양이에게 생선가게를 맡긴 꼴이 돼서는 곤란하다.
③ 문제의 중국 외교관을 '페르소나 논 그라타(외교적 기피 인물)'로 지목해 추방 등 강력한 외교적 조치를 취하는 것이 마땅하다.

앞에 든 6단계가 너무 장황하다는 생각이 든다면 이를 4단계로 줄여서 생각해도 좋다.

(1)사설의 입장을 설명한다.(주제에 대한 설명 포함)

(2)사설이 주장하는 논거를 제시한다.

(3)사설의 입장을 뒷받침하는 사실들을 제시한다.

(4)문제에 대한 해결방안을 제시한다.

사설문장의 구조

리드
독자의 시선 끌어들이기(주제와 사설의 입장 언급)

양보
사설 입장과 상반되는 주장 소개(하지만…)

본문
사설의 주장을 내세운다

상반되는 입장의 논거를 일부분 인정함으로써 그 힘을 무력화시킴
그래야 독자들에게 사설의 입장이 합리적이라는 인상을 준다

점점 더 강하게 가장 강한 논지로 마무리한다

논지가 강해야 독자들의 뇌리에 오래 남는다
논지가 강렬하지 않으면 반박의 여지를 남기게 된다

결론
사설의 입장을 한번 더 강조

사설 입장을 한번 더 되풀이한다
독자들이 어떤 행동을 취하거나 더 생각할 여지를 덧붙인다

3 사설의 주제와 논지(論旨) 정하기

사설 주제
정하기

　　사설의 집필은 각 분야에서 식견과 전문성이 높은 인사들로 구성된 논설위원들이 담당한다. 사설의 주제와 논지는 일반적으로 주필 혹은 논설실장의 주도로 열리는 논설회의에서 논설위원들 간에 열띤 토론과 합의에 의해 결정된다. 사설의 집필은 담당 분야별로 지정된 논설위원이 맡는다. 언론사별로 차이는 있지만 통상 8~10명의 논설위원이 분야별로 나누어져 있다. 정치 담당 논설위원 2명, 경제 담당 2명, 사회분야 2명, 기타 국제, 외교, 문화 등 분야별로 한두 명의 논설위원이 정해져 있다. 이들은 편집국에서 담당 부서 데스크를 거친 고참들인 경우가 많으나 최근에는 논설위원들의 연령이 젊어지면서 차장급 논설위원, 심지어 평기자 논설위원까지 생기는 추세다.

① 사설회의

　언론사별로 차이는 있으나 보통 오전 10시 전후, 그리고 점심시간 뒤인 오후 2시 전후로 하루 두 차례 사설회의를 갖는다. 오전 회의에서 그날의 사설 주제와 논지를 정한 다음 오후 회의에서 이를 확정한다. 오후에 예기치 않은 긴급 현안이 발생하지 않는 한 오후 회의에서 정해진 주제가 그날의 사설로 나간다.

② 사설 발제

　사설 발제는 각 논설위원들이 발제서에 사설 제목과 논지를 요약해서 제출해서 모은 다음 이를 공개 토론을 통해 확정한다. 주제가 확정되면 집필자도 함께 정해진다. 주로 담당 분야 논설위원 중에서 논지가 채택된 사람이 집필을 맡지만 경우에 따라서는 의외의 사람이 집필을 맡기도 한다. 지명된 논설위원이 시각이 너무 편향될 우려가 있다는 지적이 제기되거나 칼럼 등 다른 집필

일정이 있어서 사설을 집필할 시간 여유가 없는 경우가 여기에 해당된다. 언론사에 따라 발제문을 문서로 제출하는 경우도 있고, 발제서 없이 주필이나 논설주간 주재하에 자유토론으로 사설 제목과 논지를 정하는 경우도 있다.

논지 정하기

사설은 이렇듯 개인의 입장이 아니라 신문사의 구성원들이 함께 만들어내는 합작품이다. 집필자가 정해지면 그 집필자는 자신의 생각을 쓰는 게 아니라 사설회의에서 합의로 정해진 논지의 틀 안에서 집필하는 것이기 때문이다. 이 논지에서 벗어날 경우 논설실장이나 주필이 수정을 가해 논지를 이 틀 안으로 되돌려놓는다. 구체적인 사안들에 대해 사설의 논지를 어떻게 정하느냐는 언론사별로 사시와 전통, 조직문화,그리고 지향하는 이념과 목표 등에 기초한 불문율에 따르는 경우가 많다. 언론사별로 '한미관계' '북한핵문제' '독도문제' 등 특정 사안에 대해 사설의 논지를 문서로 정해서 갖고 있는 경우도 있지만, 이 역시 사설회의 토론과정에서 반영되고 걸러지기 때문에 집필 때 이를 일일이 참고하는 일은 드물다.

점잖은 제목과 쉬운 제목

사설 제목은 일반 기사와 달리 본문의 일부분이라고 할 수 있다. 제목이 내용 못지않게 중요하기 때문이다. 따라서 사설회의 때 사설 논지와 함께 사설 제목도 정하는 것이 관례다. 여기서 정해진 사설 제목은 논설주간이나 주필의 동의 없이 편집자를 비롯한 다른 제작자가 함부로 고치지 못한다.

사설 제목은 논지의 방향을 가장 함축적으로 드러낸다. 독자들이 제목만 봐도 사설이 주장하는 바가 무엇인지 쉽게 파악할 수 있도록 해주는 것이다. 따라서 주장의 요지를 그대로 붙이거나 본문 내용을 함축하여 붙이는 경우가 많다. 큰 제목의 표현을 보완하고 논지를 보다 선명하게 드러내기 위해 부제를 다는 경우도 있다. 우리나라 신문사들은 대체로 구어체보다 점잖고 품위 있는 문어체를 고집하는 경우가 많았다. 하지만 최근 들어 젊은 독자들의 비중이 늘고 감각적이고 쉬운 표현을 중시하는 분위기가 늘며 사설 제목도 일상생활에서 쉽게 쓰이는 구어체를 사용하는 경우가 많아졌다. (김호준의《사설이란》p 38~42 참고)

제목 보기

(1)구어체 사설 제목

　　공무원 '수당 도둑질', 수원시뿐인가(세계일보)

　　논술정복 '3년 로드맵' 직접 짜보세요(동아일보)

　　이럴 바엔 '赤化'가 '民主化'라고 공식 선언하라(조선일보)

　　무너지는 동네 상권 두고만 볼 것인가(경향신문)

(2)문어체 사설 제목

　　정쟁 접고 민생법안 6월 국회서 꼭 처리하길(서울신문)

　　금융소비자보호원 독립 못 시킬 이유가 뭔가(동아일보)

　　비정규직 끌어안은 우리 은행(중앙일보)

　　국민 속이는 공무원 연금 개혁시안(세계일보)

(3)인용형을 쓴 사설 제목

　　무슨 車를 사지?(동아일보)

　　國軍 元老들, "우리는 祖國을 위해 복무했다"(조선일보)

**제목의 길이와
본문 길이**
사설 제목의 길이는 보통 기사보다는 2~3자 적게, 즉 큰 제목은 10자에서 15자 내외로 간결하게 한다. 물론 더 짧을 수도 있다. 내부적으로 사설 제목은 13자를 넘지 않도록 한다는 원칙을 정해놓은 신문사도 있다. 사설 본문의 길이는 각양각색이다. 대부분의 신문이 하루 2~3편의 사설을 싣고 있는데, 하루 2편일 경우 1편의 길이는 5.5~6.5매 정도이며 3편의 경우 제1사설은 6매 내외, 나머지는 4.5~5.5매 내외로 한다. 하지만 이런 양적인 제약은 거의 무시하는 게 요즈음의 추세다. 제1사설을 과감하게 8~9매 내외로 늘리고, 나머지 제2사설, 제3사설은 4매 내외로 줄이는 경우도 흔히 있다. 신년호나 창간호, 새 대통령 당선, 북한 핵실험 실시 등 국가적으로 중대한 사건이나 계기가 있을 경우에는 통사설이라 하여 사설 한 편으로 사설 면 전체를 채우기도 하고, 사설이 1면으로 나가는 경우도 있다.

4 언론의 자기 검열(Self-censorship)

**국가안보와
자기 검열**
자기 검열은 신문, 방송뿐 아니라 서적, 영화제작, 연극, 음악 등 문화예술의 모든 영역에서 당국의 직접적인 압력이 없는데도 스스로 자신의 활동을 검열하고 제약하는 행위를 가리킨다. 한마디로 '알아서 기는' 것이다. 권위주의 정권 아래서 이들은 문제가 될 만한 내용은 당국이 검열하기 전에 미리 제작물에서 제외시킨다. 문제는 민주화된 사회에서도 이러한 자기 검열이 여전히 성행한다는 점이다. 특히 국가가 비상시국일 경우 이러한 자기 검열이 성행한다. 9/11 사태 이후 미국 언론이 대표적인 경우에 해당된다. 폭스뉴스(FOX News) 등이 이라크전쟁 과정에서 자기 검열을 수행했다는 비판을 받았다. 물론 미국의 경우 부시 행정부가 국가안보를 내세워 언론의 보도행위에 꾸준히 제약을 가해온 것도 사실이지만 언론과 언론인들 스스로 특정 정보의 보도 가능 여부를 스스로 군당국에 사전 문의하거나 보도를 자제하는 일들이 벌어진 것이다.

미국은 2차대전 중인 1941년 전시권법(War Powers Act)을 통해 검열국 (Office of Censorship)을 설치하고 작전에 영향을 미칠 수 있는 전쟁 관련 보도를 철저히 통제했다. 당시 프랭클린 루스벨트 대통령 행정부는 철저한 검열과 함께 언론의 자체 검열을 장려했다. 그 결과 미국 언론들은 1944년까지 전사자의 사진을 보도하지 않았다. 국내 반전 여론을 조장할 수 있다는 이유에서였다. 언론들은 핵무기 사용이 가능하다는 사실을 2년 앞서 알고 있었지만 역시 침묵했다. 루스벨트 대통령의 건강문제에 대해서도 언론은 침묵했다. 전쟁중에 미국의 기자가 의도적으로 자기 검열 원칙을 위반한 것은 단 한건에 불과했다는 것이 검열국의 통계다. (PBS방송 홈페이지 'censorship' 참고)

상업언론의 자기 검열   에드 허먼(Ed Herman)과 노엄 촘스키(Noam Chomsky)는 공동저서 《매뉴팩처링 콘센트》(Manufacturing Consent,1996)에서 이러한 자기 검열 행위가 외부의 강압적인 검열제도 못지 않게 위험하다고 지적한다. 두 사람은 현대 언론이 자기 검열을 실행하는 가장 큰 이유를 언론의 시장경제주의,다시 말해 상업성에서 찾는다. 언론이 소유주와 광고주, 그리고 자사 독자들의 이익을 대변하기 위해 스스로 자기 검열을 실시한다는 것이다. 두 사람은 언론이 다음의 5가지 편견을 통해 조직적으로 자기 검열을 실천한다고 지적한다. 수익성 위주의 경영철학, 정보 습득을 정부와 기업에 지나치게 의존, 정치권력과 금력에 대한 지나친 눈치 보기, 시장경제 체제에 대한 맹신, 다른 가치에 대한 지나친 무시 등이 그것이다. 언론 소유주와 경영진들은 권력과 광고주, 독자들과 이러한 가치체계를 공유하고서 자사 기자들에게 이를 강요한다는 것이다. 허먼과 촘스키는 대표적인 좌파, 진보 성향의 학자로서 언론 현상을 지나치게 계급적으로 접근한 면이 없지 않다. 하지만 언론이 사주와 권력의 입김에 의해 자기 검열을 실시한다는 지적은 많은 언론학자들이 공감하는 부분이다. 물론 한국의 언론 현장도 예외가 아니다.

정치적 자기 검열

소위 한·경·대로 지칭되는 한겨레, 경향신문, 대한매일(지금의 서울신문으로 김대중 정부 때 잠시 제호를 대한매일로 바꾸었다)이 김대중 정부와 노무현 정부로 이어지는 진보 정부 하에서 지나친 친정부 논조를 유지한 일은 자기 검열의 한 예로 볼 수 있다. 진보 성향의 언론이 진보 성향의 정부를 두둔하고 키우는 일을 시대적 사명이라고 주장하는 내부 목소리에 가려 언론의 가장 고유한 정신인 비판기능을 스스로 축소시킨 우를 범한 것이다.

조선, 중앙, 동아일보가 보수 정권인 이명박 정부 탄생 초기 지나친 친정부 논조를 보인 것도 정치적 자기 검열의 범주에 속한다. 진보 성향의 언론이 진보 정권을 옹호하면서 보수 야당을 비판하고, 보수 정권 하에서 보수 성향의 언론이 보수 정권과는 우호관계를 유지하면서 진보 야당을 비판하는 양상이 계속 되풀이된다면 어떻게 될까? 결국 언론 전체가 독자들로부터 외면당하는 수밖에 없을 것이다. "우리는 항상 정치권력과 껄끄러운 관계를 유지해 왔다.

정부에 대해서는 가혹하게 비판 논조를 유지하는 반면, 야당과는 좋은 관계를 유지했다. 그러다 야당이 집권하면 이번에는 그들과 관계가 다시 틀어지는 일을 되풀이해 왔다. 권력에 대해 비판하는 것은 신문의 가장 핵심적인 임무 중 하나다. 이를 소홀히하면 독자가 외면한다." 세계적인 정론지의 명성을 이어가는 르몽드의 장 마리 콜롱바니 전 사장이 언론의 사명이 무엇이라고 생각하느냐는 질문에 답한 말이다.

5 사설 읽기

**찬성 사설과
반대 사설**   다음은 국정원이 2007년 노무현-김정일 정상대화록 전문을 공개한 사안을 놓고 전혀 다른 논지를 보인 조선일보와 한겨레의 같은 날자 사설이다. 찬반의 논리 전개를 상세히 추적해 보기 위해 사설 전문을 싣는다.

찬 성 사 설

제목: 2007 남북 정상회담에 대한민국 대통령은 있었나

국가정보원이 24일 2007년 노무현 · 김정일 정상회담의 대화록 전문(全文)을 새누리당 소속 국회 정보위원들에게 전달했다. 민주당은 받기를 거부했다. 노 전 대통령이 정상회담에서 NLL(북방한계선)을 포기하는 취지로 발언했다는 논란은 작년 대선 때 시작돼 지금까지 이어지고 있다. 지난 17일 민주당 측이 'NLL 포기 발언은 여당과 국정원이 짜고 만든 것'이라고 주장하자 새누리당은 국정원을 통해 발췌본을 열람하고 이를 반박했다. 그러나 다시 일부 언론이 '노(盧)는 NLL이 영토선이라고

말했다'고 보도하자 국정원은 대화록 전문을 여야에 전달하는 결정을 내렸다.

국정원이 2급 비밀이던 이 문서를 일반 문서로 재분류해 공개한 만큼 야당의 반발과 함께 법적인 논란이 벌어지게 됐다. 대통령의 모든 행위는 국민 앞에 공개되는 것이 원칙이다. 다만 세계 대부분 국가가 정상회담 대화록을 20~30년 정도 지난 뒤에 공개하는 것은 짧은 시일 내에 공개될 경우 국가 외교의 최고 통로인 정상회담의 기능이 저해되는 외교적 파장이 국익에 도움이 되지 않는다는 판단 때문이다. 그러나 그것은 대통령이 정상회담에서 한 발언이 국익을 지키기 위한 것이었다는 전제에서 성립하는 원칙이다. 그리고 대통령이 국가원수로서 지켜야 할 품위를 당연히 지켰을 것이란 믿음 위에서 존재할 수 있는 원칙이기도 하다.

국정원이 만든 대화록을 보고서는 노 전 대통령이 그 자리에서 지키려 한 국익은 과연 무엇이었는지, 대한민국 국가원수로서 최소한의 품위를 지켰는지를 심각하게 의심할 수밖에 없다. 노 전 대통령이 미리 준비해간 모두 발언을 제외하면 국익과 품위는 어디에서도 찾아보기 어려웠다.

김정일은 정상회담에서 NLL에 대해 "우리(北)가 주장하는 군사경계선, 또 남측이 주장하는 북방한계선(NLL), 이것 사이에 있는 수역을 공동어로구역, 아니면 평화수역으로 설정하면 어떻겠는가"라는 일관된 전략을 들고 나왔다. 북이 주장하는 군사경계선은 NLL보다 훨씬 남쪽으로 그어져 있다. 따라서 김정일 말대로 하면 '평화수역'이란 것은 현재의 북측 수역은 전부 그대로 둔 채 100% NLL 남쪽에만 설정되는 것이고, 서해 5도는 남북 공동관리구역 위에 떠 있는 것이 된다.

명백하게 국경선을 뒤로 물리라는 김정일의 이 제안에 대해 노 전 대통령은 "똑같은 생각을 갖고 있다" "김 위원장님하고 인식을 같이하고 있다. NLL은 바꿔야 한다"고 호응했다. "아주 내가 핵심적으로 가장 큰 목표로 삼았던 문제를 위원장님께서 지금 승인해 주셨다"고도 했다. 노 전 대통령은 심지어 "위원장께서 제기하신 서해 공동 어로 평화의 바다… 내가 봐도 숨통이 막히는데 그거 남쪽에다 그냥 확 해서 해결해 버리면 좋겠는데…"라고까지 했다. 우리 대통령이 6·25전쟁을 일으킨 쪽을 앞에 두고서 우리 국민이 피로 지킨 국경선을 놓고 '그거 남쪽에다 그냥 확 해서'라고 말했다는 것이 도저히 믿기지 않는다.

그러면서 "남쪽에서도 군부가 뭘 자꾸 안 하려고 하는데 이번에 군부가 개편돼서 사고방식이 달라지고 평화 협력에 대해 전향적인 태도를 갖고 있다"며 우리 군까지 자신이 돌려놓았다고 했다. 대한민국 국군에 대한 모독이다.

세계 어느 나라의 대통령이 현실적 위협 세력 앞에서 자국의 국경선을 '이상하게 생긴 괴물'이라고 비하하고 "국제법적인 근거도 없고 논리적 근거도 분명치 않은 것"이라는 궤변을 내놓을 수 있는가. 노 전 대통령은 "(NLL 변경은) 헌법 문제 절대 아니다"면서 "얼마든지 내가 맞서 나갈 수 있다"고 김정일에게 장담했다. 김이 "쌍방이 (NLL 관련) 법을 다 포기한다고 발표해도 되지 않겠느냐"고 하자 노 전 대통령은 "좋습니다"라고 했다. "다음 대통령이 누가 될지 모르니 뒷걸음치지 않게 쐐기를 좀 박아놓자"는 말도 했다.

NLL은 휴전 후 20여년간 북측도 어떤 이의를 제기하지 않은 채 인정해온 영토선이다. 그러다 북이 갑자기 분쟁화를 시도하는 것인데 대통령이 스스로 NLL의 근거를 부정하면서 해상 경계선을 밀고 내려오려는 북의 전략을 받아들였다. 그 남북 정상회담 자리에서 대한민국은 누구도 지켜주지 않는 고립무원의 처지나 마찬가지였다. 그 자리에 진정한 '대한민국 대통령' '대한민국 국군통수권자'는 없었다고 할 수밖에 없다.

노 전 대통령은 김정일 앞에서 우리 국민을 향해 "NLL 말만 나오면 벌떼처럼 들고 일어나…" "자세한 내용도 모르는 사람들이 민감하게, 시끄럽긴 되게 시끄러워요" "아무리 설명해도 딴소리"라고 비아냥댔다. 김정일이 NLL 변경에 대한 남측 반응을 궁금해하자 "반대하면 인터넷에서 바보 될 것"이라고도 했다. 정상회담에서 자국민을 이렇게 상스러운 표현으로 비하한 국가원수가 또 있었는지 알지 못한다.

노 전 대통령은 2007년 임기 만료를 다섯 달 앞두고 무리하게 남북 정상회담을 했다. 당시 많은 사람은 "그래도 가서 북핵 문제를 제기해달라"는 바람을 가졌다. 그러나 노 전 대통령은 김정일에게 "남측에서 이번에 가서 핵문제 확실하게 이야기하고 와라… 주문이 많죠… 근데 그것은 되도록이면 판 깨지기를 바라는 사람들의 주장 아니겠습니까"라고 했다. 미국이 북핵 압박을 위해 실시한 BDA은행 계좌 동결에 대해선 "미국이 잘못한 것으로 부당한 거 다 알고 있다"고 했다. 그러면서 "제일 큰 문제가 미국"이라며 "나도 제국주의 역사가 세계 인민들에게 반성도 하지 않았고, 오늘날도 패권적 야망을 여실히 드러내고 있다는 인식을 갖고 있다"고 했다.

2007년엔 이미 북이 핵실험을 한 뒤였다. 예나 지금이나 북은 핵으로 대한민국을 불바다로 만들겠다고 위협하고 있다. 미국은 그 위협을 막으려는 나라 중 하나다. 그 미국에 대해 "남측 국민 여론조사에서 제일 미운 나라로 미국이 상당 숫자가 나온다. 또 동북아에서 평화를 깰 수 있는 국가로 미국이 1번으로 나온다"고 한 사람이 다른 사람도 아닌 우리 대통령이었다. 노 전 대통령은 김정일에게 "(북핵 문제에서) 북측의 입장을 가지고 미국하고 싸워 왔고, 국제무대에 나가서 북측 입장을 변호해 왔다"며 "미국하고 딱 끊고 당신(미국) 잘못했다고 하지 못한 것은 미국이 회담장을 박차고 떠나버릴"까 봐였다고 했다. 북한 급변사태에 대비한 작전 계획인 '5029'를 자기가 없애버렸다고 김정일에게 자랑했다. 할 말을 잊는다.

노 전 대통령은 "김 위원장하고 김대중 대통령이 악수 한 번 했는데, 남쪽 경제가 수십조원 벌었고, 어제 내가 분계선을 넘어선 사진으로 남측이 아마 수조원을 벌었다"고 했다. "임기 마치고 난 다음에 위원장께 꼭 와서 뵙자는 소리는 못하겠습니다만, 평양 좀 자주 들락날락할 수 있게 좀… 특별한 대접은 안 받아도…"라고 했다는 것은 노 전 대통령 자신만이 아니라 대한민국 전체를 욕보인 처신이었다.

노 전 대통령은 일본인 납북자 문제에 대해서도 "일본 측 주장을 들어봤지만 잘 못 알아듣겠구요… 호주 사람이 쓴 아주 잘 분석된 책을 봐도 일본이 생트집 잡고 있다고…"는 말을 했다. 어느 나라든 국민이 납치된 것은 최대 인권 현안일 수밖에 없다. 제3국 현안에 왜 개입하는지, 개입한다 해도 어떻게 납치범을 옹호할 수 있는지 도저히 납득할 수 없다.

이 대화록 내용은 외교 문서 공개의 부담을 넘어설 만큼 충격적이다. 이번 일이 앞으로 어떤 사람이 대통령이 되든 어떤 정권이 만들어지든 정상회담에서 대한민국을 비하하는 자기 이념적 편향(偏向)과 자신의 정신적 수준에 따라 국익과 국민의 자존(自尊)을 멋대로 재단할 수 없도록 만드는 규범이 돼야 한다. 그 누구든 그 규범을 벗어난 행태를 저질렀을 경우엔 역사의 그늘 속에 숨을 수 없다는 국가적 교훈이 돼야 한다.

민주당은 국정원이 만든 대화록이 아니라 대통령 기록물로 등록돼 있는 대화록을 공개하자고 제안했다. 대통령 기록물이 국정원 생산본과 내용·맥락이 같은지도 밝혀져야 한다. 대통령에 의한 국기 문란 사태는 여야의 문제를 떠나 단 하나의 의문점도 없이 모든 것이 백일하에 드러나야 한다. (조선일보 2013.6.25)

제목:막 나가는 국정원, 이건 정상국가가 아니다

국가정보원이 아예 막가파로 나가기로 작정을 했다. 국정원은 어제 2007년 남북정상회담 회의록의 기밀 분류를 해제하고 전문을 전격적으로 공개했다. 전임 대통령에 대한 최소한의 예의도, 대통령지정기록물을 둘러싼 상식적인 법 해석도, 여야 합의라는 정치 과정마저 모두 도외시한 채 마치 군사작전 하듯이 감행했다.

국정원의 남북정상회담 회의록 공개가 얼마나 불법적인 정치개입 행위인지는 다시 거론할 필요가 없을 것이다. 국정원은 대선 개입에 이어 또다시 엄청난 국기문란 행위를, 그것도 보란듯이 저질렀다. 청와대의 승인 내지 지시가 있지 않고서는 결코 불가능한 노골적이고 당당한 태도다. 국정원 결정에 대한 박근혜 대통령의 책임을 엄중히 묻지 않을 수 없는 이유다.

남북정상회담 발언록 문제의 재점화는 박근혜 정부의 정통성 시비 차단과 불가분의 관계에 있다. 새누리당이 국정원 대선개입 사건의 국정조사를 기를 쓰고 막는 것도, 국정원이 회의록 공개를 강행한 것도 따지고 보면 '박 대통령 보호'에 그 근본 목적이 있다고 할 수 있다. 사안의 중대성이나 대통령과 국정원의 관계, '깨알 청와대'의 업무 태도 등에 비춰봐도 청와대는 '무관함'을 주장하기 힘들다.

국정원의 회의록 공개가 국정조사 문제에 대한 박 대통령의 첫 언급이 있고 난 뒤 곧바로 이뤄진 점도 유의할 대목이다. 박 대통령은 어제 "대선 때 국정원이 어떤 도움을 주지도, 국정원으로부터 어떤 도움도 받지 않았다"며 "(국정조사는) 대통령이 나설 문제가 아니며 국회가 논의해서 할 일"이라고 잘라 말했다. 국정원의 정치개입에 대한 질책은커녕 오히려 '국정원 힘 실어주기' 기류가 물씬 풍겨나는 발언이다. 박 대통령이 어제 수석비서관 회의에서 '정부보조금 부정 수급' 문제를 "범죄행위"라고 규정하고 종합대책 마련을 지시한 것과 비교하면 너무나 대비된다. 박 대통령에게 국정원 대선개입 사건은 정부보조금 부정수급만도 못한 사안인 셈이다.

더욱이 박 대통령의 이런 주장은 사실관계에 부합하지 않을뿐더러 최소한의 논리도 갖추지 못하고 있다. 국정원이 대선 기간 댓글 공작을 벌인 목적이 박근혜 후보에게 도움을 주기 위해서라는 사실은 이미 검찰이 공직선거법 위반 혐의를 적용한 데서도 확인됐다. 얼마만큼 도움을 주었는지, 당락에 영향을 끼칠 정도였는지는 중요한 문제가 아니다. 지금 국민이 박 대통령에게 원하는 것은 국가 최고지도자로서 이 사건을 어떻게 바라보며 국정원의 정치개입에 마침표를 찍을 방안이 무엇인지 등에 대한 궁금증이다. 그런데 박 대통령은 전혀 동문서답을 하고 있다.

국정조사는 정치권의 소관사항이므로 청와대가 관여할 일이 아니라는 주장 역시 마찬가지다. 형식상으로는 그럴듯하게 보이지만 궁지를 모면하기 위한 변명에 불과하다. 자신의 정통성 시비 문제가 국정조사에 걸림돌이 되고 있는 상황에서 자기는 투명인간처럼 정치권에 밀어버리는 태도는 비겁하기조차 하다.

박 대통령은 중국 방문에 앞서 국정원 대선 개입 문제와 남북정상회담 발언록 문제 등을 순리로 풀고 떠났어야 옳았다. 그런데 거꾸로 전임 대통령의 정상회담 발언록 공개라는 어처구니없는 선택을 했다. 이래 놓고 중국 수뇌부와 어떤 내밀한 대화를 하겠다는 것인지 참으로 모를 일이다. 이성과 상식을 잃어버린 정부치고 순탄한 정권은 없었다. 현 정권이 저지른 중대한 판단착오의 후폭풍은 박 대통령의 재임 기간을 떠나 임기가 끝난 뒤에도 따라다닐 것이다. (한겨레 2013.6.25)

다음은 노무현대통령이 이라크에 파병된 자이툰부대를 방문한 사실을 놓고 같은 날 두 신문이 쓴 찬반 사설이다.

찬 성 사 설

盧 대통령 자이툰부대 방문 잘했다

노무현 대통령이 유럽순방을 마치고 귀국하는 길에 이라크 아르빌의 자이툰부대를 전격 방문한 생생한 장면을 국민들은 TV로 지켜보았다. 정말 잘한 일이다. 황토색 사막 전투복을 입은 대통령과 장병들의 뜨거운 포옹과 함박웃음, 대통령의 위로와 격려에 연병장이 떠나갈 듯한 박수와 함성으로 답하는 장병들의 감격과 환호를 국민들은 흐뭇한 마음으로 지켜본 것이다. 이웃이 볼세라 쉬쉬하며 임지로 떠나야 했던 자이툰부대원의 서운한 마음이 이로써 한꺼번에 씻어지고 사기가 한껏 오르는 것만 같다. 이번 노 대통령의 방문으로 한미 동맹관계에 대한 우려를 불식시키는 데도 기여할 것으로 기대해 본다. 국민들은 노 대통령이 유럽순방 중 잇따라 내놓은 발언으로 전통적인 한미 관계가 더욱 불편해지는 것이 아닌가 하는 걱정을 한 게 사실이다. 그런 의미에서 백마디 말보다 위험을 무릅쓴 이번 아르빌 방문이 한미 간의 신뢰 회복에도 보탬이 되리라고 믿는다.

노 대통령의 전격 방문이 이라크 파병 명분에 대한 의구심이나 소모적 논란을 불식하는 데도 도움이 되었으면 한다. 일부 여당 의원까지 나서 올해 말로 끝나는 자이툰 부대의 파병기간 연장안에 반대하는 것은 오늘의 미묘한 국제 현실을 제대로 통찰하지 못하는 처사로 보인다. 보다 거시적인 차원에서 냉철하게 국익을 고려해야 할 것이다.

이번 노 대통령의 자이툰부대 방문은 특히 군 최고통수권자인 대통령이 말이 아닌 몸과 마음으로, 나라를 위해 파병을 지원한 장병들을 직접 위로함으로써 먼 중동에 그들을 보내놓은 국민들의 마음까지도 어루만졌다는 의미를 갖는다. 그런 행동이 바로 국민 통합을 위한 실천이라고 본다. "대한민국이 성공하는 나라가 되도록 나도 벽돌 하나하나 쌓겠다"는 대통령의 다짐도 그래서 더욱 크게 들렸던 게 아닌가. (세계일보 2004.12.10)

반 대 사 설

대통령 이라크 방문, 적절치 않다

노무현 대통령이 유럽 세 나라 순방을 마치고 귀국하는 길에 이라크 에르빌에 주둔하고 있는 자이툰 부대를 '깜짝 방문' 했다. 위험을 무릅쓰고 이역만리 전쟁터를 찾아온 대통령의 예상 못한 출현에 현지 장병들이 놀라고 감격스러워 했을 것은 당연하다. 국군 통수권자로서 어린 장병들을 만나 위로하고 격려하는 것은 미덕으로 비치기도 한다. 노 대통령의 이라크 방문은 다목적 효과를 노린 행사다. 무엇보다 한-미 동맹을 과시함으로써 북한 핵 문제를 푸는 데 주도적 구실을 할 입지를 넓히겠다는 뜻을 담고 있을 터이다. 이라크 침공에 대한 현지 저항세력의 반발과 국제적 비난으로 곤경에 처한 조지 부시 미국 대통령을 지원함으로써 반대급부로 한반도 문제에 대한 발언권을 높이겠다는 것이리라. 국내적으로도 한-미 갈등을 과장하는 한나라당의 정치 공세를 막는 데 이번 방문은 크게 유용할 것이다.

하지만 노 대통령의 이라크 방문은 이에 못지않은 여러 문제들을 안고 있다. 장기적으로 볼 때 정당하지 못한 미국의 이라크 침공을 드러내 놓고 옹호하고 지원하는, 결정적 잘못을 안고 있다. 미국의 압력에 밀려 마지못해 '평화 · 재건'이란 구호를 내세워 이라크에 파병했다는 일말의 '동정'조차 받을 여지를 없애버렸다. 대통령의 방문으로 현지 저항세력의 반발심을 자극해 장병들의 안전을 거꾸로 위태롭게 하는 역효과가 나지 않을지 걱정된다. 노 대통령이 내심 기대하는 부시 대통령의 호감이 북한 핵 문제를 푸는 데 필요한 미국의 정책적 협조로 직결될 것이란 생각도 일방적 바람이나 환상에 그칠 가능성이 높다. 그동안 부시 정부의 행태를 보면, 챙길 것은 챙기고 말치레 차원의 의례적 답례를 하면서 정작 근본적 문제 해결에는 성의를 보이지 않았다.

이라크 파병의 부당성을 지적하며 파병연장에 반대해온 의원들과 국민은 대통령의 이라크 방문에 힘이 빠지거나 기가 꺾이지 말아야 할 것이다. (한겨레 2004.12.10)

비판과 무비판　　　**부끄러운 친(親) 정부 무비판 사설**

다음은 교묘한 논리로 집권당의 논리를 대변한 사설의 예다. 김대중 정부의 서울신문 경영진은 서울신문을 정부 기관지로 자처했다. 신문 제호를 서울신문에서 '대한매일'로 바꾸고, 사설도 무리한 친정부 논지로 일관했다. 희대의 정치 코미디라 할 수 있는 '국회의원 꿔 주기'를 '정국 안정에 필요한 조치'라는 논리로 정당화시킨 이 사설은 여론을 올바르게 인도한다는 언론 본연의 사명을 외면한 경우에 해당된다.

이 사설 역시 주제를 소개하는 리드에 이어 주제와 관련 된 사실 제시-야당의 반대 논리에 대한 제한적인 인정-이에 대한 재반론-여당에 대한 주문으로 결론을 내리는 등 문장구조상으로는 사설의 요건을 제대로 갖추고 있다.

제목: 정국 안정과 당적 이동

민주당 소속 의원 3명이 탈당,자민련으로 입당해 자민련의 원내교섭단체 구성을 시도한 이른바 '당적 이동' 파문으로 신년초부터 정국이 급랭하고 있다.특히 자민련의 강창희(姜昌熙)의원이 이에 반발하고 있고 한나라당은 '비겁한 정치쿠데타'라며 당 소속 의원 및 전국지구당위원장 연석 규탄대회를 소집하는 등 초강경 입장을 취하고 있다.그러나 냉정하게 판단해 보면 이번 당적 이동은 만성적인 정치불안을 극복하기 위한 여권의 고육책(苦肉策)으로 평가된다.지난해 4월의 16대 총선 민의는 어느 정파에도 절대 과반수 의석을 주지 않는 이른바 황금분할의 의석분포를 부여했다.이는 여야가 대화와 타협을 통해 국정을 원만하게 운영해 나가라는 국민들의 소망이자 명령이었다.그러나 지난 8개월 동안의 정국운영은 어떠했는가.여야 대립 속에 국회는 파행을 거듭하고 정치혼란은 끝내 국정의 난맥상까지 불러오지 않았는가.

최근 경제난국을 맞아 많은 국민들은 정치가 경제 살리기의 발목을 잡고 있다며 정치권을 싸잡아 비판해왔다.민주당은 정치안정과 집권 여당으로서 책임정치를 구현할 책무가 있다.현 정권은 민주당과 자민련의 공동정부로 출범한 것이지만 16대 총선을 전후해 양당 공조가상당부분 훼손된 것이 사실이었다.이제 초심(初心)으로 돌아가 긴밀한 공조체제를 확립,국정을 안정적으로 운영해나가야 할 것이다.

한편으로 한나라당이 이같은 '당적 이동'에 대해 여야총재회담 무용론을 펴며 크게 반발하는 것도 일면 이해는 간다.그러나 그동안 여야의 극한 대립이 정국불안을 초래했고 이것이 경제난국을 촉진시킨 것이 사실일진대 원내 제1당인 한나라당도 그 책임의 일단에서 자유로울 수는 없을 것이다.한나라당은 자민련 의석이 원내단체 구성 정족수에 못 미친다며 17석의 국민대표권 실체마저 제대로 인정하지 않았던 것이 아닌가.

이번 파문의 중심에 선 3명의 의원이 자신을 뽑아준 지역구민들과 충분한 사전 의견 교환없이 당적을 옮긴 것은 절차상 미숙했다고 할 수 있다.그러나 이들이 자신들의 정치적 생명을 걸고 결행한 행동의 결과에 대해서는 다른 사람들이 왈가왈부할 것 없이 다음 선거에서 해당 유권자들이 판단하면 될 것이다.

민주당과 자민련은 자민련이 원내교섭단체로 등록해 완전 공조를 이룬다 하더라도 원내 과반수인 137석에서 1석이 부족하다는 사실을 잊어서는 안된다.이는 단순히 수적 우위에서가 아니라 국민을 상대로 정책을 추진하고 국정을 운영해야 한다는 의미이기도 하다. 민주·자민련의 공조뿐만 아니라 여야를 뛰어넘어 정책별 사안별 공조의 틀을 마련, 항상 국민 다수의 지지를 확보하도록 노력해야 할 것이다. (대한매일 2001.1.3)

다음은 같은 사안을 놓고 앞의 대한매일 사설과 전혀 다른 논리를 편 동아일보 사설이다. 국회의원의 국민 대표성과 헌법기관으로서의 존엄성, 정치 신의 등을 내세워 의원 빼가기를 비판했다.

비 판 사 설

제목: 이러고도 상생정치하자고?

새해 덕담을 건네기가 민망할 정도로 정치가 비틀리고 있다. 민주당의원 3명이 자민련으로 적을 옮겨 원내 교섭단체를 구성케 한 것은 양당이 어떤 변명을 해도 '대국민 기만극'이란 비판을 면할 수 없다. 새 정치의 희망을 얘기해야 할 새해 아침에 희망은커녕 먹구름만 가득하니 집권측은 도대체 이 정치를 어디로 몰고 가자는 것인가. 국회의원은 무슨 보릿자루처럼 꿔주거나 빌릴 수 있는 '물건'이 아니다. 특정정당의 이익을 위해 정파간에 주고받는 '공'일 수도 없다. 그들은 국민 대표이자 그 자신이 헌법기관이기 때문이다. 그럼에도 민주당과 자민련은 이런 국회의원을 공처럼 가지고 놀며 국민을 우롱했다. 국민이 표로 위임한 대표성과 헌법기관으로서의 존엄성을 훼손했다.

국민이 내려준 결정을 집권 편의를 위해 멋대로 뒤집고 국민의 믿음을 정면으로 배신하는 이런 상황에서는 민주주의를 말하는 것조차 사치다. 벌써 한나라당은 이번의 기만적인 자민련 교섭단체 만들기를 '정치적 친위 쿠데타'로 규정했다. 자민련을 민주당의 '임대 정당'이라며 법원에 '교섭단체 등록 효력정지 가처분 신청'을 내겠다고 밝혔다.

지난해 피튀기는 싸움을 한 것도 모자라 새해 벽두부터 정치를 법정으로 끌어내야 하는 판이니 국민이 정치에 희망을 가질 수 있겠는가. 여당이 대화와 타협에 의한 시스템의 정치를 외면하고 하는 일마다 음모의 냄새만 풍기니 올해 정치가 어떤 모습으로 전개될지 뻔하다는 한탄이 나오는 건 너무나 당연하다.

민주당과 자민련의 '말 같잖은' 변명도 국민의 자조(自嘲)를 깊게 한다. "세 의원의 당적변경을 사전에 몰랐다"느니 "당과는 상관없는 자유의사"라고 둘러대는 모습은 가소롭다 못해 가증스럽다. 오히려 떳떳하게 "자민련 교섭단체 문제가 계속 정치의 발목을 잡아왔기 때문에 취한 불가피한 선택"이라고 터놓았다면 이처럼 국민의 비웃음을 사지는 않았을 것이다.

김대중(金大中)대통령과 이회창(李會昌)한나라당 총재의 신년회담이 예고된 상황에서 돌출한 이번 파동은 우리 정치의 현주소를 극명하게 보여준다. 김대통령은 신년사에서도 상생(相生)의 정치를 얘기했다. 그러나 현실은 뒤통수를 치는 상극(相剋)의 정치로 치닫고 있다. 이런 식의 신의 없는 정치, 술수정치로는 위기극복도, 경제회생도, 국민통합도, 지역화합도 될 리가 없다.

바르고 성숙한 정치에의 기대가 무산된 채 새해를 맞는 국민의 아픔에 대해 집권측은 뼈저리게 반성해야 한다. (동아일보 2001.1.1)

명사설 읽기　　　　김호준의 책《사설이란》에 소개된 고(故)최석채 선생에 관한 대목을 인용한다.

…한국 언론에서 최석채(崔錫采)는 1950년대 중반부터 1980년대에 이르는 기간을 대표하는 논객이다. 그는 불굴의 용기와 정론직필로 "우리시대 최후의 지사(志士)논객"이라는 평을 들었고, '언론계의 투령(鬪領)'으로 존경받았다. 시류에 영합하지 않은 그는 비판정신이 투철한 '반골'이면서도 균형감각을 갖춘 언론인이었다.

그의 이름이 세상에 알려진 것은 대구매일 주필로서 있으면서 쓴 사설 "학도를 '도구' 로 이용하지 말라"(1955.9.13)로 인한 필화사건 때였다. 그는 이 사설에서 경북도 당국이 대구를 방문하는 고위층들의 환심을 사려고 어린 중고등학생을 환영행사에 동원하여 서너 시간씩 길거리에 도열시키는 것은 폐풍(弊風)이라고 비난하며 이의 중지를 강력히 촉구했다.

이 사설로 대구매일신문사는 백주(白晝)에 테러를 당하고 최석채는 구속되어 30일간 옥고를 치렀다. 지금도 인구에 회자되는 "백주의 테러는 테러가 아니다"라는 희대의 망언이 경찰 간부의 입에서 나온 것이 이때다. 경찰은 최석채가 쓴 귀에 거슬리는 사설 등을 모조리 이적(利敵)으로 몰아 국가보안법 위반혐의로 기소했지만 최석채는 법정투쟁 끝에 무죄판결을 받았다. 그는 논리정연하고 날카로운 문장으로도 유명했지만 이때 권력과 폭력에 맞서 소신 있게 싸운 기개는 많은 사람들에게 감명을 주었다…

최석채 선생이 쓴 사설 '학도를 도구로 이용하지 말라'를 읽어 본다. 당시 자유당 정권의 위세를 생각한다면 그의 정론직필은 후대 언론인과 언론학도들이 두고두고 본받아야 할 자세임에 틀림없다. 하지만 나는 그의 투사적인 면모와 함께 그의 이러한 글을 실은 대구매일의 용기 또한 높이 평가하고 싶다. 정부의 눈치를 살피고 신문사 경영에서 수익을 최우선으로 생각하는 요즘의 세태에서도 과연 이런 사설이 실릴 수 있을지는 의문이다. 보수, 진보의 이념 지향과 관계없이 명백한 정권의 실정에 대해서는 이처럼 과감히 사설로 비판할 수 있어야 한다.

제목:학도를 '도구'로 이용하지 말라

　요즘에 와서 중-고등학생들의 가두행렬이 매일의 다반사처럼 되어 있다. 방학동안의 훈련을 겸한 모종(某種) 행렬만이 아니라 최근 대구시내의 예로서는 현관의 출영에까지 학생들을 이용하고 도열을 지어 3,4시간 동안이나 귀중한 공부시간을 허비시키고 잔서(殘暑)의 폭양(暴陽)밑에 서게 한 것을 목격하였다. 그 현관(顯官)이 대구시민과 무슨 큰 인연이 있고, 또 거시적으로 환영하여야 할 대단한 국가적 공적이 있는지는 모르겠으나 수천 수만 남녀학도들이 면학(勉學)을 집어치워 버리고 한사람앞에 10환씩 돈을 내어 수기를 사 가지고 길바닥에 늘어서야 할 아무런 이유를 발견치 못한다.

　또 학생들은 그러한 하등의 의무도 없는 것이다. 특히 우리가 괴이하게 생각 할 수 밖에 없는 것은 그것이 학교당사자들의 회의에서 이루어진 것이 아니라 관청의 지시에 의하여 갑자기 행해졌다는 것을 들을 때 고급 행정관리들의 상부교제를 위한 도구로 학생들을 이용했다고 볼 수 밖에 없는 것이 아닌가?

　입을 벌리면 학생들의 '질'을 개탄(慨嘆)하고 학도들의 풍기를 위위하는 지도층이 도리어 학생들을 이용하고 마치 자기네 집안의 종 부려먹듯이 공부시간도 고려에 넣지 않는 것을 볼 때 상부의 무궤도(無軌道)한 탈선과 그 부당한 지시에 유유낙낙하게 순종하는 무기력한 학교 당국자에 대해 우리들 학부형 입장으로 분개하지 않을 수 없다는 것이다.

　국무위원급 이상의 현관이 내왕할 때에 경찰당국이 '경호규정'에 의해서 연도경계를 하는 것은 당연한 의무라고 보아 어마어마한 출동에도 우리들은 아무 탓을 하지 않으리라. 또 행정고위층이 출영하는 것쯤도 의례히 해야 할 의례라고 인정할 수도 있다. 그러나 지나친 출영소동은 도리어 그 현관을 욕되게 하는 것이고 이번처럼 학생들을 동원하고 악대까지 끌어낸다는 것은 무슨 영문인지 알 바 없으나 불유쾌하기 짝이 없는 노릇이다. 그로인하여 고위현관의 비위를 맞추고 환심을 산다고 하더라도 국민들로 부터 받는 비난과 비교하면 문제가 안 되는 것이다. 이 기회에 학생들의 동원문제에 대해서 우리들의 관심을 솔직히 토로한다면 근자의 경향은 "너무 심하다"는 일언에 그친다.

　국경일 같은 행사에 학생들을 참가시키는 정도는 있을 수 있는 일이요, 학도라 할지라도 시민에는 틀림없으니 같이 나라의 축하일을 기념하고 그 날의 의의를 다시 한번 상기시켜 산 교육을 하는 것은 옳은 일이다. 그러나 국경일도 아닌 다른 행사에 교육을 위한 아무런 환경의 고려도 없이 어떤 시위의 목적이나 대회의 인원을 채우기 위해서 지령 한 장으로 손쉽게 동원하는 예를 많이 보았다.

혹자는 말하리다. "외국에서도 국난을 당하면 학생들이 궐기하고 있지 않느냐"고 그렇다. 그러나 외국의 민족운동이나 국민운동에 참가한 학생들이 대개 정열에 불타는 대학생들이란 말은 들어도 철부지한 중고등학생들이 그 중심부대가 되었다는 소식을 일찍이 듣지 못하였다. 어떤 시위나 대회라도 그 시위하고 호소하는 목적이 무엇인지 철저히 인식하고 심중에서 우러나는 공명(共鳴)의 자의식이 발동되어야만 그 표현에도 나타나고 시위의 효과를 거둘 수도 있고 대회의 성과를 낼 수 있는 것이지, 아직 15,6세정도의 미숙한 학생들에게 어찌 그런 자각을 기대할 수 있고 무슨 효과를 바랄 수 있단 말인가.

대외적 시위라면 외국인이 볼 때 한국국민의 조숙에 놀라기보다 관제동원임을 먼저 깨닫게 할 것이요, 국내적 궐기라면 대회의 효과에 앞서서 학부형들의 반감이 먼저 그 대회를 욕할 것이다. 문교행정이 도지사의 산하에 있는 것을 기화로 도 당국이 괄세 못할 각종 단체행사에 만성적으로 이러한 학생동원의 폐풍이 만연한다면 이것은 근본적으로 재검토하여야 할 문제라고 본다. 중고등 학생의 동원은 그 학도들의 교육을 위한 행사… 즉 옵저버 격으로 참여하여 그 대회나 행사의 의의를 실습할 수 있는 동원에 한하여 참가토록 하고 그 외는 일절 동원 못하게 할 것을 요구하는 것이다.

끝으로 학교당국자가 인습적인 '상부지시순종'의 태도를 버리고 부당한 명령이 있을 때는 결속해서 도 당국이나 교육구청에 그 잘못을 건의할 수 있는 박력과 학도애호의 성의를 보여 달라는 것을 부탁하고자 하는 것이다. (대구매일신문 1955.9.13)

1959년 조선일보 논설위원으로 자리를 옮긴 최석채는 4.19를 전후한 시기에 자유당 독재에 대항하여 언론투쟁을 전개했다. 그가 자유당의 3.15 부정선거에 항거하여 1960년 3월 17일자에 쓴 사설 '호헌(護憲)구국운동 이외의 다른 방도는 없다'는 4.19의 밑거름이 되었다는 평가를 받는 명사설이다.

제목:호헌 구국운동 이외의 다른 방도는 없다

허울좋은 '한 표의 주권'에 얽매여 그지없는 불안과 공포 속에 전율하던 '3·15 정·부통령선거'도 이제 모든 부정·불법을 막후에 감춘 채, 국회의 당선 선포라는 절차만을 남기고 어느덧 과거라는 피안으로 흘러가려 한다. 이때 우리는, 아니 뜻있는 전국민은 엄숙히 자문자답해 본다. 과연 이것이 선거인가?고, 민주주의의 골격이 될 '선거'라는 제도가 이렇게도 처절하고 그다지도 황량하다면, 민주주의를 위해서 뿌린 동서고금의 선각자들의 혈의 분투와 노고가 너무나 가엾지 않을까?

'전우의 시체를 넘고 넘어…'를 눈물과 함께 부르며 낙동강을 건너 북으로 북으로 용진하던 6·25 당시의 우리 젊은 용사들 모습이 불현듯 머리를 스쳐간다. 지금 쯤은 어느 산비탈의 이름없는 무덤에서 무주고혼(無主孤魂)이 되었을지도 모르는 그들 영령이 아까운 몸을 바쳐 수호했던 민주주의 대한민국의 '선거'가 이렇게까지 무참하게 나타날 것을 알았다면, 지하에서의 곡성이 추추할 것이며 영겁의 유적(幽籍)도 요동될 것 같다.

3·15의 결론은, 이제는 무슨 선거를 해도 집권당의 자유자재로 된다는 것을 알았다. 만약 야당에게 2할의 의석을 주고 싶으면 2할을, 1할을 주고 싶으면 1할을, 하나도 주고 싶지 않다면 하나도 주지 않을 수도 있는 융통자재의 비상한 재주를 가졌다는 것을 알게 된 것이다. 이제 우리는 이 땅에 야당이라는 것이 있을 수 없음을 알았다. 금후로는 야당의 지반인 서울 같은 대도시라고 하더라도 국회에 2~3석의 자리를 연기가 힘들 것임은 너무도 분명한 일이다. 혹시 자유당이 선심을 써서 2~3석을 허여한다고 치더라도 그것으로 야당이 성립될 수는 없는 것이다. 자유당이나 행정부가 마음대로 할 수 있는 선거이고 보면, 야당으로서 선출을 바란다는 자체가 무모한 일이다.

조표(造票)의 노예로 화한 우리 '주권자'는 묵묵히 공개투표의 대열에 끼일 뿐, 항거하거나 반대하기도 어려웠다는 교훈을 이번에 잘 알았다. 민주제단에 피를 뿌린 원통한 생명들이 그것을 가르쳐주지 않았는가. 올해는 앞으로 지방의원 선거와 참의원 선거가 있을 것이고, 2년 후에는 제 5대 민의원 선거가 있으련만, 이제는 여당 공천자 이외의 인사로 이 선거에 나설 수 있는 자가 있을 수 있을 것인가.

여당이고 야당이고 간에, 그리고 보수파니 진보파니 하는 것도 요는 국민의 지지를 배경으로 나타나는 배경 현상이다. 그 국민의 지지를 표현하는 유일의 방식인 선거가 이럴진대, 이 땅에서 여·야의 구별을 찾고 보수·진취 등 정견이 대립된다는 것은 하나의 잠꼬대 같은 망상에 불과하다는 것을 명백히 기억해야 한다. 오직 있을 수 있는 것은 여당 자체내의 주도권 문제뿐일 것이다.

선거제도가 공명정대해야만 민주주의가 살 수 있고, 민주주의가 살아 있어야만 여당과 야당의 존재가치가 있는 것이다. 하다면 가장 요긴한 선거가 오늘처럼 되어버린 처지에 야당의 존재 의의에 관해서 우리는 커다란 회의를 느낀다. 민주당에서는 3·15선거의 불법·무효를 부르짖고 원내투쟁과 법정투쟁을 감행한다고 했다. 그러나 그에 실오라기만한 기대라도 걸 수 있는 국민이 도대체 얼마나 되겠는가. 원내투쟁이라고 하지만, 저 '2·4파동' 때를 회상해 보라. 법정투쟁이라고 하지만 이 소송을 심리하는 자가 누구일까. 어림도 없는 소리인 것만 같다.

만일 민주당이 구태의연하게 원내투쟁을 한답시고 소동을 일으키거나 원내 폭로연설을 통해서 울분의 홍수를 쏟아놓는다 하더라도, 이미 분노감각이 마비된 국민의 심경에는 별다른 반응을 기대할 수가 없고 불의의 승리에 도취하는 집권자들에게는 한낱 패자의 비명으로밖에 들리지 않을 것이 명약관화하다. 오히려 조그마한 타협조건으로 3·15선거를 합리화시켜주는 구실밖에 못한다는 것이 2·4파동의 뒤처리 경위에서 역력하게 증명되는 것이다. 민주당은 정신차려야 한다. 국민의 가슴에는 이미 민주주의를 장송하는 마음의 상장이 제각기 아로새겨져 있다는 것을 알라. 원내투쟁도 좋지만, 과거의 투쟁방식과는 달리 애절하고 비통하며 듣고 보는 이가 모두 숙연히 옷깃을 여미고 그러고도 방성대곡할 수 있는 저항방식을 모색하지 않는다면 민주 패잔병의 발악이 되기 쉽다. 그보다도 민주당은 정당운동이라는 좁은 테두리를 박차고 나서라.

이제는 호헌구국의 일대 국민운동을 전개하는 수밖에 다른 길은 없는 것이다. 2·4파동 직후 우리는 민주당에게 의원직의 총사퇴를 권고했었다. 그때 이미 오늘과 같은 사태가 도래할 것을 우리는 미리 예견했기 때문이다. 2·4파동에서 벌써 민주주의적 정치방식은 지양되었던 것인데, 민주당은 원내투쟁이란 이름 아래 굴욕적인 타협을 하고 말았던 것이니, 오늘에 와서 그때의 오산임을 뼈에 사무치게 깨달았을 줄 안다. 야당은 물론이고, 여당원인들 양심이 있는 인간이라면 3·15선거를 몸소 겪고 이래도 우리나라에 민주주의 희망을 걸 수 있다고 장담할 사람은 아무도 없을 줄 믿는다. 사는 길은 오직 호헌구국의 대의를 내걸고 전체 국민과 더불어 투쟁하는 국민운동의 전개 이외에 다른 방법이 없는 것을 자각한다. (조선일보 1960.3.17)

14강
칼럼 쓰기

1 칼럼이란?

　신문에 따라 차이는 있지만 매일 10건 내외의 칼럼이 한 신문에 실리고 있다. 면수가 늘어나면서 신문마다 본면 뒷쪽에 2개의 오피니언 면을 배치하는 추세다. 2개 면이면 사설 3개를 제외하고 총 6개의 칼럼이 들어간다. 최소한 6건의 칼럼이 매일 실리는 것이다. 여기다 매일 발행되는 섹션에도 다양한 분야별로 역시 6개 내외의 칼럼이 별도로 실린다. 이만하며 칼럼 전성시대라고 불러도 손색이 없을 것이다.

그렇다면 칼럼이란 무엇인가? 임춘웅의 《칼럼,칼럼론》은 칼럼의 정의에 대해 이렇게 쓰고 있다.

　칼럼이 지금처럼 발달한 때도 "칼럼은 이런 것이요."라고 단정적으로 말할 수 있는 사람은 아직 없는 것 같다. 수많은 논객들이 칼럼을 논해 왔지만 칼럼의 정의를 고전적으로 설명한 사람은 없다. 그만큼 칼럼이란 글의 성격이 다채롭고, 칼럼이라고 칭할 수 있는 영역이 넓어서일 것이다.

　칼럼을 정의할 수 없다고 해서 칼럼이 정체불명의 글이라거나 그 중요도가 떨어지는 것은 물론 아니다. 칼럼의 그런 모호성이 차라리 칼럼의 가치를 더욱 높여주고 있는지도 모른다. 칼럼의 모양새가 그만큼 자유롭고 칼럼의 내용 또한 그만큼 다양하기 때문에 정의도 다양하고 자유로운 것이다. 칼럼을 말하는 많은 사람들이 칼럼의 정의를 바로 짚지는 못하지만 그렇다고 누구고 크게 헛짚지도 않고 있는 것이 바로 이런 이유 때문일 것이다.

　칼럼을 정의하는 데 또 하나의 문제는 칼럼이란 특수한 영역을 개척했고 오늘의 칼럼 신문 시대를 구가하고 있는,말하자면 칼럼의 원조라 할 수 있는 미국에서와 한국에서 말하는 칼럼에 상당한 차이가 있다는 점이다. 미국에서 칼럼(column)이란 어휘가 쓰이는 용도는 차치하고라도 미국의 칼럼은 우리가 흔히 말하는 시사 에세이뿐 아니라 논평,시론 등 필자의 견해가 들어간 모든 글을 칼럼이라고 하는데 비해 한국에서는 시사 에세이에 국한해서 말하는 경향이 있다. 우리나라에서도 최근 들어 시평,논평에까지 칼럼이란 컷을 다는 추세이긴 하나 아직은 시사 에세이의 개념을 크게 벗어나지 못하고 있다.

우리나라에서는 칼럼이라 할 때 주로 시사 에세이 내지 시사 칼럼을 가리키는 경우가 많은 게 사실이다. 하지만 독자들의 욕구가 다양해지고 신문의 면

수가 늘어나면서 칼럼의 영역도 크게 넓어지는 추세다. 임춘웅의《칼럼, 칼럼론》이 쓰여진 2001년 이후 10년 넘는 시차가 있지만 그 사이 칼럼이 포괄하는 영역은 몰라보게 다양해졌다. 칼럼은 흔히 사설의 반대쪽 페이지(opposite editorial)에 실린다는 뜻에서 기명논평(op-ed)이라고도 부른다. 우리 나라의 칼럼은 전통적으로 시사 칼럼을 칼럼의 본류로 생각해 온 경향이 강하다. 특히 권위주의 정권을 거쳐오면서 많은 논객들이 시사 칼럼을 통해 독재와 권위주의를 비판하고 비꼬며 필명을 날린 역사와 무관치 않다는 생각이다. 이후 민주화 과정과 김대중, 노무현 두 좌파 성향의 진보주의 정권을 거치면서 첨예화한 우리 사회의 이념갈등은 역설적으로 시사 칼럼의 시대를 활짝 여는 데 일조했다. 특히 노무현 정부 들어서 우리나라 언론의 이념갈등은 보수, 진보 양 진영 문필가들의 시사 칼럼 전성시대를 구가하게 만들었다. 조선, 동아, 중앙을 비롯해 석간의 문화일보로 대표되는 보수 성향의 언론과 한겨레, 경향, 한국, 서울신문으로 대변되는 진보 언론은 우리 사회의 이념대결 시대를 시사 칼럼을 통해 치열하게 이끌어나갔다.

2 칼럼의 종류

**사내 필진 칼럼과
사외 필진 칼럼**

① 사내 필진 칼럼

칼럼을 쓰는 사람이 누구냐에 따라 크게 사내 필진과 사외 필진 칼럼으로 나눌 수 있다. 사내 필진 칼럼으로는 신문사 내의 대표적인 필자들에게 '김 아무개 칼럼' 하는 식으로 개인 칼럼 문패를 달아서 쓰게 하는 것이 있다. 최근에는 스타 문필가를 키우고 독자를 확보한다는 차원에서 신문사마다 이 기명칼럼을 많이 늘리는 추세다. 신문기자가 되어서 자기 이름이 붙은 기명칼럼란을 갖는다는 것은 대단한 영광이다. 따라서 이러한 추세는 사내 경쟁을 유도하는 긍정적인 효과도 있다.

조선일보의 경우는 사내 필자의 이름이 붙은 기명칼럼만 10여 개에 달한다. 여기에다 특파원들이 돌려가며 쓰는 특파원 칼럼,논설위원들이 돌려가며 쓰는 만물상(萬物相),그리고 데스크들이 돌려가며 쓰는 태평로,기자들이 쓰는 기자수첩이 가세하고 있다. 이밖에 섹션 면에도 기자들이 돌아가며 쓰는 고정 칼럼이 여럿 있다. 이러한 사내 칼럼은 신문에 따라 수가 많고 적고의 차이는 있지만 사정은 비슷비슷하다고 볼 수 있다.

조선일보에 뒤지지 않는 필진을 자랑한다는 중앙일보의 경우를 보자. 사내 필진들의 이름을 붙인 기명칼럼 외에 논설위원과 편집국을 망라해 사내 중견급 필자들의 이름을 붙인 '시시각각'이란 기명칼럼이 별도로 있다. 이밖에도 편집국 에디터들이 돌아가며 쓰는 '에디터 칼럼'이 있고, '시론' '노트북을 열며', 또한 전문기자들이 돌아가며 쓰는 '전문기자 칼럼'이 있다.

② 사외 필진 칼럼

회사 밖에서 분야별 전문가와 문필가들에게 부탁해서 칼럼을 싣는 경우다. 이 경우에도 이름을 문패로 달아서 쓰는 기명칼럼과 그렇지 않고 칼럼 이름을 따로 정해놓고 그 안에서 돌아가며 쓰는 경우도 있다. 중앙일보는 사외 과학 전문가들이 쓰는 '과학칼럼'과 사외 문화계 인사들이 쓰는 '삶과 문화'가 있다. 동아일보는 사외 인사들이 쓰는 칼럼으로 '시론'과 '동아광장'이 있고, 각계 원로 등 필자의 이름을 붙인 고정 기명칼럼을 싣고 있다.

③ 칼럼의 책임은 누구에게?

외부 필자의 경우 칼럼 밑에 '외부 필자의 원고는 본지의 편집방향과 일치하지 않을 수도 있다'고 밝히는 경우가 많다. 어차피 개인이 자기 이름으로 쓰는 기명칼럼의 내용에 대한 책임은 필자가 지는 게 당연하다. 이는 사내 필진의 경우라도 마찬가지일 것이다. 임춘웅은 《칼럼, 칼럼론》(p.51)에서 칼럼의 책임소재와 관련해 이렇게 쓰고 있다.

> 어느 신문에 어떤 사람이 칼럼을 썼다고 가정해 보자. 그 글을 보는 사람은 "그 사람 요즘 좀 과격해졌어"라든지 "그 사람 전과 달라졌어"하지, 그 글을 게재한 신문이 과격해졌다든지 신문이 변했다고는 하지 않는다. 신문에 칼럼이 나간 다음 친구가 칼럼 필자를 만났다면 "자네 요즘 삐딱해졌어"라든지 "아! 자네 글 잘 읽었어. 내 전적으로 동감이야"하지. "그 신문 요즘 삐딱해졌어"하거나 "그 신문 요즘 잘해. 아주 마음에 들어"하지 않는다.

맞는 말이다. 하지만 내부 필자는 물론이고 외부 필자까지도 신문의 편집방침과 완전 무관하게 자기 생각대로만 글을 쓰기는 힘들다는 게 내 생각이다. 예를 들어 신문사 논설위원이 자기 기명칼럼을 쓸 경우에는 칼럼 제목과 주요 논지를 사설회의 때 미리 발제해서 논지를 공론화하고, 최소한 논설실장이나 주필의 최종 결정을 얻은 다음 집필에 들어가는 것이 상례다. 칼럼 필자 정도 되면 해당 신문사 밥을 오래 먹은 사람들이라서 그 신문의 편집방침을 누구보다도 잘 알기 때문에 발제내용에 문제가 있는 경우는 드물다. 하지만 설혹 편집방향과 전혀 다른 내용을 발제하더라도 '이것은 내 이름으로 나가는 내 칼럼이니까, 내가 책임지면 되는 것 아니냐'는 논리는 안 통한다.

문화일보가 편집방향을 보수 성향으로 바꾸고 노무현 정부와 대립각을 세우고 있던 2005년의 일이다. 진보 성향의 사내 필자들은 당연히 글을 쓸 기회가 줄어들었다. 당시 진보 성향의 논설위원 중 한 명은 자신의 이념적 성향과 회사의 편집방침과의 차이 때문에 글을 쓸 기회가 크게 줄어들게 되자 결국 신문사를 떠났다.

같은 시기 서울신문은 진보를 표방하고 있었고 외부 필진도 진보 성향의 인사들이 많이 차지했다. 진보 성향의 한 원로 문인이 보내온 기명칼럼 원고의 지나친 표현들이 문제가 되었다. 미국의 이라크 공격을 비판하면서 과거 베트남전 때 파병된 우리 국군들이 "베트남 양민들을 학살하고, 임산부의 배를 가르고…" 하는 등등의 내용을 담고 있었다. 원고를 미리 읽어 본 논설위원 한 명이 문제를 제기해 내부 토론을 벌인 끝에 결국 그 원고는 싣지 않기로 결정이 났다. 그대로 내보냈을 경우 베트남에 파병되어 싸웠던 분들의 명예를 크게 손상시키는 것은 말할 것도 없고, 무엇보다도 주장 자체가 확인되지 않은 황당무개한 내용이었기 때문이다. 이처럼 기명칼럼은 필자 개인의 생각을 담은 것이지만 매체에 실리는 한 그 매체의 편집방침과 철학으로부터 완전히 자유로울 수는 없는 것이다.

준(準) 사설 칼럼　　우리나라 언론에서 칼럼이란 시사 칼럼이 주류를 이루어 온 게 사실이다. 반면 미국 언론에서는 시사 칼럼뿐 아니라 논평, 촌평 등 필자의 의견이 들어간 모든 글을 칼럼이라고 일컬어 왔다. 우리로 치면 원고지 4~6매 내외의 짧은 촌평도 칼럼이라고 부르는 것이다. 하지만 우리나라 언론에서도 2000년대 들어서면서 칼럼의 영역이 점차 시사 칼럼 이외의 영역으로 뻗어나가기 시작했다. 국민들의 소득수준이 높아지면서 독자들의 욕구 또한 다양한 소재와 양식의 칼럼을 찾기 시작했기 때문이다. 이와 함께 신문 칼럼에서 나타난 가장 큰 특징은 무기명 칼럼들을 기명으로 바꾼 것이다. 무기명 촌평을 칼럼의 영역으로 끌어들인 것이다.

조선일보의 '萬物相'(만물상), 경향신문의 '여적', 중앙일보 '분수대', 서울신문 '외언내언', 한국일보 '지평선' 등 대부분의 신문들이 무기명 칼럼란으로 갖고 있다가 이를 모두 기명칼럼으로 바꾸고 이름과 형식을 새롭게 단장했다. 사설과 시사 칼럼이 비교적 무거운 주제를 딱딱한 문체로 다루는데 비해 이들 짧은 칼럼은 문체가 재미있는데다 다루는 주제도 실생활에 유용한 단편 정보를 담고 있어 독자들의 인기가 높아졌기 때문이다. 분량은 대부분 200자 원고지 6매 내외로 정형화되어 있다. 앞에 든 기명칼럼은 논설위원이나 편집국 기자들이 돌아가면서 쓰는 경우가 대부분인데 비해 개인의 이름을 문패로 단 고정 칼럼 중에서도 독자들로부터 많은 인기를 누리는 것들이 많다.

대표적인 칼럼으로 1983년부터 장장 24년간 6700회 이상 조선일보에 연재된 '이규태 코너'를 들 수 있다. 동서고금을 넘나드는 소재의 다양성과 필자의 박식함 때문에 2006년 2월 필자가 작고했을 때 사람들은 '박물관 하나가 사라졌다'는 말로 안타까움을 표시했다. 조선일보는 현재 비슷한 형식의 칼럼으로 '이덕일 사랑', '조용헌 살롱'과 외부 필자들이 돌아가면서 쓰는 '일사일언'을 싣고 있다. 조선일보는 자사 인터넷(chosun.com)사이트를 통해 이규태 코너의 인기 비결을 다음과 같이 설명한다.

… '이규태코너'를 좋아하는 이유는 조선일보 독자수만큼이나 다양했다. 일상(日常)에서 의미를 포착해내는 힘에 이끌린 독자가 있었는가 하면 '어디서 그런 소재들을 찾아냈는지'가 놀라워 '이규태코너'에 매료된 독자도 있었다. 거창한 페미니즘 운운하지 않으면서 한국 여성의 힘을 발굴해내기도 하고 어려운 시절 자기비하에 빠진 많은 한국인들에게 한국인 됨의 가치를 불어넣었다.

6700회까지 오게 된 '이규태코너'는 그의 손에서 나온 것이 아니다. 작은 생명체의 숨결에도 귀기울일 줄 알았던 따뜻한 그의 마음이 있었기에 가능했다. 더불어 쉼없는 자료수집과 연구가 뒷받침됐다. 그의 자료정리를 위한 '5색 분류법'은 유명했다. 그의 서재를 가득 채운 1만 5천여 권의 책과 노트, 색인, 스크랩 등은 내용에 따라 각각 '적 황 녹 청 흑' 다섯 가지로 분류돼 있다. 인간의 신체에 관한 것은 적색, 의식주에 관한 것은 황색, 동식물에 관한 것은 녹색, 제도에 관한 것은 청색, 종교문화에 관한 것은 흑색 쪽지를 붙이는 식이다. 그후 중분류, 소분류로 이어졌다. 생전에 그는 "세상의 모든 정보는 이 분류법에 다 포함되었다"고 말하곤 했다….

칼 럼 읽 기

[이규태 코너] 발해의 온돌방

막걸리는 우리나라 술, 무궁화는 우리나라 꽃, 짚신은 우리 나라 신발이듯이 온돌은 우리나라 방이다. 그 온돌방 유적이 연해주 러시아 땅에서 발견되었다는 보도가 있었다. 이 발견은 고구려 생활문화를 계승해 고구려 유민이 건국한 발해가 문화 측면에서도 고구려를 계승, 동일성을 유지했음을 말해주는 것이 된다. 역사적으로 나라가 계승되는 데는 문화가 심지처럼 꿰어 흘러야 하는 것이며, 이는 중국이 한국사로부터 고구려와 발해를 단절시키려는 역사공작의 반증이기도 하다.

문헌상 온돌에 관한 최초의 기록은 서기 500년 초에 기술된 '수경주(水經注)'로 포구수(鮑丘水)란 강물의 수원을 적은 글에 그 인근에 있는 관계사(觀鷄寺)라는 절방이 방바닥을 돌로 고이고 돌 위를 흙칠하여 갱(坑)을 만들어 불을 지펴 방을 덥힌다 했다. 이 지방은 별나게 추워 출가한 스님들이 붙어나지 않고 시주하러 오는 이도 드물어 고안된 별난 난방이라 했다. 보편적인 난방구조는 아니었던 것 같으나 그 절이 있던 지역은 지금 베이징의 동남쪽으로 온돌문화의 서쪽한계(西限)를 말해준다. 온돌에 대한 최초의 정사(正史)기록은 '구당서(舊唐書)'로 고구려 사람들은 산곡(山谷)을 의지해서 집을 짓고 지붕은 띠풀로 이었으며 기다란 구들을 만들고 그 구들에 불을 지펴

방을 덥혔다 했다. 온돌은 고구려 고유의 주거문화로 인근에 번져나갔던 고구려의 동일성(同一性)이며 이번 연해주에서의 온돌유적 발견은 그 승계(承繼)국이 고구려 문화권의 동쪽한계(東限)를 넓힌 셈이다. 온돌의 남하한계는 한반도로 제주도까지 건너가지 못했으며 따라서 온돌은 한국에만 있는 고유문화요 그 온돌이 있고 없고로 그 나라가 한국에 속하는 한국문화권이냐 아니냐를 가리는 기준이기도 하다.

한국을 대표하는 문화동일성인 김치와 더불어 온돌은 옥스퍼드사전에 'ondol'로 등재되어 세계적으로 문화특허권을 누린 셈이며 유럽 알프스나 북유럽, 캐나다 등 고위도 지방에서 '공간 위주의 난방시대에서 인간 위주의 난방시대'로의 추이에 영합, 그 보급이 가속되고 있는 세계성의 한국문화다.

다음은 이규태 코너에 이어 조선일보에서 연재한 칼럼 '이덕일 사랑'이다. 이규태 코너와 비슷한 소재의 다양성을 보여주었다.

칼 럼 읽 기

[이덕일 舍廊(사랑)] 立春大吉

조선의 사형수들은 입춘을 학수고대했다. '태종실록' 13년(1413) 11월조의 '금형(禁刑)하는 날의 법'에 따르면 '입춘에서 춘분(春分)까지' 사형을 정지했다. 춘분부터 추분(秋分)까지는 만물이 생장하는 때라서 사형집행을 금했으므로 입춘까지만 살아남으면 가을까지 목숨을 부지할 수 있었다. 그 사이에 대사령(大赦令)이라도 내리면 석방되거나 감형될 수도 있었다.입춘날 대궐에서는 홍문관 지제교(知製敎)가 지은 오언절구(五言絶句) 중에 수작(秀作)을 선택해 연잎과 연꽃무늬가 있는 종이에 써서 궁문(宮門)에 붙였는데, 이를 춘첩자(春帖子)라고 했다. 이 시를 춘련(春聯)이라고 했는데 호문(好文) 군주 성종(成宗)은 재위 13년(1482) "궁문은 하나가 아니며 시를 짓는 자도 많다"면서 여러 수의 춘련을 지어 붙이라고 명했다. 그러자 문신들은 오언절구뿐 아니라 칠언율시(律詩)까지 짓느라 여러 날 동안 사무를 폐하고 시구를 다듬는 일이 발생했다. 홍문관 직제학(直提學) 김응기(金應箕) 등이 전례대로 오언절구 하나만을 취하자는 차자(箚子)를 올렸으나 성종은 거부했다. 대궐의 춘첩자를 본떠서 일반 민가에서 대문에 붙이는 글을 춘축(春祝), 또는 입춘문(立春文)이라고 했다. 민간의 입춘문은 '입춘대길(立春大吉)' '국태민안(國泰民安)' '안과태평(安過太平)' 같은 구절들이 대부분이었다. 이날 사대부가에서 비단으로 작은 기[幡]를 만들어 집안 사람들의 머리에 달거나 꽃나무 가지 아래에 거는 것을 춘번(春幡)이라 했다. 이날 경기도의 산간 군현인 포천·양근·가평·연천·지평·삭녕에서는 산개(山芥:멧갓) 등을 진상했다. 산개는 초봄에 산속에서 자라는 개자(芥子:겨자)이다. '동국세시기(東國歲時記)'는 멧갓을 더운 물에 데쳐 초장에 무치면 매운 맛이 나기 때문에 고기를 먹은 뒷맛으로 좋다고 했다. '열양세시기(洌陽歲時記)'는 입춘날 농가에서 보리 뿌리를 캐어 그 해 농사의 풍흉(豊凶)을 점쳤다고 전한다. 뿌리가 세 가닥 이상이면 풍년이고, 한 가닥이면 흉년이 든다고 여겼다. 내일(4일)은 입춘이다. 세 가닥 이상의 뿌리가 나와 대길하기를 기원한다.

앞서 지적했듯이 우리나라 언론에서 칼럼이라고 하면 보통 시사 칼럼을 가리키는 것으로 되어 있다. 따라서 4~6매 내외로 시사 칼럼보다 다소 분량이 작은 짧은 칼럼을 일반명사로 무엇이라고 부를지에 대한 합의가 아직 없는 것은 흥미롭다. 임춘웅의 《칼럼, 칼럼론》에 따르면 작고한 언론인 홍승면씨는 이를 '준사설 칼럼'이라고 명명했다고 한다. 사설회의에서 사설 주제 결정을 하다가 사설 후보에서 밀려나서 칼럼이 되는 경우가 허다하다는데서 이렇게 불렀다는 것이다. 과거 무기명 칼럼일 때는 일리 있는 말일 수 있다. 하지만 분량이 적더라도 지금은 엄연히 독자들이 즐겨 찾는 독립적인 인기 칼럼이 많기 때문에 '준사설 칼럼'이란 이름은 더 이상 적절치 않게 되었다. 임춘웅의 책은 이에 대해 이런 결론을 내리고 있다. "현재로서는 미국의 경우처럼 칼럼의 영역에 이런 다양한 형식의 글을 모두 포함시키는 게 적절하겠다는 게 내 생각이다. 나는 이를 시사 칼럼과 구분시켜 임의로 '짧은 칼럼'이라고 부른다. 언론학자들의 합당한 작명이 있기를 기대한다."

3 칼럼니스트의 자질

독자들이 칼럼을 굳이 읽어야 할 이유는 없다. 칼럼은 뉴스도 아니고, 자신의 삶을 바꾸어 줄 정보가 담겨 있을 리도 없다. 하지만 독자가 칼럼을 읽고 재미있어 웃음을 터뜨리거나 분노해서 뭐라고 막 지껄이게 된다면, 혹은 독자에게 유익한 단편 정보 한 조각이라도 칼럼에 들어 있다면 그 칼럼은 성공한 것이다.

칼럼니스트는 브리티시 저널리즘 리뷰(British Jounalism Review,2004년 2월호) 독자들로부터 생존하는 언론인 중 가장 위대한 칼럼니스트로 선정된 바 있는 키스 워터하우스(Keith Waterhouse)는 훌륭한 칼럼니스트의 요건을 다음과 같이 들었다.

① 세상사에 대한 지칠 줄 모르는 관심
② 확고한 주장을 보유하고, 그것을 확고하게 표현하는 능력
③ 건강한 의심을 가진 사람(냉소적인 사람과는 다르다)
④ 차분하고 안정감 있는 마음씨
⑤ 모든 일에 대해 쓸 수 있고, 아무 일 아닌 것에 대해서도 쓸 수 있는 능력

흔히 칼럼 쓰는 일을 변호사의 일에 비유한다. 변호사는 변론을 통해 법정에서 의뢰인의 입장을 설득력 있고 논리적으로 변호한다. 설득력 있는 주장을 펴기 위해서는 평소 지식의 폭과 깊이, 그리고 특정 사안을 비판적으로 분석하는 능력을 갖추고 있어야 한다. 변호사는 사법시험의 어려운 관문을 통과하고 사법연수원, 그리고 법조계 생활을 통해 변호사로서의 자질을 연마한다.

그러면 칼럼니스트는 어디서 어떻게 칼럼 잘 쓰는 자질을 닦는가? 유감스럽게도 그런 기관은 없다. 칼럼니스트가 되는 데 특별한 왕도가 따로 있는 것도 물론 아니다. 다만 일반 기자들 중에서도 유난히 타고난 글재주나 세심한 관찰력으로 일찌감치 칼럼니스트로서의 자질을 보이는 이들은 있다. 여기에 덧붙여 평소에 남의 글을 많이 읽고, 무슨 일이든 파고드는 호기심, 열린 마음으로 사회의 다양한 의견에 귀 귀울일 줄 아는 자질은 칼럼니스트가 되는 데 훌륭한 밑거름이 된다고 나는 생각한다.

자신만의 문체를 가질 것

칼럼니스트는 무엇보다도 자신만의 독특한 스타일을 갖추어야 한다. 칼럼니스트라면 군이 필자의 이름을 밝히지 않더라도 독자들이 누가 쓴 글인지 알 수 있을 정도로 자신만의 독특한 문체를 개발해야 한다는 말이다. 자신의 생각을 담은 글을 쓴다고 칼럼이 되는 것은 아니다. 그 생각이 합리적이어야 하고 통찰력과 설득력을 갖추어야 제대로 된 칼럼이 된다. 여기에 덧붙여 재미있게 읽히는 글이면 더욱 좋다.

좋아하는 칼럼니스트가 있다면 그들의 글을 수시로 읽으며 그들이 자신의 주장을 어떻게 논리적으로 전개하는지, 재미있고 유용한 일화나 인용문, 통계 수치 등을 어떤 식으로 활용하는지 꼼꼼히 연구하는 것은 본인이 칼럼을 쓰는 데 분명히 큰 도움이 된다. 그러한 토대 위에서 자신의 독자적인 문체를 만들어나갈 수 있다. 일반 기사나 해설기사와 달리 칼럼은 다른 사람과 차별되는 자신의 주장과 문체가 담기기 때문에 고정 독자가 따른다.

4 칼럼 문장의 구조

주제 정하기　　**① 특색 있는 주제**

　　　　　　훌륭한 칼럼니스트가 반드시 뛰어난 작가는 아니다. 하지만 훌륭한 칼럼니스트는 주제를 선정하는 안목이 뛰어난 사람이다. 칼럼은 무엇보다 필자의 고유한 영역이다. 따라서 글 쓰는 사람은 무엇보다 자신이 다른 사람과 다른 주제, 혹은 같은 주제를 다루더라도 색다르고 참신한 시각과 정보를 가지고 접근한다는 생각을 해야 한다. 자신의 독특한 체험을 주제로 해도 좋고 독특한 견해를 주제로 삼아도 좋다. 물론 시사 칼럼을 쓰는 경우 군이 특별한 자신의 경험담이 들어가야 되는 것은 아니다. 하지만 일반적인 칼럼의 경우 주제와 관련된 개인적인 경험이 있다면 차별화되는 글을 쓰는데 도움이 된다. 예를 들어 휴가지나 여행중에 겪은 특별한 경험담, 여러 가지아이스크림 향에 대해 새롭게 파악한 정보, 심지어 딸꾹질을 멈추게 하는 비법을 우연히 알게 되었다면 이 역시 칼럼의 훌륭한 소재가 될 수 있다.

② 주제를 단일화한다.

　칼럼의 주제를 정하고 관련 정보를 수집하다 보면 정작 쓰려고 의도한 것보다 더 많은 정보가 모이고, 갖가지 의견이 추가로 생겨나는 경우가 많다. 신문 시사 칼럼의 길이는 보통 200자 9매 전후이다. 따라서 초점을 분명하게 좁히는 것이 무엇보다 중요하다. 칼럼 제목은 필자가 직접 정하는 경우가 많다. 제목 후보가 여러 가지로 나오는 글은 논점이 분명치 않다는 반증이 된다. 글의 논점을 딱 한 줄로 표현할 수 있어야 초점이 분명한 글이다.

　다음은 동아일보 '횡설수설' 칼럼란에 실린 짧은 칼럼이다. '결혼지참금'이란 단일 주제를 설정한 뒤, 글 첫머리에서부터 끝마무리까지 일관되게 이 한가지 주제에 국한시켜 정보를 모으고 논지를 전개시키고 있다.

제목: 사람 잡는 결혼지참금

　　결혼지참금으로 악명이 높은 나라는 인도다. 철저한 신분사회로 남존여비(男尊女卑) 사상이 잔존해 있는 인도에서 신부는 결혼지참금으로 15만 루피(약 380만 원)를 신랑 집에 줘야 한다. 가구당 연평균소득의 5배나 되는 거금이다. '다우리'(결혼지참금)라고 불리는 이 제도 때문에 딸 가진 부모는 등골이 휜다. 부모의 경제적 부담을 덜기 위해 결혼을 앞두고 자살을 하는 신부도 왕왕 있다. 지참금을 넉넉하게 챙겨가지 못한 한 신부가 시집의 구박과 폭력에 못 이겨 자포자기하는 심정으로 몸에 석유를 끼얹자 옆에 있던 시어머니가 잽싸게 성냥을 그어 던지는 바람에 하루 만에 숨지는 사건도 있었다.

　▷아프리카나 아랍국가에선 정반대다. 신랑이 처가에 지참금을 내야 한다. 신부 집안에 결혼경비와 혼수비용을 주는 것은 물론이고, 신부에게도 보석이나 현금을 줘야 한다. 결혼지참금이 버거워 이집트에선 노총각이 넘쳐나고 있다. 노총각들이 인도나 동남아 국가에서 신부를 공수(空輸)해오자 일부 아프리카 국가에선 이민족과의 결혼을 막기 위해 정부가 결혼지참금을 보조해 주기도 한다.

　▷이웃 중국에선 몇 해 전 한 거부(巨富)가 딸을 시집보내며 사위에게 10억 위안(약 1700억 원) 상당의 혼수품을 줘 화제가 됐다. 금괴 4상자와 호화저택 2채, 포르셰 자동차, 회사 주식을 주는 것으로 부족했는지 신부 옷을 금은보화로 치장했다. 신랑은 딸과 유치원을 함께 다녔던 평범한 공무원이었다. '세상은 모르는 거야'라는 말이 나올 만하다. (이하 생략)

기본에 충실한다　　① 과욕은 금물

　　칼럼 문장의 기본 구조는 주제를 제시하고, 쓰고자 하는 주장과 그 주장을 뒷받침하는 논거, 그 다음에 해결방안 혹은 결론으로 마무리하는 것이다. 물론 칼럼에 정해진 형식이 있을 수는 없다. 실험적인 구조를 얼마든지 도입해 볼 수 있는 것이 기명칼럼의 특권이기도 하다. 하지만 자유로운 양식을 취하는 경우에도 앞에 말한 기본적인 문장구조의 요건은 제대로 갖추어야 설득력 있는 칼럼이 될 수 있다. 칼럼 쓰기를 막 시작한 초보 칼럼니스트 때부터 의욕이 지나쳐 자칫 표준 구조를 무시하는 일은 삼가는 게 좋다. 기본 구조를 따른다고 기계적인 칼럼이 되는 것은 아니다. 기본 구조 안에서도 독특한 문체,논거,참신한 표현력을 갖춘다면 얼마든지 독창적인 칼럼이 될 수 있다.

첫 문장에서부터 자신의 목소리를 다짜고짜 있는 그대로 드러내는 것은 좋지 않다. 도입부에서는 주제를 암시적으로, 그리고 가능한 한 가볍게 언급한다. 필자에 따라서는 첫 단락을 읽고는 무슨 소리를 하려는 것인지 독자가 분명하게 알 수 없도록 쓰는 경우도 있다. 이런 경우 독자들은 칼럼을 한참 읽은 다음에야 필자가 앞쪽에서 왜 그런 이야기를 꺼냈는지 비로소 분명히 이해하게 된다. 하지만 이런 경우에도 독자들의 인내심을 시험하듯 너무 오래 옆길로 빠져나가는 것은 피하는 게 좋다.

② 글의 흐름이 일정한 속도를 유지해야 한다.

구조적으로 병목현상을 야기해서는 안 된다는 말이다. 시사 칼럼은 원고지 9매 내외, 짧은 칼럼의 경우는 6매 내외에서 분량이 결정된다. 앞쪽에서 느긋하게 여유를 부리다가 막판에 쓸 자리가 부족해서 자기 목소리를 몰아서 막 쏟아놓고는 서둘러 끝내 버리거나, 그 반대의 경우가 되어서는 곤란하다. 처음부터 끝까지 전체적인 도면을 머릿속에 그려놓고 일정한 페이스를 유지하면서 써야 읽는 사람이 시종 편안하게 글을 음미할 수 있다.

칼럼의 관점　　　현대 신문 칼럼의 90% 이상은 거의 전부 3인칭으로 쓰여진다. 제한적인 3인칭(limited third person)이라고 하는 것이 더 정확한 표현일 것이다. 1인칭, 2인칭은 말 그대로 "나는 이렇게 했다" "너는 이렇게 했다"는 식으로 쓰는 것인데 칼럼의 경우 극히 예외적인 경우가 아니고는 도입하기가 어려운 형식이다. 반면 3인칭은 객관적인 제3자의 입장에서 서술해 나가는 것이다. 제한적인 3인칭이라 함은 3인칭으로 쓰되 이 사람 저 사람으로 관점을 왔다 갔다 하지 않고 하나의 고정된 시각에서 쓴다는 말이다.

다음은 중앙일보 칼럼 '정진홍의 소프트 파워'에 실린 '나는 군인이고 싶다'라는 제목의 칼럼이다. 유방암 수술을 했다고 군에서 강제퇴역당한 여중령의 이야기를 소재로 쓴 3인칭 칼럼이다. 칼럼 첫머리에서부터 본문, 마지막 단락에 이르기까지 철저히 주인공 피우진 중령의 입장에서 관찰하고, 그의 머릿속에 들어가서 생각하고 판단하고 옹호하는 형식이다. 피우진 중령의 머릿속에 들어갔다가 군 당국의 머릿속으로, 의료진의 머릿속으로 들어갔다가 하는 게 아니다. 왔다 갔다 할 경우 '자유로운' 3인칭 글이라 하겠지만 그렇지 않다는 의미에서 '제한적인' 3인칭이라 부른다.

> 2002년 8월 어느 날. 피우진 중령은 가슴에서 뭔가 만져지는 것을 느꼈다. 두 달 뒤 피 중령은 민간병원에서 유방암 수술을 받았다. 가슴 한쪽은 암 때문에 불가피해서, 다른 한쪽은 군생활을 해오며 불편함을 느껴 온 터라 그 참에 잘라냈다. 17일간 입원한 후 복귀한 피 중령은 항암 치료와 방사선 치료를 병행하며 독하게 암과 싸웠다. 머리가 빠져 가발을 쓰고 다녔지만 육군항공학교 학생대 학생대장으로 조종사와 정비 하사관들을 관리하고 훈육하는 일을 잘 감당했다. 육군 항공병과 소속이기에 분기별 두 시간 이상의 의무 비행도 거뜬히 해냈다. 매년 실시된 정기 체력장도 우수하게 통과했다. 피 중령은 '피닉스'라는 자신의 항공 호출명처럼 불사조같이 되살아난 것이다. (중략)
> 군인도 사람이다. 병에 걸릴 수도 있고 암에 걸릴 수도 있다. 또 그것을 극복할 수도

있다. 단지 암에 걸렸기 때문에 군에서 쫓아낼 일은 아니다. 그것을 초인적 의지로 극복한 사람은 군에 남을 자격이 있다. 피 중령은 퇴역을 한 달 앞둔 10월 30일 길을 떠났다. 땅끝마을 해남에서 출발해 휴전선 통일전망대가 있는 고성까지 800여㎞를 23일간 걸었다. 매일 오전 6시30분에 길을 떠나 어두워질 때까지 걷고 또 걸었다. 어느 군인 못지않게 강건하다는 것을 시위하고 싶었던 게다. 이런 그를 단지 암 병력이 있다는 이유로 군에서 내쳐서야 되겠는가. (이하 생략)

이렇게 3인칭(여기서는 피우진 중령)의 관점이 정해지면 글의 첫머리에서 글 마무리까지 줄기차게 이 관점을 유지해야 하지 중간에 왔다 갔다 하면 안 된다. 독자들도 필자가 정해놓은 이 관점에 들어가서 함께 움직이기 때문이다.

첫 문장이 중요하다

칼럼의 성패는 첫 문장이 크게 좌우한다. 독자들로 하여금 어떻게 하든 글을 계속 읽도록 붙잡는 역할을 하는 것이 바로 이 첫대목이 때문이다. 이름이 알려진 칼럼니스트라면 굳이 멋진 첫 문장을 쓰느라 머리를 싸매지 않아도 될지 모른다. 단골 독자들이 필자의 이름만 보고서도 글을 읽어 줄 테니까. 이 사람의 글은 내가 시간을 투자할 가치가 있다는 믿음이 이미 서 있기 때문이다. 하지만 무명이나 초보 문필가의 경우는 사정이 다르다. 소설이라면 느긋하게 한 단락 전부를 투자해 독자를 사로잡을 수도 있겠지만 200자 원고지로 9매 내외를 쓰는 칼럼에서는 그럴 여유가 없다. 첫 문장에서 지켜야 할 4가지 요소를 소개한다.

① 감동적인 묘사 evocative description

가만히 서 있는 사물이나 풍경에 감정을 넣어 묘사한다는 게 쉬운 일은 아니다. 하지만 잘만 한다면 독자들을 붙들어 매는 데 성공할 수 있다.

> 겨울 숲은 강건했다. 간밤에 내린 함박눈까지 뒤집어쓴 나무들의 바다(樹海)는 장관이었다. 조림왕(造林王) 임종국 선생이 평생에 걸쳐 만든 전남 장성의 편백과 삼나무 숲을 동료들과 거닐면서 숲이 우리에게 던지는 의미를 되새겨봤다. 나무를 심은 한 개인의 불굴의 의지 덕분에 궁핍하고 황량했던 곳은 50년 만에 녹색세상으로 변했고, 오늘날은 숲을 누리고자 하는 많은 이들이 한 번쯤은 찾아봐야 할 명소가 되었다…

전영우 국민대 교수(산림자원학)의 칼럼 '지금 우리의 숲이 위험하다'의 첫 단락이다. 눈 덮인 삼림의 강건함을 아름다운 문장으로 표현했다. 이처럼 정적인 사물이나 풍경으로 문장을 시작할 때는 상상력을 동원한 시적 감흥을 독자들에게 불러일으키도록 하는 게 효과적이다.

② 호기심을 돋우는 인물 설정

다음은 장명수 칼럼 '악녀와 영웅'의 첫대목이다. 이라크 포로학대 사진으로 모든 매스컴에 '악의 화신'처럼 묘사된 미국의 여군 린디 이등병에 대한 묘사로 시작함으로써 이 인물에 대한 독자들의 호기심을 자극했다. 여기까지 읽는 독자들은 '이 어린 여군한테 도대체 어떤 일이 일어난 거지?' 하며 계속 읽어나가게 된다.

> 린디 잉글랜드라는 21살의 미군 이등병이 세계에서 가장 유명한 인물이 됐다. 매스컴은 그를 '악녀', 또는 '악의 화신'이라고 부르고 있다.
> 이라크의 아부 그라이브 교도소에서 근무하던 그는 이라크 포로들을 학대하는 몇 장의 사진이 공개됨으로써 '악녀'란 낙인이 찍혔다. 그는 사진 속에서 벌거벗은 포로

들을 희롱하고, 포로의 목에 개처럼 줄을 매어 끌고 다니기도 했다.

그 사진들은 미국이 주장해 온 '숭고한 전쟁'과 서양문명의 우월성을 하루아침에 땅에 떨어뜨렸다. 사람들은 분노와 메스꺼움을 느끼며 인간의 마성(魔性)에 몸서리 치고 있다. (이하 생략)

③ 뉴스 문장 인용

인용하는 뉴스 문장이 칼럼의 핵심 주제는 아니다. 하지만 칼럼에서 쓰고자 하는 내용이 뉴스 문장만큼 중요한 소재임을 독자들에게 시사하는 기법이다. 이 기법을 제대로 쓰기 위해서는 평소에 열심히 뉴스를 체크하는 습관이 붙어 있어야 한다. 다음은 중앙일보 칼럼 '정진홍의 소프트파워'의 글 '언탄과 활 인심방'의 첫머리다. 노무현 대통령의 '말'이 한국민들의 스트레스 주범 중 하나라고 주장하는 게 칼럼의 본 주제다. 독자들의 주의를 환기시키기 위해 AP통신의 스트레스 관련 보도를 첫 문장으로 내세워 독자들을 낚는 '미끼'로 삼았다.

최근 AP통신이 미국.영국 등 10개국의 성인 1000명씩을 대상으로 조사한 결과 한국 인이 가장 스트레스를 많이 받는 것으로 나타났다. 한국인이 받는 스트레스의 원인은 일 33%, 돈 28%, 가정문제 17%, 건강 13% 등이었지만 결코 빼놓을 수 없는 것이 또 하나 있다. 바로 노무현 대통령의 말이다.

노 대통령의 입은 가위 판도라 상자다. 입만 열었다 하면 온갖 시비와 불화의 근원 이 쏟아지기 때문이다. 그로 인해 국민이 받는 스트레스와 정신적 쇼크는 이루 말할 수 없다. 노 대통령은 엊그제 또다시 말의 기관총을 난사했다. 그동안 그의 말에 어느 정도 면역이 되었다 싶은 국민의 방탄 조끼마저 뚫어낼 만큼 강하고 독한 '언탄(言 彈)'이었다. (이하 생략)

④ 진행중인 행동을 묘사한다.

다음은 조선일보 '문화마당' 칼럼에 실린 소설가 한강의 '탈북자 돕는 조명숙씨 이야기'의 첫머리다. 조명숙씨가 남을 돕는 일을 시작하게 된 계기가 된 에피소드를 첫머리에 내세워 독자들의 시선을 낚시질했다. 그 에피소드의 현장 진행형이 바로 칼럼의 첫 문장이다. 이 현장 이야기가 함축하는 구체적인 의미는 다음에 뒤따라 나온다. 독자들의 관심을 냉큼 채기 위해서는 예를 들어 "저기 누가 뛰어간다"는 한 문장이면 된다. 그러면 독자들은 "저게 누구지?" "어디서 온 사람이지?" "왜 뛰는거지?" "옆집 아이네?" 이런 궁금증이 생기게 되고 그러면 그 궁금증을 풀기 위해 글을 계속 읽어나가게 되는 것이다.

십년 전의 봄, 나는 경복궁 옆 횡단보도 앞에 서 있었다. 전날 야근을 한 탓에 감기는 눈을 비비다가, 푸른 불이 켜지자마자 한발을 내디뎠다. 누군가의 손이 내 뒷덜미를 세차게 끌어당긴 것은 그때였다. 돌아볼 틈도 없이, 집채만한 트럭이 굉음을 내며 내 앞을 달려 지나갔다. 나는 거의 정신이 나간 채 뒷걸음질쳤다. 사람들이 우르르 길을 건너기 시작했다. 나는 두리번거리며 나를 구한 사람을 찾으려 했다. 서둘러 그들을 따라잡으려 했지만, 결국 누구에게도 고맙다는 말을 하지 못했다. 가끔 그날을 생각한다. 낯선 사람의 세찬 손길이 내 생명을 구해주었다는 사실이 마치 하나의 상징인 듯 간절하다. 어떤 타인이, 단 0.5초의 시간에, 본능적으로 내 몸을 삶 쪽으로 끌어당겼고, 마치 아무 일 아니었다는 듯 말없이 사라졌다. 대형 마트에서 혼자 울고 있는 아이를 우리가 저절로 돌아보듯이. 어떤 계산도 없이 '엄마 어딨니'라고 묻듯이.(이하 생략)

독자들을 즐겁게 만들어라

칼럼에서 유머감각을 발휘할 수 있다면 큰 무기다. 하지만 썰렁한 유머는 도리어 독자들의 실소를 자아내게 만들기 때문에 신중을 기해야 한다. 우리나라의 칼럼은 너무 심각하고 점잖다. 반면 서구의 칼럼은 유머와 기지가 넘치는 문장들이 많다. 임춘웅의 〈칼럼,칼럼론〉에 들어 있는 재미있는 사례를 하나 소개한다.

70년대 미국에 워터게이트 사건이 터져 미국 전체가 워터게이트 망령 속을 헤맬 때다. 신문들은 연일 워터게이트 사건으로 밤낮을 지새고 있었다. 그런데 불쑥 '닉슨의 적들'이란,우리로 치면 괴문서가 나돌아 세상이 더욱 뒤숭숭해졌다. 닉슨을 미워하는 언론인 리스트인 셈인데 그 속에는 뉴욕 타임스의 저 유명한 제임스 레스턴도 끼여 있었다. 그런데 공교롭게도 뉴욕 타임스의 칼럼니스트 부켈드는 빠져 있었다. 다음날 뉴욕 타임스는 두 칼럼니스트의 글을 나란히 실었다.

'닉슨은 국민의 적이다'란 제목으로 쓴 레스턴 칼럼의 요지는 다음과 같다. 자기는 평생을 미국 국민을 위해 봉사한다는 일념으로 글을 써왔고 많은 독자들은 자신을 그런 신념에 충실한 기자로 알고 있는데 닉슨이 자신을 적으로 매도하는 것을 보면 분명히 닉슨은 국민의 적이라는 것이다. 반면 부켈드는 '닉슨은 역시 영리하다'는 제목의 글을 썼는데 대략 다음과 같다.

그날 나는 점심을 먹으러 단골 식당에 들렀다. 그 식당엔 평소 내게 퍽이나 우호적인 웨이터가 있었다. 그런데 그날은 어떻게 된 영문인지 나를 보고도 도무지 반가운 기색이 없었다. 뿐만 아니라 자리를 배정하는데 좋은 자리가 비어 있는데도 화장실 입구의 통풍도 잘 안되는 구석진 자리로 안내했다. 음식을 나르는 태도도 불손하기 그지없었다. 도대체 어떻게 된 일이냐고 윽박지르고 싶었지만 어른스럽지 못하다는 생각으로 꾹 참고 그 집을 나왔다. 그러나 불쾌감이 가시지 않아 원인을 찾아보려고 궁리를 하던 차에 번득 스쳐가는 생각이 있었다.

바로 전날 닉슨이 적으로 생각하는 언론인 리스트가 나왔는데 그 안에 내 이름이 빠져 있었던 것이다. 그 웨이터는 평소 나를 상당한 인물로 보고 성의껏 대접해 왔는데 내 이름이 그 리스트에 끼지도 못하는 것으로 보고 적이 실망했던 게 틀림없다. 환멸이 그로 하여금 나를 대하는 그의 태도에 나타나게 된 것이다. 그래서 생각했다. 닉슨은 그가 싫어하는 사람을 적 리스트에 올려 골탕을 먹이는 동시에 그가 더 싫어하는 사람을 명단에 넣지 않음으로써 더욱 골탕 먹게 할 줄도 아는 사람이라고. 그러고 보니 닉슨은 역시 간교한 사람임에 틀림없다.

5 칼럼 문장의 10가지 요소

칼럼은 필자가 자신의 이름을 달아서 내보내는 글이기 때문에 특별한 형식이 있을 수는 없다. 하지만 독자들이 외면하는 글이 되지 않기 위해서는 갖추어야 할 최소한의 기본 요소들이 있다.

① **확신이 담겨야 한다** 칼럼에서 펴는 주장에는 확신이 담겨 있어야 한다. 담장 위에 양다리를 걸치고 앉아서는 곤란하다. 모호한 입장을 버리고 어느 한쪽에 확실한 입장을 취해야 한다. 시사 칼럼의 첫 번째 원칙은 자신의 입장을 가지라는 것이다. 주장이 강하면 글은 절로 쓰인다. 자기 입장이 없으면 관찰(observation), 제안(suggestion), 비판(condemnation), 그도 저도 아니면 재치(witticism)라도 있어야 한다. 재미 없는 주제는 대신 그만큼 더 재미있는 글이 되어야 한다.

② **초점을 명확히 한다** 한 가지 주제, 오직 하나의 주제에만 집중한다. 자신의 메시지를 비빔밥으로 만들면 안 된다. 그래야 독자들한테 강한 인상을 남기고 칼럼의 주장이 옳다고 믿게 만든다.

③ **반대 입장을 충분히 파악한다** 자신이 펴는 주장과 반대 입장이 무엇인지 알아야 한다. 그래야 칼럼의 주장에 대한 반박 논리를 미리 예측하고 설득력 있게 대응할 수 있다. 반대 입장을 통해 나의 주장을 더 선명하게 드러나게 만들수 있다.

④ **사실의 힘** 아무리 논리적인 글이라도 그 논리를 뒷받침할 사실(facts)이 수반되지 않으면 힘을 잃는다. 그렇다고 사실, 통계수치를 잔뜩 나열해 독자들을 혼란스럽게 만들어도 안 된다. 신뢰도가 높은 출처에서 나온 사실을 엄선해서 활용한다.

⑤ **비유법을 쓴다** 비유는 핵심을 설명하는 데 매우 유용한 수단이다. 주제가 복잡하거나 기술적인 내용이 많을 경우에는 특히 더 그렇다. 일상에서 일어나는 단순한 일을 가지고 비유를 들면 독자들이 이해하기 쉬워진다.

⑥ **특정인을 비판한다** 사람들은 칼럼을 통해 살아 있는 사람에 대한 비판을 듣고 싶어 한다. 그것은 생명이 없는 사건이나 정책에 대한 비판과는 또 다른 쾌감을 안겨 준다. 명예훼손으로 걸리거나 도를 넘지 않는 한 특정인을 비판하면 그 칼럼은 사람들의 재미있는 화젯거리가 될 수 있다.

다음은 2013년 4월 보궐선거를 앞두고 서울 노원병에 출마한 안철수 후보를 겨냥한 '안철수가 잘못 읽은 링컨'이란 제목의 동아일보 김순덕 논설위원 칼럼이다. 안철수 후보는 선거에서 이겨 국회의원 배지를 달았지만 안철수 후보 본인이나 그의 지지자들에게는 아픈 칼럼이다.

제목: 안철수가 잘못 읽은 링컨

　지난주 민주통합당에선 "정부조직법 타결시키고 '링컨' 같이 보자. 영화 티켓 발권은 청와대 몫이다"라는 얘기가 나왔다. 안철수 전 서울대 교수가 귀국 소감에서 '링컨'을 굉장히 감명 깊게 봤다고 말한 게 자극이 된 듯하다.

　그는 영화를 본 느낌을 이렇게 말했다. "(대통령이) 어떻게 여야를 잘 설득하고 어떻게 전략적으로 사고해서 일을 완수해 내는가. 결국 정치는 어떤 결과를 내는 것이다."

　영화 홍보대사도 아닐진대 듣는 사람이 불편해지는 건 그의 변하지 않는 거룩함 또는 위선 때문이다. 영화 감상도 너무나 거룩해서 영화 안 본 사람은 링컨을 설득의 대가로 착각할 것 같다. 지난해 버락 오바마 미국 대통령이 같은 영화를 보고 "이상과 도덕적 명분을 추구하려면 정치인은 손을 더럽힐 줄 알아야 한다는 교훈을 배웠다"고 한 것과는 딴판이다. 그러고도 오바마는 "영화가 자기 얘기인 줄 아나" 같은 트위터 비판을 받았다.

　곧바로 서울 노원병 보궐선거 운동에 나선 안철수가 본문만 757쪽인 영어책을 미국서 사왔다고 볼 시간이 있을지 알 수 없다. 다행히 한글에 더 익숙한 한국 독자를 위해 품절됐던 번역본 '권력의 조건'이 영화 개봉에 맞춰 다시 나왔다. 바쁜 안철수를 위해 책과 영화를 관통하는 정수를 뽑는다면 "내가 엄청난 권력을 지닌 미합중국의 대통령이며 바로 여러분이 두 표를 반드시 확보해주길 바란다는 것을 잊지 말라"는 링컨의 발언이 될 것이다.

　링컨은 남북전쟁이 끝나면 2년 전 1863년 발표했던 노예해방 선언이 그냥 선언으로 끝날지 모른다고 우려했다. 앞으로 태어날 흑인들에게까지 법적 효력이 미치려면 헌법 수정조항 13조가 통과돼야 했다. 상원에선 3분의 2 표결로 통과됐지만 하원에서 3분의 2가 되려면 여당인 공화당이 찬성 몰표를 던진대도 부족했다. 링컨은 온건과 민주당 의원들을 한 명씩 집무실로 초대해 지지를 호소했고, 이들 중 몇에게는 다른 의원들의 두 표를 부탁했다.

　우리말로 '확보'라고 번역됐지만 링컨이 말한 'procure'라는 단어는 거저 또는 설득만으로 목적물을 얻는 것을 의미하지 않는다. 협조 대가로 야당 의원이나 그 친지들에게 공직을 주거나 범죄를 사면하거나 선거자금을 대주거나 법안 처리를 거래하는 등등 제왕적 대통령 권력으로 할 수 있는 모든 정치공작, 요즘 말로 하면 정치공학적 접근이 죄 포함된다.

　미국의 순회재판판사 존 누넌은 '뇌물'이라는 저서에서 "민주당 집권 때까지 링컨이 살아 있었다면 부패로 처벌받았을지도 모르지만 죽음으로 모든 것은 덮어졌다"고 했다. 링컨 연구가로 유명한 로널드 화이트가 "링컨이 거룩한 이상주의자라는 선입견을 깨주는 영화"라고 평하고, 오바마가 "정치인은 손을 더럽혀야…"라고 말한 것도 이 때문이다.

　안철수가 이런 것까지 포함한 전략적 사고와 설득을 말한 건지는 분명치 않다. 만일 그렇다면, 목적을 위해선 불법 행위도 마다하지 않겠다는 선언이 될 수 있다. 링컨은 더러운 수단까지 정당화할 만큼 위대한 목표를 갖고 있었기에 존경받는 거다. 안철수도 "영화가 자기 얘기인 줄 아나" 비판받을까 걱정스럽다. (이하 생략)

⑦ **현장감을 살린다**　현장감 없는 칼럼도 얼마든지 있을 수 있다. 하지만 현장감이 살아 있으면 한층 생동감 있는 칼럼이 될 수 있다. 취재현장에 직접 부딪치며 글을 써야 생생한 글이 된다. 책상머리에 앉아 머리만 굴려서 쓴 글은 독자가 읽어 보면 금방 안다.

⑧ **현지화(loacalize)와 인격화(personalize)**　가능하면 글의 소재를 현지화한다. 또한 개인적인 경험과 연결지어서 쓴다. 글 쓰는 사람 자신의 이야기든 아니면 다른 사람의 이야기든 상관없다. 자칫 황당하고 먼 나라 이야기 같이 들릴 소재가 이렇게 하면 현실감이 살아나고, 독자가 보기에 자기와 관련이 있는 것처럼 느껴지고 기억에도 오래 남는다.

다음은 이 글의 필자가 워싱턴특파원 시절 미국대통령선거를 취재하면서 만들어놓은 취재수첩을 다시 꺼내 우리나라 대선 후보들에게 적용시켜 성공적인 대선후보가 되는 방법을 '훈수' 한 시사 칼럼이다. 현지화의 한 예라고 할수 있다. 칼럼 내용을 '무엇무엇을 하는 몇 가지 방법' 이라는 소위 '치킨 수프 시리즈' 의 틀에 담은 필자의 감각 또한 돋보인다.

[강인선 칼럼] 성공적인 대선후보가 되는 7가지 방법

특파원 시절 취재수첩을 보니, '성공적인 대선후보가 되는 법' 이라는 메모가 있다. 2000년과 2004년 미국 대선주자들의 흥망이 준 교훈이다.

첫째, 초반에 선두주자가 되는 데 집착하지 마라. 초반 선두주자는 집중조명을 받는다. 말 한마디, 행동 하나하나가 과도한 분석과 음미의 대상이 된다. 그 결과 불필요한 비판을 받거나 '신선하지 않은 인물' 이 될 가능성이 있다. 후발주자들의 협공을 받을수도 있다. 2004년 미국 대선에서 초반의 슈퍼스타였던 하워드 딘 전 주지사가 그렇게 실패했다.

둘째, 푹 자라. 유능한 인재는 숙면이 만든다. 휴식이 부족하면 쉽게 피곤해지고 피곤하면 세상을 비관적으로 보게 된다. 게다가 비관은 전염된다. 피곤함을 감추고 억지 웃음을 지어도 유권자들은 금방 느낀다. 왜냐하면 국민들은 일해도 일해도 지치지 않는, 튼튼하고 성실한 일꾼을 원하기 때문이다.

셋째, '드라마' 를 찾아내라. 옛날에 고생했던 이야기나 죽을 뻔했던 체험만으로는 부족하다. 누구에게나 그런 체험은 있다. 역경을 이겨내는 동안 무엇을 깨달았는지 말해야 한다. 베트남전 포로로 잡혔던 존 매케인보다 의부 밑에서 고생한 클린턴의 이야기가 왜 더 설득력이 있을까. '영웅적인 모험담' 보다는 '인간적인 드라마' 가 더 마음을 울리기 때문이다. 감동으로 휘어잡은 후 미래의 역량에 대한 확신을 줘야 한다.

넷째, '초상화' 보다 '자화상' 이 낫다. 이미지를 자신이 먼저 그리지 않으면 언론이 그린다. 2004년 대선에서 존 케리 민주당 후보가 우물쭈물하는 사이 언론은 '우유부단하고 비사교적이며 요트를 타는 팔자 좋은 사나이' 로 그렸다. 뒤늦게 베트남전 참전경험으로 '용감한 사나이' 인상을 더하려 했으나, 결과적으로는 '필요할 때마다 베트남전 경력을 우려먹는 사나이'가 되고 말았다.

다섯째, 자존심을 버려라. 대선 주자의 말은 어떤 미사여구로 치장해도 '한 표 주세요'의 다른 버전이다. "국가와 민족을 위해 이 한 몸 바쳐"라는 연설은 국민들의 귀에 "나는 대통령이 되고 싶어요"로 들린다. 어차피 '도와달라'는 이야기는 겸손하게 할수록 효과가 크다.

여섯째, 지지율이 떨어져도 초연해라. 연애도 그렇지 않은가. 이별 통보를 예감하고 울며 매달리면 더 냉정하게 버림받게 돼 있다. 후보자가 절박해지면 유권자들은 귀신같이 패배의 냄새를 맡는다. 게다가 초조해지면 판단이 흐려져 지푸라기라도 잡는다. 하지만 지푸라기는 도움이 안 된다. 하워드 딘은 첫 예비선거 결과가 나쁘게 나오자 절규하며 다음 승리를 장담했는데, 그 태도가 오히려 유권자들의 마음을 떠나게 했다.

일곱째, 기자들을 피곤하게 하지 마라. 농담이 아니다. 선거 때면 한 후보를 따라 움직이는 기자 군단이 있다. 2000년 대선에서 앨 고어 당시 부통령은 일정을 빡빡하게 짰다. 후보 당사자는 흥분해서 몰랐지만 기자들은 너무 지쳤다. 피곤해지니 신경이 곤두선 기자들의 펜 끝은 점점 날카로워졌다. 반면 조지 W 부시 공화당 후보는 하루에 한두 건 행사에 집중했다. 부시는 고어에 비하면 논 셈인데도 기사는 더 알차게 나갔다. 나중에 고어 팀에서 이것을 알고 땅을 쳤다고 한다.

민주주의 사회에서는 '누구나' 대통령이 될 수 있지만 '아무나' 대통령이 되어서는 안 된다고 한다. 그래서 국민들도 '아무나' 대통령이 되지 못하도록 후보 판별법을 공부해야 한다. 대선주자들에게만 성공전략이 필요한 것이 아니다. 뽑는 사람도 마찬가지다. 한 번의 선택이 5년을 좌우한다는 것, 이미 잘 알고 있지 않은가!

⑨ 열정을 보여라 일반적으로 사람들은 미지근하거나 수동적인 소리를 들으려고 칼럼을 읽지는 않는다. 독자들은 글쓴 이의 열정과 힘이 넘치는 글을 읽고 싶어 한다. 필자가 흥분하지 않는데 독자가 그 글을 읽고 흥분할 리는 없다. 글 전체를 통해 명심해야 할 가장 중요한 것은 자기 목소리의 중요성이다. 하지만 그렇더라도 독자를 위협하고 책망하거나 가르치려 드는 식이 되면 안 된다.

⑩ **해결책을 제시한다** 문제 제기로 끝나면 안 된다. 자신 있게 해결책을 제시하라. 어떤 정책을 신랄하게 비판하면서 해법을 제시하지 않으면 절름발이 칼럼이다. 사람들은 통찰력을 얻고 해답을 구하기 위해 칼럼을 읽는다. 독자들에게 이것을 제공해 주지 못하면 칼럼니스트로서는 실패다.

다음은 대통령의 방미 수행 중 워싱턴에서 성추문을 일으켜 물러난 윤창중 전 청와대 대변인 사건과 관련해 대통령에게 인사 시스템 개선을 촉구한 동아일보 배인준 주필의 칼럼이다. 적재적소의 인재를 골라 쓸 수 있도록 대통령이 귀를 열고 소통에 나서라고 주문한다. 벌어진 사태를 비판하는 데 머무르지 않고, 전화위복의 계기로 삼으라고 주문하고, 한발 더 나아가 해결책을 제시한다면 인사권자에게도 받아들이기에 따라 '보약'이 되는 고마운 칼럼이다.

제목: 박대통령 새 숙제 '인사 리모델링'

윤창중 사건이 박근혜 대통령의 인사(人事)를 돌아보게 만들었다. 항간의 개탄은 "도대체 그런 미친 사람이 있나"로 시작해 "어떻게 그런 사람을 골랐나"로 끝난다. 그토록 고집한 인사가 대국민 사과의 치욕으로 이어졌으니 대통령은 누구를 탓할 것인가. 대통령은 자신이 임면권을 갖는 사람들을 졸(卒)로 볼지 모르지만(받아 적기 선수들만 모인 것 같아 정말 졸로 보이기도 하지만), 이들이 정권의 운명 동반자임을 윤창중 사건은 말해준다.

민주국가의 대통령 권력은 총구가 아닌 인사권에서 나온다. 그러나 인사 붕괴의 낙진은 대통령이 뒤집어쓰기 마련이다. 동전의 양면처럼 권력의 절대주주는 책임의 절대주주가 되는 것이 맞다. 대통령의 막강한 인사권이 양날의 칼인 이유가 거기에 있다. 내 마음에 든고 내 맘대로 인사를 해서는 안 되는 현실적 이유도 거기에 있다.

정부는 다수 국민의 신뢰를 받아야 성공할 수 있다. 정부가 많은 국민의 믿음을 얻는 데는 '인적 권위'가 중요하다. 인적 권위의 중심에는 대통령이 있지만, 대통령만이 정부의 권위를 완성할 수는 없다. 총리를 비롯한 장차관, 청와대 핵심비서 자리에 '아, 저 정도 인물이면 괜찮겠네' 하는 평판을 들을 만한 사람들이 많이 포진해야 한다. 윤창중처럼 대형사고를 치지 않는다고 해서 곧 적재(適材)는 아니다. 대통령 말고는 아무도 장관감으로 인정하지 않는 사람을 인사권의 힘으로 장관 자리에 앉힌다고 해서 장관의 권위와 리더십이 생기지는 않는다. 대통령이 다른 어떤 권위도 인정하지 않으면 끝내는 대통령이 불신 받게 된다. 집을 하나 짓는 데도 잔가지들을 모아 기둥과 들보를 세울 수는 없다.

국정은 실험이 아니고 실전이다. 장차관과 비서에게 연습을 시킬 수는 없다. 인사 시행착오 비용은 고스란히 국민 몫이다. 장차관이 되고 나서 '배우면서 잘해보겠다'고 하는 수준의 인물이라면 애당초 배제해야 옳다. 국회의원들이 윽박질러도 국민을 위한 정책을 소신 있게 조곤조곤 설명해 의원들을 설득할 실력과 내공이 있어야 한다. 정부의 '표준 답변'만 되뇌며 그저 머리나 조아리는 장관에게 국민이 무슨 기대를 걸겠는가. 밑에서 짜준 일정에 따라 관계기관을 돌지만 그곳이 무얼 하는 곳인지 실체도 모르고 엉뚱한 질문이나 해서는 민간의 신뢰를 얻기 어렵다. 대통령이 앉혀줬으니 관료조직 속에 적당히 묻혀, 사고 안 치고 어영부영 때울 수도 있다. 그러나 프로들의 세계에서 그런 장관이 국민을 위한 창의적 도전과 개혁에 성공할 가능성은 없다. 못 미치는 사람을 굳이 깜짝 발탁하는 것은 신선하다기보다 위험하다. 정부에도 국민에게도.

청와대 홍보수석과 대변인은 워싱턴 사건이 아니더라도 자신들의 직무를 이해하고, 실천할 의지가 있었는지 의심스럽다. 이들은 본연의 역할을 위해 원만하고 적극적으로 언론과 소통해야 할 사람들이다. 그러나 이들은 대통령의 마음을 샀는지는 몰라도 언론의 신뢰를 얻기에는 부족했다. 워싱턴에서뿐 아니라 서울에서도 언론과 소통하기 위해 노력하기보다는 조직 내부의 신상관리에 더 신경 쓴 사람들이다. 많은 기자들이 이렇게 평가한다면 이들은 그 자리의 적임자가 아니다. 이런 인사가 성공적 인사일 수 없다. (이하 생략)

참 고 도 서

《칼럼,칼럼론》, 임춘웅, 남미기획, 2001

《사설이란》, 김호준, LG상남문고, 1998

《언론문장연습》, 김민환, 나남, 2003

《언론문장연습》, 편집부, 예지각, 2002

《언론글쓰기 이렇게 한다》, 이건호, 한울, 2010

《예비 언론인을 위한 미디어 글쓰기》, 박상건, 당그래, 2007

《권력과 언론》, 루돌프 아우크슈타인 지음, 안병억 옮김, 열대림, 2005

《기사, 취재에서 작성까지》, 김숙현, 범우사, 1994

《기자가 되려면》, 오소백, 세문사, 1996

《내 인생의 오디션-인터뷰의 여왕 바버라 월터스 회고록》, 이기동 옮김, 프리뷰,
2009

News Writing and Reporting for Today's Media, New York: McGraw-Hill, 1994

MediaWriting: Print, Broadcast, and Public Relations, 2012, W. Richard Whitaker,
Janet E. Ramsey, Ronald D. Smith, Routledge

The Associated Press Stylebook 2013 (Associated Press Stylebook and Briefing on
Media Law) by Associated Press, 2013

Writing Tools: 50 Essential Strategies for Every Writer, Roy Peter Clark Little, Brown
and Company,2008

Online Journalism: Reporting, Writing, and Editing for New Media, Richard Craig,
Cengage Learning, 2004

Writing Public Prose: How to Write Clearly, Crisply, and Concisely, Robert M. Knight,

Marion Street Press, LLC, 2012

Journalistic Writing: Building the Skills, Honing the Craft, Robert M. Knight, Marion Street Press, LLC, 2010

The Book on Writing: The Ultimate Guide to Writing Well, Paula LaRocque, Grey and Guvnor Press, 2013

The Art and Craft of Feature Writing: Based on The Wall Street Journal Guide by William E. Blundell, Plume Printing,1988

Writing to Deadline: The Journalist at Work, Donald Murray,Heinemann, 2000

The Elements of Journalism: What Newspeople Should Know and the Public Should Expect, Bill Kovach and Tom Rosenstiel, Three Rivers Press, 2007

Write Good or Die by Scott Nicholson, Gayle Lynds, Kevin J. Anderson and M.J. Rose,Haunted Computer Books, 2010

Telling True Stories: A Nonfiction Writers' Guide from the Nieman Foundation at Harvard University, Mark Kramer and Wendy Call, Plume, 2007

Writing Opinion for Impact by Conrad C. Fink, Conrad C. Fink, Wiley-Blackwell, 2004

The Art of Column Writing: Insider Secrets from Art Buchwald, Dave Barry, Arianna Huffington, Pete Hamill, Suzette Martinez Standring, Marion Street Press, LLC, 2007

Pulitzer Prize Editorials: America's Best Writing, 1917-2003, Wm. David Sloan and Laird B. 3r edition, Anderson, Wiley-Blackwell, 2003

Cracking the Coding Interview: 150 Programming Questions and Solutions, Gayle Laakmann McDowell, CareerCup, 2011

Elements of Programming Interviews: 300 Questions and Solutions, Adnan Aziz ,Create Space Independent Publishing Platform, 2012